日本戰國織豐時代史

胡煒權

㊦ 天下泰平

日本戰國・織豐時代史㊦

戰國・織豐時代令制國地圖
歡迎掃描後下載

西國風雲

下——裂變

第一章

西日本的戰亂進入最終階段，九州地區方面，毛利家與大友家為了博多以及北九州的霸權，展開了連場搏鬥，正當大友家用盡方法趕走毛利家後，遇到龍造寺家在肥前趁機冒起，與南方的島津家一起形成三強鼎立狀態。

另一邊的四國方面，本是土佐國一介領主之子的長宗我部元親也以一家之力一統土佐，接著一邊與織田信長合作，一邊在四國狼吞虎嚥，幾乎將整個四國島據為己有。

不幸的是，島津和長宗我部最終在最高峰之處被更強大的龐然大物——豐臣秀吉打敗，被迫成為它的臣從，他們是怎樣被秀吉打敗，從天堂掉落地獄的呢？

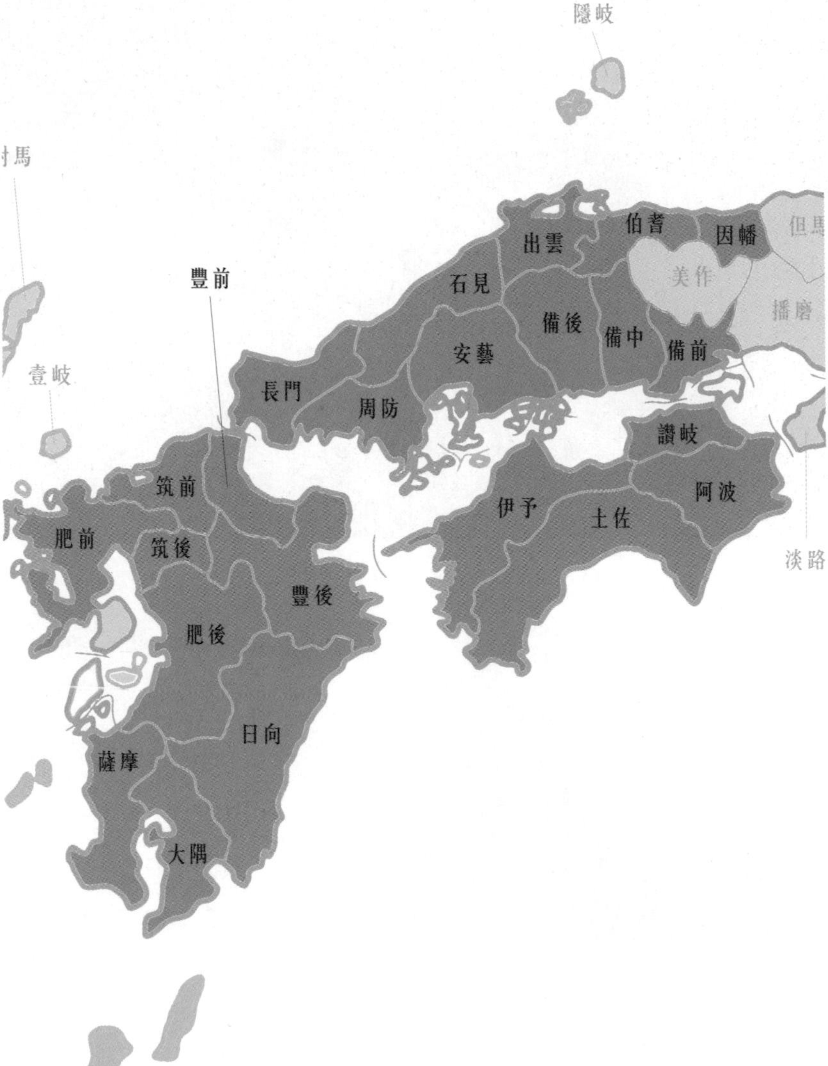
隱岐
伯耆
出雲
因幡
但馬
豐前
美作
石見
播磨
備後
備中
備前
安藝
壹岐
長門
周防
讚岐
筑前
阿波
伊予
土佐
肥前
筑後
淡路
豐後
肥後
日向
薩摩
大隅

西國風雲區域地圖

旌旗高揚

薩隅攻略

上冊第三章提到，島津家的各支族內亂中，勢力最強的島津薩州家通過雄厚實力以及外交戰略，成功從原本的守護兼宗家島津勝久手上奪取守護之位後，除了最大的競爭對手島津忠良、貴久父子外，不少薩摩、大隅以及日向南部的領主憂慮薩州家繼續坐大而先後起事。其間，在日向國與伊東家對抗的「豐州家」為免薩、隅繼續大亂，會影響到自身所在的日向國戰亂，於是跟島津忠良的養父．島津運久商議，提出國內進行第二次「大和解」，讓有對立矛盾的各方領主匯聚一堂，進行談判，又曾寫信給遠方的西國之雄大內義興出面斡旋，希望借助義興在幕府權傾一時的影響力，促成和解，以助舒緩日向國的戰況（圖3-1　島津家系）。

可是，這些努力最後都證明只是虛無不現實的理想主義，已成水火的島津勝久及薩州實久只作消極的回應，薩州家只同意跟忠良和解，無意搭理已經敗北的島津勝久，大和

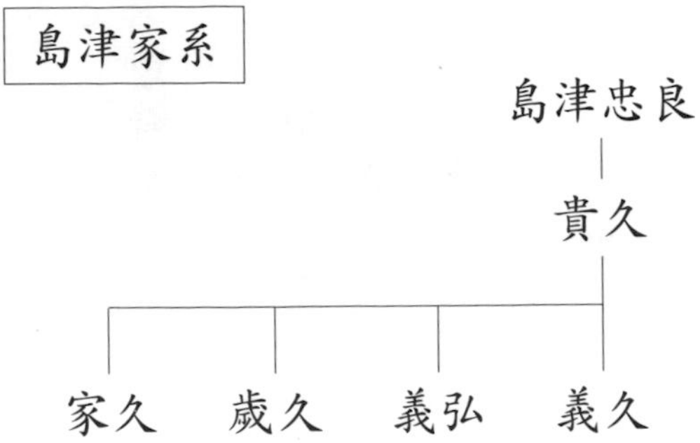

圖 3-1　島津家系

解無疾而終。不久，島津勝久被趕出鹿兒島城後，一時走投無路之下接受家臣的提議，再次跟忠良父子合作，對抗薩州實久。

這次忠良記住了上次被勝久玩弄的經驗，以及吸取了上次實力不足，最終「賠了夫人又折兵」的教訓，雖然同意與勝久合作，但也不忘首先增強自身力量為上策。另一方的島津勝久這次也給出誠意，積極利用剩餘不多的守護權威，呼籲守護的家臣們配合忠良的行動，務求讓忠良能以最快速度強化實力，為自己奪回守護之位。

這段期間，忠良及貴久父子首先利用聯姻方式，拉攏了薩摩國中部的入來院家，又與其附近的祁答院家聯盟。兩家的地盤與「薩州家」鄰接，素來與薩州家不和，與忠良父子的結盟目的不言而喻。隨著忠良陣營的力量日漸強大，與薩州家的對決也只是時間問題。兩方終於在天文八年三月於薩摩國東南的谷山、紫原（同為今・鹿兒島縣鹿兒島市）展開大戰，忠良陣營最終獲得勝利，一舉奪取了薩摩半島的控制權之餘，也迫使薩州家的勢力退回西北部。本應借助忠良的勝利重回守護之位的勝久卻最終沒法如願，忠良為免再次被勝久玩弄，在戰勝後也沒有迎接勝久回到鹿兒島城，反之，在忠良的推動下，自行恢復了勝久與兒子貴久當初的約定，對外宣布貴久已成為新的守護兼島津家宗家的當家。

平定薩摩南部後，忠良・貴久父子的下一步便是收復仍然處於戰亂的大隅以及日向南部。天文十七年（一五四八），已經完全自立的島津貴久在多年準備後終於出兵攻打盤據在大隅國清水（今・鹿兒島縣國分市）的大隅國守護代本田家。本田家自從貴久第一次「繼承」了守護家開始便堅決反抗，並且藉著忠良父子與薩州實久長期對戰的空隙，在大隅國紮實力量，成為國內最強的領主。然而，這次貴久蓄勢待發出兵攻打下，本田家迅即敗北。

接著，第二年的天文十八年（一五四九）貴久又打敗了同國加治木城（今・鹿兒島城加治木町）的肝付家（後來和解）；五年後的天文二十三年（一五五四），貴久再拔掉了與薩州實久有聯繫，又控制來往薩、隅兩國水陸路要道的蒲生家。為此，貴久不惜與昔日的盟友祁答院家等反目，最終形成了長達三年多的「大隅戰爭」（一五五四至一五五七）。貴久軍在這戰爭裡首次使用了從葡萄牙人裡得到的火繩槍，並投入戰鬥，成為戰國史上有名的事件，而「大隅戰爭」裡，貴久方在多有損傷下，最終在弘治三年（一五五七）四月以攻下蒲生家的蒲生本城（今·鹿兒島縣蒲生町）而結束。

控制了大隅西北部的姶良郡（今·鹿兒島縣姶良町）後，貴久下一步便是平定大隅半島南部的最強勢力大隅肝付家（加治木肝付家的親族）以及跟其有姻親關係的禰寢家和伊地知家。當時，大隅肝付家與日向伊東家早有聯誼，對島津貴久重奪三國統治計劃形成威脅，然而在永祿四年（一五六一）展開的廻城之戰中，島津貴久之弟島津忠將戰死，島津軍大敗而回，大隅國南部的擴張計劃也一度受挫。

在攻略大隅南部的同一期間，與其緊密相關的還有伊東家的擴張。前面提到島津分家中的有力分支「豐州家」在擊退伊東祐國後遷到日向國飫肥。然而，由於島津家的內亂集中在薩摩半島，對於日向當地的亂事可謂鞭長莫及。強如「豐州家」這樣的勢力到了當地後猶如虎落平陽，被當地的豪族以及在背後支援的伊東家輪番侵擾。上述的廻城之戰後，島津貴久向東攻擊的計劃受阻，意味著貴久想營救苦戰中的豐州家也是不可能的。最終，島津豐州家的當家·島津忠親無奈下選擇以割讓伊東家最想得到的飫肥，與伊東家和解。

三國統一

貴久銳意重建島津家權威，繼薩摩之後，接著誓要統一東鄰的大隅半島，可是他敗給肝付家，加上忠親敗給伊東家，島津家在大隅東部以及日向的地盤幾乎全數丟失。然而，伊東家的當家伊東義祐卻並沒有打算就此罷手，接受了忠親的和解後，依然繼續向豐州家展開侵略，務求完全確保飫肥的控制權後，再進一步向大隅半島推進。

另一方面，大隅肝付家則沒有那麼幸運，永祿九年（一五六六），同年新繼任當家之位的島津義久率大軍捲土重來，為叔父忠將報仇，更成功攻陷肝付家的主城．高山城（今鹿兒島縣肝付町），重新打通進攻大隅半島南部的陸路通道。然而，肝付家仍然與盟友伊地知家、禰寢家，還有逐漸坐大的伊東家保持合作，在大隅南部進行拚死的抵抗。

到了永祿十一年（一五六八），伊東家終於完全將島津豐州家驅逐出飫肥地區，可以更好地從後支援肝付家後，於元龜二年（一五七一）四家聯手進行反攻，從水路進攻島津家的大本營鹿兒島城，但對島津家沒有造成大的影響；相反，島津義久在元龜三年（一五七二）對肝付家實行軍事報復，選擇收成時段進行軍事侵擾，使肝付家的領民生計大受打擊，另外又用離間手段迫使間接受害的肝付家臣推翻主戰的肝付家當家．肝付兼亮後，向島津家投降。

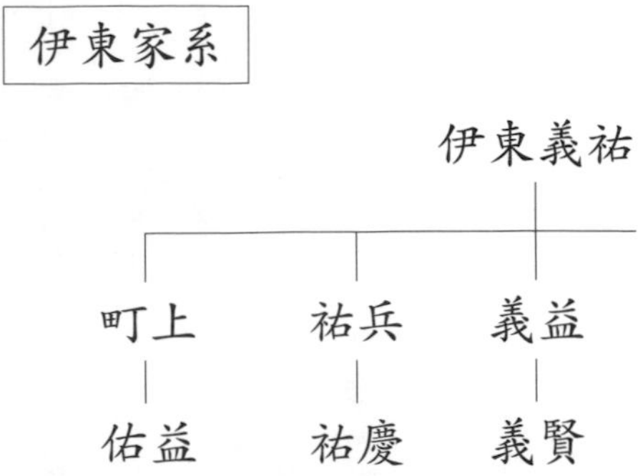

圖 3-2　伊東家系

雖然肝付家投降後，盟友伊地知、禰寢兩家也暫停了對島津的軍事對抗，但背後的最大勢力伊東義祐卻依然繼續他的南向戰略。這次，他利用島津義久攻打肝付家的機會，轉向日向、大隅、薩摩三國的接壤地區真幸院（今・宮崎縣蝦野市）發動進攻，意圖打開南侵島津家核心領地薩摩國的通道，同時又跟旁邊的肥後國球磨郡人吉城的相良家聯絡，一起南攻薩摩。

同一時間的島津義久也在打敗肝付家後，將剩餘的反抗勢力打敗，或者通過談判和解，終於完成薩摩、大隅的統一，島津與伊東這對百年宿敵終於到了正面決戰的時候。戰國史上其中一場以少勝多的戰役——木崎原之戰也就此打響（圖3-2　伊東家系）。

元龜三年（一五七三）五月，兩軍在真幸

院的木崎原展開大戰，島津義久二弟・島津義弘（當時已過繼成為島津豐州家的新當家）以寡兵幾乎全殲了伊東義祐派出的精銳部隊，獲取了全面勝利。盡失精銳的伊東家元氣大傷，與島津家的對戰優勢也因此而完全被逆轉，九州地區的戰國史發展開始出現了重大變化。後來經過四年的反攻，島津家終於在天正五年（一五七七）將伊東家趕出飫肥、都於地區，伊東義祐逃到北面的大友宗麟求援，意味著島津家已經完全收復日向南半部地區，達成了回復祖宗百年多的願望。然而，伊東義祐北逃到大友家，意味著島津與大友兩家之間也終須一戰……。

毛利・大友・尼子三強戰爭

石見征服戰

正當九州南部的島津與伊東兩家勢成水火之時，九州北部也戰雲密佈。隨著大內家的滅亡，北九州至西中國地區迎來了「後大內氏時代」。毛利家吞下大內家在周防、長門兩國的地盤後，進一步進行兩線擴張。與大友家為大內家北九州地盤的控制權展開了激烈的爭奪戰，同時在北面再與一直著力在東中國地區打拚的尼子家進行長期的對決。

消滅了陶晴賢的毛利元就在弘治元年（一五五五）開始一步一步吞併了原由大內家統治的周防、長門兩國，鎮壓了大內家遺臣以及當地不服從毛利家的中小領主。接著元就先後得到了石見國（今・島根縣西部）內願意歸順的領主，如佐波家、福屋家等的加盟；接下來就要處理石見中部最大的領主小笠原家（圖3-3　石見圖、出雲國）。

石見國南部的領主們從來深受大內家影響，這次他們也當然受到了大寧寺之變的打擊，出現了群龍無首，各自鬥爭的問題。毛利家的崛起正好給予他們一個新的選擇。正當

圖 3-3 石見國、出雲國

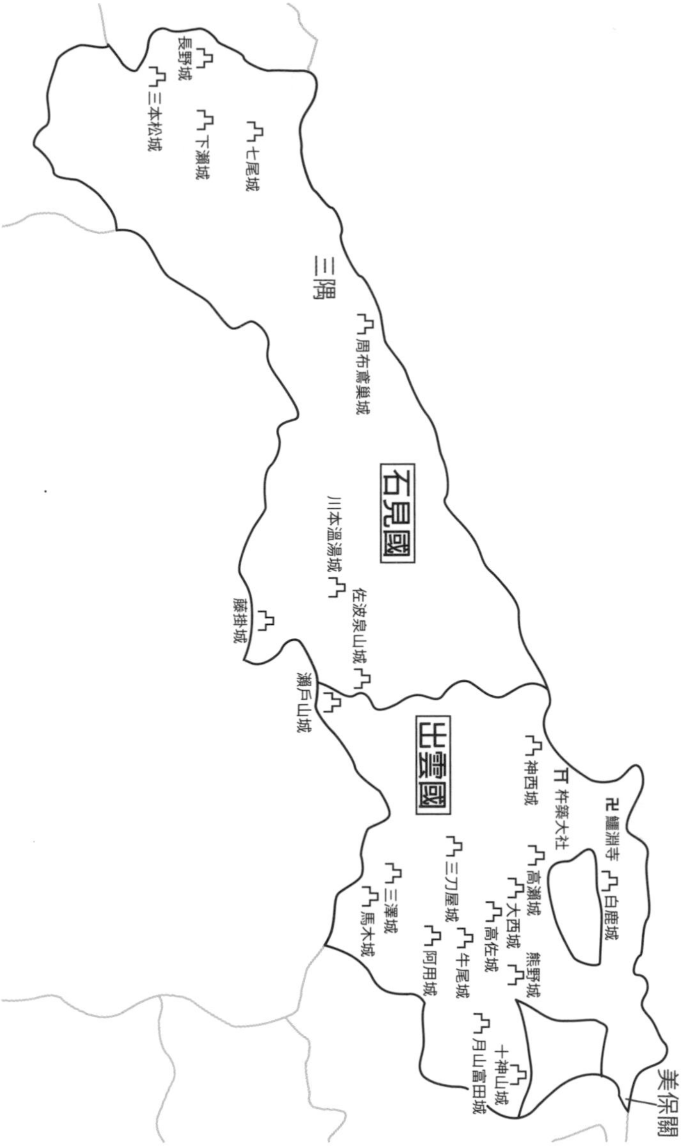
長野城
三本松城
下瀨城
七尾城
三隅
周布鳶巣城
石見國
川本溫湯城
佐波泉山城
藤掛城
瀨戶山城
出雲國
神西城
杵築大社
鰐淵寺
三刀屋城
高瀨城
大西城
高佐城
白鹿城
熊野城
三澤城
馬木城
阿用城
牛尾城
月山富田城
十神山城
美保關

元就乘著嚴島之戰勝利攻入周防國時，「南石見三雄」之一的小笠原家依然抵抗毛利家，並想借助尼子家的力量，在兩者之間坐收漁人之利。

小笠原家當時趁著大內家內亂不堪之際，一度佔領了石見銀山城，又為了抵抗毛利元就，與北面的尼子晴久聯盟。這時候元就、隆元父子正在率領主力攻入大內家領地，為了避免尼子及同樣反抗大內家的吉見、益田等勢力混進來攪局，元就派次子吉川元春對應及安撫石見國的領主，另一方面也監視尼子晴久的動向，所以沒有時間去理會小笠原家。

在弘治二年（一五五六）五月，答應援助小笠原家的尼子晴久率先南下，以確保銀山的絕對控制權。不過，這時的毛利家已經不是當年被晴久圍攻於吉田郡山城時的毛利家了，元就及隆元很快便命令安藝北部的從屬領主以及次子吉川元春前去迎擊，並且成功擊退了尼子家。不過，尼子家也沒有就此罷休，在同年的下半年，晴久屢次派兵南下，更勢如破竹，多次打敗了毛利家後，終於在同年年底拿下了石見銀山。

雖然如此，元就及隆元在戰敗後改變策略，進行兩面作戰，一方面繼續征服防、長兩國，同時又通過吉川元春拉攏石見國南半部的領主，使他們陸續歸順，使防、長兩國以及石見南半部能在同一時段落入毛利家的手中，元就父子於弘治三年（一五五七）先後與同國南部最大的領主益田家以及吉見家和解，解除了這些領主從北面威脅本國安藝以及新得手的防、長兩國的安全。這些準備都完成後，小心翼翼的元就及隆元在多番籌劃後，終於在永祿元年底重開對小笠原、尼子的反攻計劃。

為了牽制尼子家的軍力，同時確保東線邊界的安全，元就父子於永祿二年（一五五九）初率先向東南方的備中國（今・岡山縣西部）出兵，連同上次在嚴島之戰中出兵助戰的來島水軍，一起救援被尼子陣營包圍的盟友三村家，一口氣拿下了同國的控制權。

接著，元就等人便率大軍回到石見，於同年五月攻打小笠原家的居城河本溫湯城（今・島根縣川本町），尼子晴久雖然率兵前來救援，但受到吉川元春以及新加盟的石見國領主・福屋隆兼等的阻截，最終無功而還，而小笠原家在孤立無援下，決定投降毛利家。

小笠原家的服從雖然讓毛利家吞併石見國走前一大步，但最重要的石見銀山仍然在尼子家的手中，意味著石見征服仍然志在中途。不過，正當元就父子準備著手奪取銀山及那裡的銀山城時，南方的北九州地區卻出現狀況，同時攻打小笠原家有功的福屋隆兼因為不滿戰後的分賞，突然倒戈尼子家。在南北兩線都出現險情下，毛利家在眾議後決定先處理北九州的問題後，再回師石見。

海峽激戰

當毛利家在弘治元年至永祿初年期間（一五五五至一五五九）先後征服大內家的周

防、長門兩國（今・山口縣），又北征石見國，與尼子家再次交鋒之際，南方的九州豐後大友家對毛利家的迅速崛起自然感到極大的不安。當初，為了確保在消滅大內義長的過程中，義長的親兄長大友宗麟不會插手干預，毛利元就向大友家提出瓜分大內家領地的交涉，毛利家得到周防、長門兩國，而大友家則得到筑前（今・福岡縣北部）及豐前（今・大分縣北部及福岡縣東北部）兩國。大友宗麟以及大友家的重臣們都認為這個交易條件可以接受，於是便與元就訂下盟約。

後來兩家各自完成了周防、長門和筑前、豐前的併吞後，兩家成為了鄰國，只隔著關・門海峽（今・福岡縣北九州市門司與山口縣下關市之間的海道）。面對強大敵人就在眼前的壓力，毛利家心有不安，決定無視當初的約定，先下手為強。永祿元年（一五五八）夏天，大友家完全征服了豐前國，拿下了門司港一帶的領地時，先前被大友家打敗兼趕出領地的秋月家、筑紫家便跑到元就跟前，懇求元就出兵為他們奪回領地。

發現奇貨可居的元就便將計就計，利用這些落魄領主為馬前卒，暗自牽制大友家的併吞行動。毛利家願意相助的消息傳出後，原本被迫降服給大友家的豐前、筑前兩國的領主紛紛鼓起勇氣據城堅守，或在城外舉兵反抗大友宗麟。然而，大友家很快便作出了回應，永祿二年初大友軍率先討滅了回到九州，更佔領了博多（今・福岡縣福岡市）的筑紫惟門的反抗軍後，派出家臣高橋鑑種扼守筑前太宰府（今・福岡縣太宰府市）以及博多一帶，以防再生亂事。不過，這個決定很快在後來便證明是一個禍根。

在這之前，宗麟鎮壓了筑紫惟門的起兵後，便隨即大打外交牌，通過大量的獻金，成功從將軍足利義輝那裡獲得了豐前、筑前兩國的守護職，又在同年底得到了九州探題的任命。九州探題本來是室町幕府派駐九州的最高行政、軍事代表，在室町時代一直由足利家同族的今川家及後來的涉川家出任，但由於九州早有大內家以及大友家這樣的大勢力存在，九州探題只不過是隻紙老虎，沒有實際的力量。另外，九州探題跟東北地區的奧州探題、羽州探題一樣，從來不許足利一族以外的大名來擔任，這次除了因為大友宗麟通過銀彈政策說動幕府外，當時極希望打倒三好長慶的將軍足利義輝亟需要日本各地的大名支援，在利害一致下，義輝也終於打破了這個祖宗規矩，讓宗麟成為了九州探題。

當然，成為了九州探題只是在政治上有了壓服北九州的領主們以及震懾毛利元就有些微的作用，終究還是需要自身的軍事實力來捍衛權益才行。就在宗麟快要得到將軍義輝任命為九州探題之前，元就早已作了下一步的佈署，他命令降服到毛利家的大內家舊臣到門司城起事，順利奪下了門司城。接著又在同年八月用同樣的方式策反了停留在豐前國的大內家舊臣，讓他們也在豐前國起事，牽制大友家的反擊。

大友家雖然很快再派兵進行鎮壓，並且一度奪回豐前國門司城，使豐前的情況雖然稍為好轉，但始終沒辦法一舉蕩平國內的反抗領主。就這樣，毛利家在背後穿針引線，對大友家進行搞亂工作的軍事行動一直斷斷續續的持續到永祿四年（一五六一）夏天，在這期間為止，門司城的控制權已經多次易手，同年七月，大友家再次發兵企圖再次奪回門司城。當時身在石見的毛利元就和隆元決定暫停在石見的軍事行動，由隆元率領三弟小早川隆景以及他旗下的瀨戶內海水軍，還有同盟的村上水軍趕到赤間關（下關），與大友家決戰。最終，在毛利家主力以及水軍的壓倒性優勢下，大友軍於同年十一月初的門司城之戰中大敗而回，一時失去了豐前國北部的控制。

軍事實力上一時處於劣勢下，大友宗麟再次利用外交手段，以九州探題的身份向幕府控訴毛利家在北九州肆虐的惡行，要求幕府主持公道，但同時收到毛利家好處的幕府卻在這時處於左右為難的局面，沒有立即回應宗麟訴求。就這樣，第一階段的大友對毛利的戰爭（史稱「豐・藝戰爭」）便以大友家處於劣勢下結束。

征服石見與豐・藝・雲戰爭

毛利家在第一階段的「豐・藝戰爭」取得壓倒性勝利後，為免被滿懷憤恨的大友家糾纏，以及希望盡快重回石見的主戰場，元就及隆元堅持原本的方針，即利用反大友的領主為盾牌，以從後支援的方式，使他們繼續在北九州與大友家周旋；另外，也派遣前大內家的家臣到豐前國門司城附近守備，確保門司城的控制權，堵住大友家。

一切安排妥當後，毛利隆元等人便回到元就所在的石見戰場。前面提到銀山城當時尚未到手，而剛加盟的福屋隆兼又因不滿賞賜而倒戈到尼子陣營。永祿四年（一五六一）冬，也就是前述的門司城激戰的同一時段，新加入尼子陣營的福屋隆兼主動攻擊毛利陣營的城池，在陣的元就及元春很快組織了反擊，並對福屋隆兼所在的音明城（今・島根縣濱田市）實行包圍。永祿五年（一五六二）春，從門司城凱旋回歸的隆元及隆景回到石見後，便對音明城實行總攻。福屋隆兼自知不敵，便棄城逃到出雲尼子家，但遭到繼位不久的尼子義久（晴久長子）拒絕收留；而在城內不知情的家臣兵卒在開城投降後，被毛利軍全部誘殺，成為殺雞儆猴的犧牲品。

音明城之戰後，石見北部原本服屬尼子家的領主或倒戈，或棄城逃到出雲國，毛利家終於征服了石見國，而原本受尼子義久支援，駐守銀山入口的山吹城主本城常光也主動倒戈，使毛利家順利奪下銀山這個重要的收入來源；而完成併吞石見國的同時，也開啟了對尼子家報復的下一步。

永祿五年（一五六二）六月音明城陷落，石見國人幾乎盡數倒向毛利家後，引發了連鎖反應，先是一直受到尼子家壓迫的伯耆國（今・鳥取縣西部）前守護山名藤幸捧表求援，得到元就及隆元的認可及支持下，山名藤幸便率先出兵攻擊駐守鄰國備後國北部的尼子派城池。同一時間，元就開始策反出雲國的領主，並且將兵鋒插進出雲國內，準備一舉與尼子家決戰。

毛利家來勢洶洶下，出雲國的領主如三澤、三刀屋等家都陸續捨棄尼子義久，而原本從屬尼子家底下的美作（今・岡山縣北部）、伯耆國領主們也緊隨其後，最後只剩下尼子家居城・月山富田城一帶的區域仍然在尼子家的控制下，尼子家滅亡貌似已經進入了倒數階段。

然而，就在這個時候，眼見出雲國也即將垂手可得的情況下，毛利家突然用計襲殺了駐守銀山山吹城的本城常光，殺害原因似是毛利家想盡快直接奪取銀山的全部控制權，而本城常光投降後，卻依然佔據山吹城，成為對銀山垂涎三尺的毛利家眼中的絆腳石。毛利家輕率的舉動引發出這個突如其來的血案，使得雲、伯、作三國內剛投向毛利家的領主們如坐針氈，人人自危，不少剛投降的領主又再次脫離了毛利家，回到尼子家的陣營。

這些領主雖然本來便是見勢不妙而降，在毛利與尼子的戰爭中的向背仍然存在不可知的部分，然而，暗殺事件在結果上，的確使原本已成功可期的出雲侵略功敗垂成，而毛利家在不久後還要為此賠上更多更慘重的損失。

不少領主再次倒戈下，毛利家被迫重新部署征服出雲的策略，對手的尼子家也受惠於暗殺事件，部分領主回歸自家陣營後，選擇嘗試突破，主動攻擊駐紮在雲、石兩國邊境的毛利軍，同時尼子義久又以遠交近攻的方式，派人聯絡同樣被毛利家壓制的大友宗麟，試圖從背後牽制毛利軍。但這個計劃在醞釀階段便率先出現挫折，因為大友陣營內部在這時候接連出現叛亂，大友宗麟早已分身乏術。

北九州再亂

目光再次回到北九州。前述所及，重心放在石見、出雲攻略的毛利家在豐前國的防衛可說是消極、保守的，只靠與大友家有仇隙的豐前、筑前兩國的領主起兵對抗，來阻斷大友家對豐前國發動反攻。可是，情況不久便出現了突破性的發展。

永祿五年秋天，當毛利軍攻打石見音明城的時候，北九州的戰場傳來一個驚人的消息，原本被大友宗麟委以重任，鎮守筑前國前線的重臣高橋鑑種暗自遣信給當地毛利家的守將，表示為了自立門戶，願意與毛利家合作對抗大友家。消息讓毛利家高層又驚又喜，他們根本沒有想到大友家前線的最高指揮官會主動倒戈。高橋鑑種決定倒戈後，連同筑前國當地拚死對抗大友家的秋月、筑紫等家的勢力使筑前國的戰況瞬間大逆轉，大友家在當地的守將只剩下立花山城的立花鑑載，筑前．豐前的整體戰局對毛利家形成絕大的優勢。

高橋鑑種叛變的理由眾說紛紜，莫衷一是，但其中一個共通的理由，便是他希望藉著大友及毛利兩家對戰的混亂，利用大友家賦予的軍事力量，來個漁翁得利，自定乾坤。這對於毛利家而言，本應是求之不得的事，但是，問題在於想趁火打劫的鑑種胃口不小，他希望毛利家答應將筑前國一半以上的領地都歸他所有，意味著當地其他投向毛利家的領主的領地，有不少會成為鑑種的囊中物，毛利家答應的話或會迫使那些領主因為走投無路，憤而重投大友家的陣營，導致筑前國以及豐前國又再出現危機。

可是，高橋鑑種守據的寶滿城與岩屋城都是筑前國的軍事重鎮，毛利家也不願意把從天而降的機會丟棄，兩方都不可得失下，毛利家決定來個左右逢源，先靠高橋鑑種打開戰局，伺機而動後再作打算。

高橋鑑種很快便積極展開軍事行動，他在同年十一月起不僅倒轉槍頭入侵筑前國內大友家所佔的領地，又另外開闢戰線，入侵鄰國筑後北部的赤司城（今．福岡縣久留米市），而且還到處呼籲筑後、肥前（今．佐賀縣東部）的領主一同起兵反抗大友家。

星星之火，可以燎原，大友家的高級將領帶頭倒戈下，各地原本敢想不敢為的地方領主都紛紛響應了鑑種的號召，整個北九州的戰火一下子由東北角延燒至中部、中西部一帶。高橋鑑種無疑地成為了當中至關重要的一個作用。

另一邊的大友家面對親自任命的前線指揮官帶頭反叛後，被迫上險境。但在此之前，大友家早已在同年八月派出最強的戰將戶次鑑連（後來的立花道雪，以下統一稱「道雪」）

北上豐前，在強攻之下奪回了門司城一帶的領域，切斷了毛利家本州與九州的連絡。然後，道雪繼續向豐前國推進，意圖孤立當地的毛利守軍，但遭遇到毛利軍的拚死抵抗，使戰局出現膠著，十一月高橋鑑種明確叛變後，道雪帶領的大友軍仍然咬著豐前不放。

另外，宗麟仍然堅持利用他擅長的外交攻勢，派使者向足利義輝要求介入，設法阻止毛利家在豐、筑前線造次，也為己方的頹勢止血。翌年的永祿六年（一五六三）年初，毛利隆元離開攻打出雲的前線，分領部隊到達下關，增強對豐前國守軍的支援及補給。終於，毛利家的守軍在同年正月底爆發的豐前松山城之戰（今・福岡縣北九州市）中成功擊退了道雪軍的圍攻，守住了門司地區的防線。

就在這個時候，將軍足利義輝分別派遣幕府要員及朝廷貴族親赴北九州兩軍的大本營，以效忠幕府為號召，要求毛利及大友雙方先停戰，後議和。經過使者兩地奔走後，雙方在五月份終於達成共識，毛利家起初在瞞著盟友的情況下，同意自家軍隊全面撤出筑前、豐前兩國，僅留門司城一帶作為防禦前線基地，得到了大友家的同意，此外，毛利家也同意自行毀棄對抗大友家的前線要塞松山城及香春岳城（今・福岡縣田川郡香春町），以示無意再行對抗的決心。

毛利家的妥協背後，顯然是不願被大友家長久糾纏，阻礙同時在出雲進行的攻略，換句話說，這次的和解本質上也不過是權宜之計，事實上是待打敗出雲尼子家後，再看情況將矛頭指回北九州。然而，毛利家這個權宜之計以及獨善其身的態度引起了高橋鑑種，以及一直靠毛利家支援，與大友家對抗的筑、豐領主們的強烈不滿。

為免太倉猝與大友家和解後，招致領主們的反目，使最重要的門司城出現危機，毛利家在五月與大友家正式和解前，通過家臣以及書信攻勢，向這些領主們保證很快便會捲土重來，並勸導他們在此之前，不要有過激行動。勉強說服了眾領主後，毛利與大友兩家於同年七月正式停戰及和解，「豐藝戰爭」的第二階段就此暫時落幕。

毛利隆元之死

隆元在北九州與大友家再次和解之際，元就及吉川元春等主力部隊則一方面收拾暗殺本城常光後的殘局，分兵征伐重投尼子家的領主，另一方面則繼續收窄對月山富田城（今・島根縣安來市）的包圍網。隆元改往北九州後，元就及元春於永祿六年（一五六三）初春要求仍然支持毛利家的伯耆、美作、備後的領主們各自出兵擊破當地的尼子陣營領主，元就父子則準備等待隆元從北九州回師後，共同圍攻月山富田城附近的要塞白鹿城（今・島根縣松江市）。

然而，就在這個時候的八月四日，正從北九州趕回出雲的隆元，於安藝國北部的佐佐

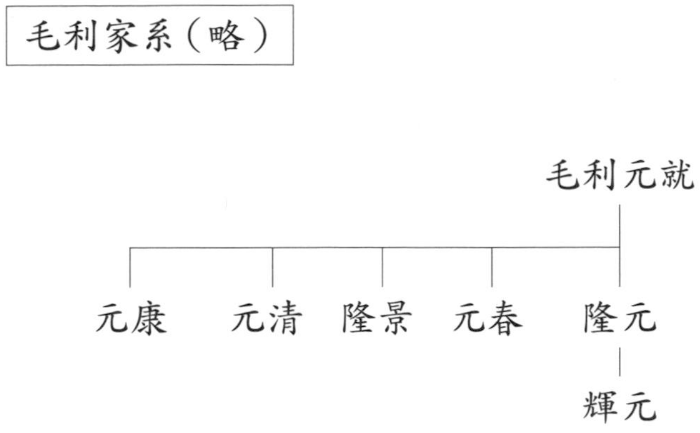

圖 3-4　毛利家系(略)

部的驛宿裡離奇暴斃，一說是被尼子義久派出的刺客毒殺，但沒有確切的證據。這個悲痛的消息傳到元就及元春的本營後，元就強忍老來喪子之痛，於同月十三日向白鹿城發起總攻。可是，在早有準備的白鹿城將兵負隅頑抗下，毛利家足足用了兩個月時間才打下該城（圖 3-4 毛利家系）。

同年十月，攻下白鹿城的元就繼續佈署收緊對尼子義久的圍堵，更下令切斷通過月山富田城的水陸交通線，迫使月山富田城不攻自破。與此同時，毛利軍繼續清掃伯耆、因幡（今・鳥取縣東部）兩國內尼子陣營的領主。

因幡國的前守護山名豐弘在尼子晴久生前便與尼子家合作，對抗同國內的有力領主武田高信及南條宗勝，隨著毛利家在永祿七年（一五六四）染指因幡國後，武田及南條陣營藉著與毛利家合作，一舉打倒山名豐弘後，再在毛利家的保護下共分因幡國。這個舉動卻觸動了鄰國但馬守護兼山名家宗家之主山名祐豐的神經。山名祐豐雖然一直與尼子家對抗，但對於毛利家滲透到因幡，繼而進一步或對但馬國打主意，感到憂心忡忡。於是，祐豐在同年九月初決定先發制人，出兵與毛利、武田、南條對峙。毛利家考慮到出雲國的戰局未定，暫時沒有對因幡戰線投入更多的心力，兩方的膠著狀態一直持續到永祿八年（一五六五）以後。

永祿八年初，毛利家利用水軍力量繼續對出雲國東北部的水路物流重鎮美保關（今．島根縣松江市）以及境港（今．鳥取縣境港市）等地實施封鎖，使出雲國內尼子陣營的領主無法獲得補給及物資供應。很快這招經濟封鎖便奏效，尼子陣營剩餘下來的領主也因此主動投降，只剩下尼子義久的月山富田城以及附近的支城作孤城死守。

在物資逐日短缺下，餓孚、逃兵續出，使月山富田城的兵力越發減少。毛利元就、嫡孫毛利輝元（隆元長子）帶領毛利大軍於四月在城外掠奪所有農作物，從精神上對尼子守軍作出重大打擊後，尼子家內部出現分裂而自相殘殺，所剩無幾的戰力再打折扣。在這個時候，雖然北九州豐前國再起戰幔，但這次毛利家高層及毛利元就改變以往的方針，堅決先處理了尼子家後，再回到九州。

到了永祿九年（一五六六）七月，尼子家到了窮途末路的境地，開始與毛利元就議和，直到同年十一月底，尼子義久終於決定開城投降。毛利家為免刺激尼子家的舊臣及領主，沒有選擇殺害兄弟三人，但為免舊臣借機奪回三人，東山再起，毛利家高層決定將投降後的尼子義久與兩名弟弟・尼子倫久及尼子秀久一同送到毛利家大本營吉田郡山城附近的長田（今・廣島縣安藝高田市）幽禁，堵住尼子家舊臣復仇的念想。但這個深思熟慮的安排到後來證明，還是百密一疏，這是後話，容後再述。

至此，自尼子經久於中國地區山陰道地區翻雲覆雨後不到百年，強豪尼子家終於敗於昔日的從屬領主毛利家手上；昔日的西國雙雄大內家和尼子家也先後為毛利家所敗，走出了歷史舞台。

正當毛利全力攻打尼子家，即將迎來尾聲之際，南方的盟友、四國伊予國（今・愛媛縣）北部的最強勢力・河野家卻與土佐國（今・高知縣）的「公卿大名」一條家出現了鬥爭，之後更演變成毛利與大友第三階段的豐藝戰爭的支戰（史家稱為「（伊）予・土（佐）戰爭」），究竟是怎麼一回事？接下來，先把目光轉到四國，看看那裡到底是怎麼一回事。

四國亂局

「水軍王」內亂

第三階段豐藝戰爭的支戰「予土戰爭」嚴格來說，便是北伊予的最強勢力河野家與於戰國初期急速崛起的土佐一條家為了南伊予地區的控制權而引發的。在說明「予土戰爭」怎樣成為第三階段豐藝戰爭的支戰之前，也有必要說說戰國時代伊予國的情況，首先是伊予河野家（圖3-5　河野家系）。

伊予河野家自南北朝時代起便擔任伊予國的守護，但勢力範圍集中在同國北部（今·愛媛縣松山市、今治市一帶），同時在室町時代以來，一方面與鄰國讚岐（今·香川縣）的守護細川家展開邊境戰爭，另一方面內部則出現了宗家與庶家予州家（世代官職為「伊予守」而得名）之間的內訌。隨著北邊山陽山陰地區西陲的大內家崛起，河野家便與大內家聯手，另外又著力組織瀨戶內海的三島水軍眾對付讚岐細川家以及背後撐腰的管領細川家。在應仁文明之亂前夕，管領細川勝元更一度剝奪了河野家伊予守護的職位，據為己

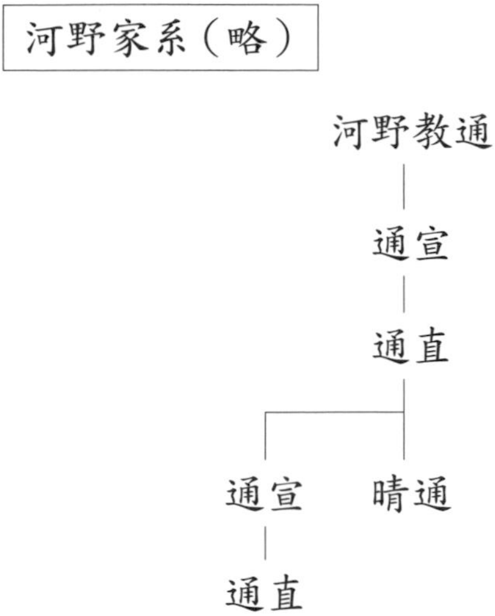

圖 3-5　河野家系(略)

有。

因為這個緣故，在應仁文明之亂時，河野家一開始便站在大內家的一方，但隨著亂事的發展，河野家內部也出現了利益分歧，導致宗家的當主河野通直（前名「教通」）中途退出大內家支持的西軍陣營，並以東軍的身份回到伊予國對仍然支持西軍的庶家予州家的河野通春，以及反守護的當地領主進行打擊，宗家與庶家的鬥爭似有再度爆發之勢。但由於快人一步的宗家河野通直早已捷足先登，成功趁亂鞏固基礎，沒讓予州家的河野通春有反撲成功的機會。

在宗庶之爭中勝出的宗家雖然仍然與予州家處於對立狀態，但隨著優勢越來越明顯，獲得了國內領主們的支持後，予州家很快便步向沒落，並接受宗家的保護；而宗家則繼續向國內其他仍未歸屬的領主施壓，又加強扶植瀨戶內海水軍中實力最強的來島水軍，使他們成為宗家河野家的主要戰力之一。

然而，在天文初年（一五三一至一五四〇），隨著北方的大內家與尼子家、安藝武田家的抗爭熾烈，大內家又與伊予西邊的豐後大友家在北九州展開長期的戰鬥，河野家坐擁巨大水軍力量，屢屢成為周邊強大領主倚重的重要角色，這些外圍政治問題再三將伊予河野家捲入其中，特別是在大內家與大友家都跟河野家有著不錯的外交關係下，兩家勢成水火致使河野家左右為難之餘，手下領主們以至來島水軍的向背都成了未知之數。

在這個環境下，強大無比的大內家對區內安全及勢力均衡造成威脅，河野家為牽制大內家，曾一度與大友家結盟。但是，後來大內義隆與大友義鑑和解後，河野家的處境便顯得尷尬，大內義隆決定將計就計，向河野家施加壓力的同時，拉攏了另一支盤踞在瀨戶內海的水軍勢力能島水軍，與河野家的來島水軍抗衡。

在大內家的壓力下，河野家內部於天文十一年（一五四二），圍繞著對應大內家的政治立場問題當家河野通直（上述的通直之孫）與養嗣子．河野晴通爆發了內訌。晴通本來是庶家予州家出身，起初予州家與宗家和解後，晴通成為了通直的養子。但在大內家的暗中推動下，晴通卻重回親大內的路線。雖然起初佔有優勢，但由於來島水軍大將村上通康為首的反大內派家臣支持養父通直，晴通很快便被打敗；大內義隆的算盤也終究沒有打響，最終兩家在幕府將軍足利義晴的斡旋下，基本上達成停戰。事後，河野家對山陽地區的政局一度採取中立態度，直至嚴島之戰為止。

但在嚴島之戰前夕的天文二十年（一五五一），河野家第二度出現父子矛盾。這次通直與自己的親兒子兼新繼承人．河野通宣之間出現權力鬥爭（一說是通宣不滿父親在位太久），沒有了庶家及大內家這個共同敵人下，這次通直沒能得到家臣的一致支持，最終便被兒子通宣拉下台。

河野通宣正式繼位後不久，弘治元年（一五五五）的嚴島之戰爆發，為免錯誤選邊，通宣並沒有明示立場，但卻容許了重臣兼來島水軍大將．村上通康「自發」支持姻親毛利家（注：通康之妻為毛利元就的外孫女），並導引毛利家贏得最終勝利。事後毛利家便通過來島家與河野家建立友好關係，不過，毛利家在戰勝後也暫時忙於侵攻大內家，與河野家的情誼也沒有更多的發展。

至於河野家，通過嚴島之戰賺到毛利家的人情後，隨即又出現新的挑戰，這次威脅來自南方土佐國一條家的來襲。關於土佐國內部的整體情況，以及後來長宗我部家崛起的事情將於本章後部另作說明，接下來先提一下土佐一條家來襲的經過。

「公家大名」一條家

第三階段的豐藝戰爭的支戰「予土戰爭」的另一個主角．土佐一條家算是戰國史上的一個異類，一個本來久居京都的公卿貴族名門，為什麼會跑到遠方的土佐國，並在後來與豐藝戰爭扯上關係呢？（圖3-6 土佐一條家系）

首先將時間軸撥回到應仁文明之亂期間，前關白．一條教房不堪京都戰亂，決定逃出京都避難，並想到遠赴家族擁有的莊園中，收入最豐厚之一的土佐國幡多郡幡多莊（今．高知縣四萬十市及土佐清水市）。土佐國幡多郡盛產優質木材，而且莊內的清

土佐一條家系（略）

一條房家
｜
房冬
｜
房基
｜
兼定
｜
內政
｜
政親

圖 3-6 6土佐一條家系

水港（今．高知縣土佐清水市）臨近日本與明朝的勘合貿易航線，從中通過交易及轉賣從中國明朝引進的貨物，可以直接、間接獲得巨大額外收入，幡多莊的資源及地理位置對一條家而言更是倍增價值。

當時的幡多雖然有一條家委託的莊官打理，但由於遠距離的關係，管理不善的問題一直存在，應仁文明之亂下，沒有幕府的保護，這些邊陲食邑更容易陷入無政府狀態，大有任由當地的豪強侵吞的可能。於是，一條教房毅然決定要靠自身的力量保護重要家產食邑，在應仁二年（一四六八）九月，教房帶領少數家臣及隨從離開京都的家人，用水路到達了土佐。

雖然久居京都，但帶著覺悟來到土佐的一條教房很快便認識到拉攏當地勢力的重要性。教房到達土佐後，立即與當地有力的地方領主加久見家結親，又多方結識其他有力領主，利用自身的貴族血統及京都的影響力，配合自身的魄力，迅速打穩陣腳，確保了莊園牢牢控制在自己手裡。

教房死後，兒子房家承繼父志，加快發展幡多的步伐之餘，開始轉守為攻，向莊外的地區進行滲透。其中一個重點便是壓服東面高岡郡（今．高知縣高岡郡津野町、土佐町等）的地方領主．津野家以及大平家。另外，房家也不忘與本宗的京都一條家保持聯繫，他把次子．房通送回去京都繼承京都一條家，加強了與京都的聯絡，致使土佐一條家繼續握有不可侵犯的高格地位。經過房家、兒子房冬，以及嫡孫房基三代的努力，高岡郡西部大半落入了一條家的手中，一條家也因此成為土佐國西半部的最大勢力。

此外，在外交方面，房家通過送兒子給大內義隆當養嗣子（大內晴持）來結成堅固的同盟關係，確保了與大內家共享對明貿易上的巨大利益。不過，後來房家在晚年安排嫡孫．一條房基迎娶大友義鑑的女兒，為一條家的將來做了雙重保障。這一個安排在日後的發展上也成為了左右一條家命運的一個伏筆。

在這之前，一條家在土佐西半部確立霸權後，天文十年接任當家的一條房基以及其子一條兼定兩代都將經營重心指向了北邊的伊予南部的宇和郡（今．愛媛縣宇和島市、八幡濱市、西宇和郡、北宇和郡及南宇和郡），以進一步強化西海道及南海道兩端海運路線的控制。

與此同時，伊予北部的河野家在同一時間克服了河野通直與養子晴通的對立後，將目光轉向外部，以求家臣上下團結，於是，南端的一條家與北端的河野家在偶然的情況下，一正一步一步走向敵對的邊緣。與此同時，還有兩個中予地區的領主夾在中間左右大局，一個是更早從京都跑來地方紮根的公家貴族西園寺家，另一個是當地領主伊予宇都宮家。

當時的南伊予領主林立，並沒有獨當一面的勢力，而西園寺家跟一條家一樣本是京都顯貴，但地位上低於最高級的一條家。不過比起一條教房，他們在更早的南北朝時代的永和年間（一三七五至一三七九）左右，便為了保住地方的莊園，主動派一族子弟到當地自行管理，從此便在伊予國宇和郡的松葉、立間及來村三處落地生根，當中以松葉西園寺家為宗。

另一邊的伊予宇都宮家則是在宇和郡旁邊的喜多郡（今．愛媛縣伊予市、西予市、內子町的一部與大洲市）繁衍的地方領主，與西園寺、河原淵，還有北川和御莊四家合稱為「南予五家」。不過，與幡多莊接壤的法華津家、河原淵家以及御莊家不久後便選擇投靠了強勢的一條家（後述）。

松葉西園寺家因為早早紮根，以及利用京都貴族的身份，很早便組織當地的地方領主到自己旗下，包括上述的河原淵家及法華津家。不過，這些南伊予的地方領主也有一定的自主性，對西園寺家表面客氣，但在利害關頭則不一定會跟隨身後。到了十六世紀初，即戰國時代初期，西園寺家與喜多郡的宇都宮家因為邊界之爭出現對立。

另一邊的宇都宮家雖然沒有西園寺家那樣握有京都朝廷的人脈，但由於領地面臨西海道及瀨戶內海西端，他們利用水路交通與京都的朝廷及幕府一直保持聯絡，確保自己地位處於較高的位置。到了戰國時代的天文年間初期（一五三〇年代），他們既與一水之隔的豐後大友家有著緊密的聯繫，又與大內家以及河野家保持友好關係，還巴結上南方的土佐一條家，與西園寺家出現邊界相爭中，對西園寺家實行多方圍困。

如上面所述，這時候的一條家自土佐國幡多後，隨著教房至房基四代人的經營，在開始對南伊予蠢蠢欲動前，已經成為了四國西南部最強的勢力。

於是，西園寺與宇都宮的相爭因為大友家與大內家的關係惡化，以及土佐一條家的崛起而出現了變數。當時，大友家與大內家因為北九州爭霸戰而再起戰幔，打破短暫的和平局面，這使得對兩家左右逢源的宇都宮家來說是一個重大的政治難題。

另一方面，同一時間在土佐西部奠定霸業的一條房基在這時候決定與大友家加強關係，並藉此轉向南伊予發展，首當其衝的便是接壤的西園寺家。

其實在天文年間中期（一五四〇年代）左右，房基利用婚姻及養子外交，已先將本屬西園寺家旗下的河原淵家及法華津家拉到自己旗下；位於伊予宇和郡西南端（今・愛媛縣宇和島市、西予市）的法華津家手握水軍，在南予邊陲水道，即西海道及南海道交匯處的物流、交通擁有一定的影響力，法華津家的走向正是左右大局的重要因素，後來也成為一條家的重要戰力之一。

緊接著，一條房基又利用影響力將家臣送到「南予五家」之一的御莊家做養子，變相也將御莊家拉到自己旗下，對西園寺家構成更大的壓力。加上通過大友家的關係，房基與喜多郡的宇都宮家達成合作關係，從海陸兩路入侵宇和郡的事前準備已經基本就緒。

不過，弘治三年（一五五七）大內家滅亡後，安藝毛利家及豐後大友家的爭霸使得當前伊予、土佐的局勢又再出現了變數。繼承父親房基基業的一條兼定本來於永祿元年（一五五八）左右從宇都宮家迎娶了第一任妻子，以便加強合作。不過，一條兼定後來決定加強與大友家的關係，繼而於永祿七年（一五六四）休了宇都宮家出身的妻子，改娶了大友宗麟的女兒為妻子，於是便跟宇都宮家產生矛盾。

另一方面，河野家在大內家滅亡後，與急速強大起來的毛利元就迅速靠近，也導致與宇都宮家的關係變得微妙。對手的西園寺家則利用這個轉機加強跟河野家的合作，反過來牽制宇都宮家。不過，隨著一條兼定更加銳意北上伊予，西園寺家也是自身難保，而一條家與宇都宮家雖然因為姻親關係有變而出現矛盾，但在利害一致的政治現實下，兩家依然在對戰西園寺家的問題上保持合作。

面對一條、大友兩家的水軍力量，西園寺家除了加強與河野家，以及背後的毛利家的聯繫外別無他法。於是到了永祿後期至元龜・天正初年（一五六七至一五七五），在西瀨戶內海地區形成了「大友・一條・宇都宮」對「毛利・河野・西園寺」的對立局面，予土戰爭與第三階段的豐藝戰爭在幾乎同一時段爆發，在上述的外交關係下，予土戰爭便成為了豐藝戰爭的一個支戰場。以下，我們將以更大的視角來說明整個大地區的歷史發展。

豐藝戰爭與予土戰爭

「大友・一條・宇都宮」對「毛利・河野・西園寺」的格局基本形成後，雙邊戰事也在永祿十一年前後幾乎同時打響，而當中的核心便是受苦於兩面作戰的毛利家。接下來，我們先回去相對較早爆發戰事的北九州看看。

本章第二節最後提到，永祿七年（一五六四）底實現了第二階段豐藝戰爭的和平時，筑前、豐前國的領主們都對毛利家讓步太多，獨善其身的態度甚為不滿，認為這樣對他們對抗大友家構成嚴重的負面後果。事隔一年多後，他們的憂慮很快便成為真實的惡夢。

永祿八年（一五六五）六月，趁著毛利家全力猛攻尼子家的月山富田城時，大友家趁機撕毀了和平條約，重新向豐前國的長野城（今・福岡縣北九州市）展開攻擊。大友家背棄和約的消息透過駐守豐前及長州下關的毛利家守軍傳到出雲的大本營後，毛利家決定先解決尼子家，之後再回師九州，下令在此之前守軍做好情報工作，預報給各方友軍。

這個決定致使毛利家的守軍不敢輕舉妄動，只能眼睜睜看著大友軍將長野城攻下，使豐前國的領主再次人人自危，不少領主不滿毛利家的態度，於是又再回到大友家懷抱。對毛利家唯一不願放棄的門司地區構成重大壓力。不過，尼子家於翌年永祿九年（一五六六）底投降後，毛利家馬不停蹄抽調大軍回到北九州，在這之前，毛利家通過外交工作，再次向高橋鑑種為首的反大友領主們拋出橄欖枝，希望他們在毛利家主力趕到前，盡力拖住大友家的反攻。

另一方面的大友宗麟及重臣們收到尼子家已經潰敗的消息後，深知毛利元就及他的兒子們定必捲土重來，為了先發制人，大友家決定在永祿十年（一五六七）初糾集大軍，並且動員從屬大友的筑後國領主們一起全力猛攻叛徒高橋鑑種，希望趕在毛利大軍來到前，將鑑種控制的軍事重鎮寶滿城及岩屋城（今・福岡縣太宰府市）給奪回來。

然而，早有防備的高橋鑑種已有盤算，在大友家壓境前，他已聯絡秋月、筑紫、宗像等反大友領主出兵，在大友家出兵攻打鑑種之際，在各地進行搞亂作戰，使得大友家不能全力集中攻堅，最終大友軍殺至寶滿城下時，已不能對鑑種進行迅速有力的打擊，僵局持續至翌年永祿十一年（一五六八）。就在這個時候，鑑種的另一手準備再次狠狠地打擊了大友家的士氣。

一直負責守備立花山城，監視高橋鑑種的大友家守將立花鑑載在同年二月突然加入鑑種的行列，擁兵據城，反抗大友家。這個消息大大地鼓舞了反大友家的領主以及仍在趕來路上的毛利家，卻一下子將大友家拖進崩潰的邊緣。失去了立花山城，意味著大友家在筑前國的最後最大的據點已經失守。

面對突如其來的背叛，大友家決定將怒火發洩在新叛的立花鑑載身上，由大友家最強的戰將戶次道雪、吉弘鑑理率領的主力軍隨即猛攻立花山城。雖然毛利家在戰前已經要求附近的反大友領主們派援軍加強防備，但大友軍連月圍攻下，立花山城在七月陷落，立花鑑載在逃到豐前的路上被道雪軍捕獲，最終被迫自殺身亡。

雖然立花鑑載的叛變迅速被平定，但卻為毛利家重新部署豐前的防禦贏取了寶貴的時間，在同年的立花山城之戰時，毛利家及反大友領主重新修築了上次和解時放棄了的豐前松山城及香春岳城，以備大友軍來襲。然而，大友軍的進攻步伐及力度卻超出了毛利陣營的想像，在攻打立花山城的同一時間，大友家又分兵向豐前國增派部隊，不予反大友聯軍喘息的機會。

同年五月至七月期間，大友家連下豐前國幾個反大友軍控制的城池，並在七月中包圍了剛修建好的豐前松山城。顯然，大友軍對豐前松山城以及附近的香春岳城志在必得，對處於危急關頭的反大友聯軍來說，他們現在能倚靠的便是毛利家的主力軍到來助戰，解除大友家的包圍。然而，毛利家這個時候卻在伊予進行助戰，仍然沒法全力開向北九州。

接下來回過頭來看看同時間伊予的戰況。趁著大友家銳意挑起北九州的戰亂時，與毛利家結盟的河野家於永祿十年（一五六七）秋天主動向宇都宮家發起了進攻，真正目的便是想搶在一條家正式入侵伊予南部之前，先消滅實力較弱的宇都宮家，延緩一條家對西園寺家的進攻。當家河野通宣派出兩大重臣村上通康及平岡房實深入宇都宮家的領地，又在戰前通過遊說工作，阻止宇都宮家的重臣菅田家，以及其他從屬領主參與戰事。

確認宇都宮家無力反抗後，河野軍深入喜多郡，甚至長驅直進，進入南部的宇和郡，以至與土佐國接壤的邊界地區，一舉威壓一條家。正當一切順利之際，大將之一的村上通康得重病，退出戰爭後，於同年末病亡，河野家消滅宇都宮家和南侵土佐的計劃受到重大打擊。相反，得知敵大將村上通康病死的消息後，一條兼定抓緊機會於同年底率領由西土佐、西伊予領主組成的大軍北上，試圖進行大反攻，將河野家勢力趕出南伊予之餘，一舉滅掉西園寺家。

兩軍在翌年永祿十一年（一五六八）正月於伊予國明間、高島（今・愛媛縣宇和島市）展開戰鬥，失去一員總帥的河野家戰意受到重大打擊，一時無法抵擋以逸待勞的土佐聯軍，不久，河野、西園寺兩家為首的軍隊便在明間之戰敗退。坐鎮遠方大本營的河野通宣發現事態嚴峻後，立即向毛利家的小早川隆景救援，希望毛利家派兵助戰。毛利元就收到村上通康病死以及河野家有困難的消息後，為回報十年前嚴島之戰，村上通康雪中送炭的恩情，不顧部分家臣的反對，決定讓小早川隆景及吉川元春立即率兵南下。

另一邊的一條兼定則乘勝追擊，於同年二月派出臣屬的土佐國姬野野城主津野定勝與宇都宮家的軍隊一起包圍了河野家守衛的鳥坂城（今・愛媛縣西予市）。但毛利軍正在火速南下的消息傳來後，土佐與宇都宮聯軍陣腳大亂，本想趁毛利軍來到前攻下鳥坂，但隆景派來的先鋒乃美宗勝卻在四月上旬及時趕到，與士氣高昂的鳥坂城守軍內外聯手，擊敗了一條兼定率領的土佐、南予聯軍。聯軍撤退南逃後，靠著一條兼定解圍的宇都宮家成為眾矢之的，居城大津地獄岳城（後來的大洲城）遭到毛利．河野聯軍圍攻下，宇都宮家於四月被迫投降。小早川隆景及吉川元春的主力部隊處理了戰後部署後，於五月上旬撤回安藝。

在回軍之前，毛利家在小早川隆景的主導下，對請求救援的河野家佈置了一個具有長遠考慮的政治安排。當時的當家河野通宣雖然推倒了父親成為新當家，但本身體弱多病，而且一直沒有子嗣，河野家內部便開始討論後繼人的問題。這時候，家中的第一重臣兼通宣表兄弟村上通康的兩個兒子——牛福丸與牛松丸先後成為了通宣的養子。

正當毛利家前來解救南伊予的威脅時，毛利家為了保住河野家這個西瀨戶內海最強大的水軍勢力，決定向河野家推薦牛福丸作為通宣的後繼人。牛福其實就是毛利元就外孫女與村上通康所生的兒子，同時村上通康之女又嫁給了毛利元就的第四子毛利元清為妻，毛利與村上兩家這種姻親關係下，毛利家扶植牛福丸成為通宣繼承人的心思顯而易見。然而，河野家內部也有聲音擔心毛利家的勢力過大，將影響到家內的勢力均衡，認為擁立通康另一個沒有毛利家血緣的兒子牛松丸比較妥當。可是，這次請求毛利家出手解除一條家的威脅後，拒絕毛利家的「推薦」在政治上顯然已經不太可能，終於在小早川隆景的推動下，牛福丸順利成為繼承人，在毛利家的策動下，通宣於永祿十一年打敗一條兼定的前後讓出位置予牛福，自己則隱退養病，牛福丸於是成為了河野家的新當家，即後來的河野通直，然而，這次的安排埋下的禍根將在不久後浮現。

另一邊的一條兼定在鳥坂之戰大敗後，雖然無恙地回到中村，但這次率領大軍首次遠征便吃了敗仗，對於嗣位不夠的兼定來說，政治打擊可謂十分之大。兼定敗退回來後，便引來了從軍出征的土佐國領主的批判，而在這個危機正日漸發酵之際，土佐中部的長宗我部元親已經悄然崛起，聲勢日隆。此消彼長下，土佐國東西兩股勢力的對決已是時間問題。

南海雄略

大難不死

永祿至元龜（一五五八至一五七三）的十五年間，四國南部的土佐國（今・高知縣）中部的長宗我部家崛起，為戰國中後期的四國帶來翻天覆地的變化（圖3-7　戰國四國）。

土佐國在室町時代原為管領細川家直轄兼管的，應仁文明之亂時，原本奉命駐守當地的守護代前去京都參戰後一去不返，更在後來死於京都；加上本來的守護——管領細川政元被家臣暗殺後，土佐國完全陷入群龍無首的無法狀態，在守護不在的情下，除卻在同一時間來到幡多莊，自成一國的一條家外，土佐國內的領主們，如津野、安藝、吉良、本山等家便開始展開爭取地盤的軍事衝突。他們的眾矢之的便是曾利用奉仕管領細川家而一度得勢的長宗我部家。

永正六年（一五〇九），當時的長宗我部家的當家長宗我部兼序（一名「元秀」）被本山家帶頭的領主聯軍圍攻而死，主城岡豐城（今・高知縣南國市）也最終被奪，家臣力戰

圖 3-7 戰國四國

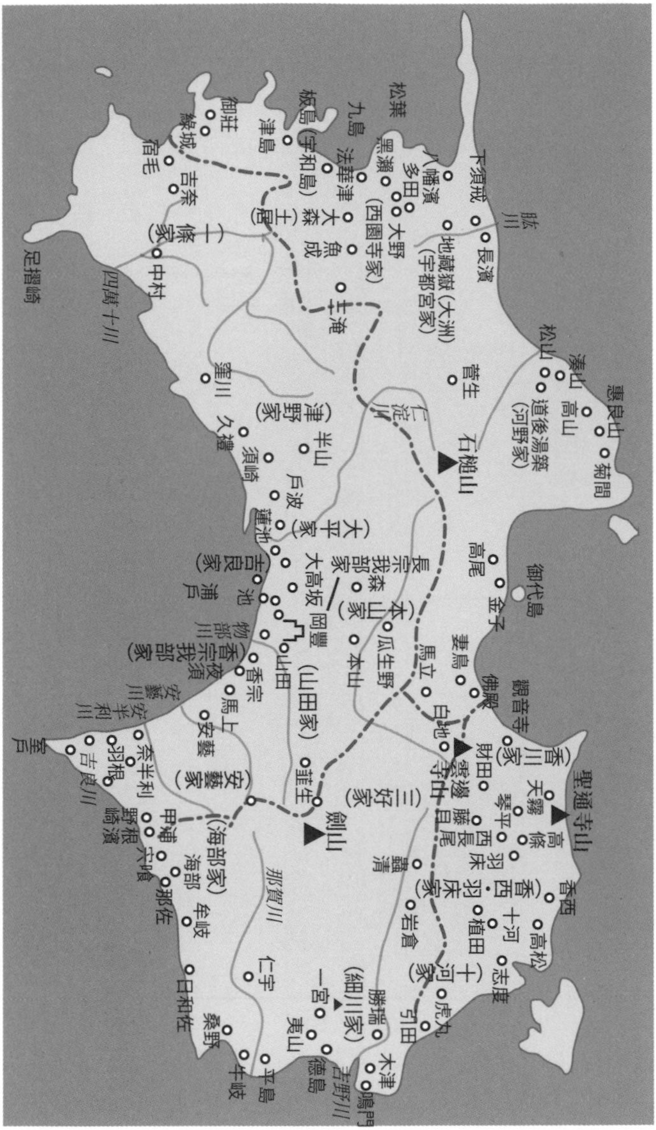

松葉
九島
板島(宇和島)
津島
御荘
緑城
宿毛
吉奈
一條家
中村
足摺崎
四萬十川
黑瀬
法華津
八幡濱
多田
大森
大野
(西園寺家)
魚成
土居
地藏嶽(大洲)
(宇都宮家)
長濱
肱川
下須戒
松山
湊山
高山
道後湯築
(河野家)
惠良山
菊間
石鎚山
菅生
仁淀川
窪川
久禮
須崎
津野家
半山
戶波
蓮池
大平家
吉良家
浦戶
長宗我部家
本山家
本山
岡豐
大高坂
瓜生野
香宗我部家
物部川
夜須
香宗
山田
(山田家)
馬上
安藝
安藝家
安藝川
奈半利川
奈半利
羽根
吉良川
室戶
甲浦
野根
宍喰
崎濱
海部
(海部家)
牟岐
那佐
日和佐
那賀川
仁宇
桑野
夷山
平島
牛岐
德島
吉野川
鳴門
木津
引田
虎丸
一宮
(細川家)
勝瑞
十河家
十河
植田
高松
志度
香西
香西家
羽床
羽床家
長尾
岩倉
重清
三好家
劍山
韮生
白地
雲邊寺山
財田
香川家
天霧
聖通寺山
觀音寺
佛殿
琴平
馬立
妻鳥
金子
御代島
高尾

下，保住了兼序的年少遺子，逃到了幡多莊尋求一條家的當家一條房家庇護，那就是後來的長宗我部國親。

經過十年的雌伏，恩人房家待國親成年後的永正十七年（一五二〇）左右主動出面化解長宗我部家與本山家的恩怨，房家要求本山家讓國親回去岡豐城，另外再迎娶本山家的閨女為妻，化敵為親。本山家礙於一條家的名望及實力，加上長宗我部家百廢待舉，未能構成威脅，於是答應和解。

在接下來的一段時間內，這兩家口和心不和的勢力各自在土佐國發展勢力，國親在天文中後期（一五四五以後）開始借助一條家在背後的支持，以及自身的能力向西面的大津（今．高知縣高知市），還有東北的山田（同縣香美市）擴張，在土佐南海岸一帶形成一股新勢力。

另一邊以土佐中北部山區的本山（同縣本山町）為根據地的本山家（當家為本山清茂）則銳意進出南邊的海灣地區，同樣在天文末年向南推進，當中包括掠奪了弘岡城（同縣春野町）的吉良家的領地，並且控制了浦戶灣（同縣高知市）附近的區域，與剛好擴張到附近的長宗我部國親成為彼鄰。

兩家在發展過程中早便預計到會有相遇的一天，為了避免過早擦槍走火，國親與清茂之間達成第二次政治聯姻，國親之女嫁予清茂之子為妻，兩家因此締結雙重的姻親關係，也就是實質上的不戰協議。

不過，當這位本山家中興之祖在發展中途，於弘治元年（一五五五）病死後，長宗我部國親趁著女婿茂辰（清茂之子）年輕未穩，陷入政治危機，開始對本山家進行報復行動，更在永祿三年（一五六〇）公然侵略本山家控制的長濱城（同縣高知市）。不過，國親在攻城之際，突然得急病而死（一說戰死），使攻打浦戶城的戰事功虧一簣，但他在死前將遺志託付給長子元親及各重臣，長宗我部家與本山家的對決已是不可逆轉的。

一鳴驚人

元親繼承父業後，繼續對處於劣勢的本山家進行打擊，自國親病死的同年底開始，接連吞奪本山家在清茂時代辛苦打下的領地後，於一年後的永祿四年（一五六一）開始斷斷續續地對本山家的主城朝倉城展開軍事打擊，終於在兩年後將仇人本山家趕出朝倉城（同縣高知市），為當年家族主城被奪雪恥，七年後本山家於永祿十一年（一五六八）向元親投降，土佐國曾經稱霸中部的強豪就此沒落。

在這場針對本山家的戰爭中，長宗我部元親併吞大量本山家的領地後，頓時間在土佐中南部的海灣至北部的山區地帶形成一個土佐國史上前所未見的新勢力圈。為了加強號召力，元親利用兩名親弟弟——二弟親貞過繼到曾被本山家欺壓的吉良家，三弟親泰入主鄰近的香宗我部家，使兩家成為宗家的藩屏及支柱。

完全打敗本山家的同時，長宗我部元親也向土佐東部擴張，於永祿十一年（一五六八）開始跟東土佐最大勢力安藝家展開交鋒。安藝家是東土佐的有力代表，在長宗我部家對決本山家時，當家安藝國虎便考慮到唇亡齒寒的道理，在元親攻擊本山家時，便聯合同樣對元親崛起感到不安的一條兼定（房家之孫），雙方聯手多次從後發動攻擊，試圖阻慢元親的軍事行動，但都一一失敗。

當本山家沒落後，元親趁一條兼定向伊予出兵的空檔，一舉打敗了安藝國虎，國虎兵敗自殺後，元親便將安藝家的領地全部據為己有，由弟弟香宗我部親泰管理，更將安藝城作為守護土佐東陲，以及指向鄰國阿波（今·德島縣）的前線基地。

踏入元龜元年（一五七〇），土佐國中、東部已盡為長宗我部元親的掌控之中，與一條家這個家族恩人，但同時是發展途上的攔路虎的矛盾日漸增加。尤其是在背後與安藝國虎的舉動已成為兩家關係決裂的直接導火線。

正當兩家在醞釀打破僵局之際，元親先派二弟吉良親貞在永祿十二年（一五六九），趁一條兼定遠征南伊予時，奪取了一條家領內與長宗我部領接壤的蓮池城（同縣土佐市）。這次偷襲刺激了從屬一條家、位於兩家勢力圈對疊地區的領主們，他們開始向長宗我部陣營傾斜，兩家的均衡關係出現重大變化。

不久後，兼定在鳥坂之戰敗陣後威信盡失，原本意氣風發的威勢受到戰敗的影響，隨即成為隨軍出征的領主們詬病的矛頭。此消彼長下，已經壯大起來的長宗我部元親便成為了眾人國士的新焦點。

元親考慮到從前的恩情，以不主動開戰為前提，最大限度利用兼定失勢的政治良機，以外交工作繼續瓦解、削弱一條陣營的向心力。敗戰後兩年（元龜二年＝一五七一），一條陣營中較大力量，領地又處於兩家勢力圈外緣的姬野野城主津野家（同縣津野町姬野野）發生內訌，堅決主張對抗長宗我部家的當家津野定勝被親長宗我部家的家臣們驅逐出城，象徵著津野家也倒向長宗我部家（後來元親的三子親忠以過繼方式成為了津野家的當家）。

長宗我部家步步進逼下，一條家卻出現了新的問題，兼定與重臣土居宗珊出現不和，最後更是發展為武力鬥爭，這場君臣內訌連同數年前的敗戰責任一同被清算，家臣當中以兼定不再合資格作為人君為由，決定聯絡長宗我部元親介入，以放逐一條兼定，改為擁立兼定之子——一條內政為新君，又主張迎娶元親之女為內政之妻為條件，和平化解兩家隱而不發的矛盾。

結果在天正二年（一五七四），兼定被迫逃亡到伊予，後來再轉到母親生家的豐後大友家求助，以望捲土重來。原本這場政變是意圖和平地消除長宗我部家與一條家兩家矛盾，結果反而促使了兩家關係急轉直下。

統一土佐

天正三年（一五七五），一條兼定落魄逃到豐後國後，偶然地接觸了駐在當地的耶穌會傳教士，而且在同年八月八日受洗，成為天主教徒。不久後，留在幡多的一條家家臣派人到豐後，請求兼定帶著大友家的援兵回土佐，與長宗我部元親再決雌雄。

兼定於是向大友宗麟請求援兵，更揚言要在事成後，於土佐努力傳教，爭取宗麟的支持。另一方面，兼定又回信給幡多內仍然忠於自己的家臣，著令他們準備迎接以及備戰工作。到了九月初，被兼定說服的大友宗麟及長子義統共同下令豐後的直屬水軍「真那井眾」護送兼定回到土佐，同月中旬，兼定從豐後真那井港（今．大分縣日出町）正式揚帆，回到土佐，打算從長宗我部元親手上奪回屬於自己的一切，然後再弘揚天主教的真理。

兼定在當年回到土佐後的即時情況並不明瞭，但不久後，兼定回覆傳教士指自己已經順利收回失地，而且在幡多庄的栗本（今．高知縣宿毛市）一帶穩住了陣腳，隔著四萬十川與駐在對岸附近的長宗我部守軍對峙。

接著，兼定便率先開始履行他的承諾，在栗本、平田一帶實行天主教化，又將當地一些佛教寺院的領地轉贈給耶穌會，讓他們有基地去傳教。然而，兼定突然熱烈地進行傳教活動，卻嚇住了守在當地的一條家家臣，以及當地的寺院。他們對兼定信奉天主教的事毫不知情，對兼定突然的行動當然也是驚慌失措，而且一條家的家臣大多與當地寺院有聯繫，兼定的天主教化計劃從根本上損害了他們的利益。

結果，本想跟長宗我部家再次決戰的一條家家臣眼看兼定已經不可倚靠後，由希望轉為絕望。同年七月，長宗我部元親完成併合土佐國最東端的安藝郡甲浦（今・高知縣東洋町）後，終於可以全力轉頭到四萬十川，處理一條兼定的問題。不過，兩軍在九月中進行對決之時，一條軍已經因為傳教問題，軍心不振。一跟長宗我部軍接戰後便立即潰散，原本應該是一場激烈的戰事，卻雷聲大雨點小，長宗我部軍輕鬆取勝，一條兼定在還不知道發生什麼事情的時候，不得不再次落跑。

這次大敗後，兼定再不能待在土佐，輾轉到了周防國的上關（今・山口縣上關町），後來又回到了伊予南部的宇和郡，投靠了法華津家，期待再次回歸故土的機會。在這之前，元親在四萬十川之戰的勝利後，已經完全統一了土佐，只保護了一條兼定之子一條內政繼續擔當「御所」的無權角色，僅保命脈。

對於元親來說，當務之急是安定土佐的統治，以及尋求使自己統治合理化的根據。這個時候元親便想到了自己的妻舅齋藤利三是信長重臣・明智光秀的左右手。於是元親便順理成章地聯絡利三，讓明智光秀幫忙為自己跟信長通信，希望爭取到這位當時在京畿已權傾一時的天下人的支持，不久後終於得到了信長的積極回應，兩家在天正三年底左右建立了遠距離外交關係。信長希望借助新興勢力長宗我部家從南方攻擊阿波的三好家，站在元親的角度來說，順利統一土佐之後，接下來便是進擊接壤的伊予及阿波兩國，與信長的利害一致。

為此，元親在統一土佐前後便已經草擬好下一步的計劃，首先由入主安藝城的三弟・香宗我部親泰帶領土佐東部的安藝、香美兩郡的領主及農民兵入侵阿波國南部。另一方面，二弟・吉良親貞則負責率領土佐西部的幡多、高岡兩郡的領主入侵伊予國西南，恰恰是當年一條兼定飲恨之地。最後，元親自己則作為總帥，坐鎮主城・岡豐城（今・高知縣南國市），統領剩餘的長岡、土佐及吾川三郡的軍力，配合兩位弟弟的行動，隨時出兵支援。

就這樣，土佐的巨人終於開始了統一四國的大計。

阿讚予攻略

香宗我部親泰率領的阿讚攻擊軍在天正三年（一五七五）底便開始入侵阿波國南部的行動。天正四年（一五七六）初，親泰軍已經攻陷了屬於三好陣營的領主海部家居城・海部城（今・德島縣海陽町）。戰後，親泰便以海部城作為繼續北上阿波國的前線基地。

親泰首戰獲捷的消息傳回岡豐城後，元親立即著手第三計劃，即聯絡與土佐、伊予、讚岐三國接壤的阿波西部・三好郡白地城（今・德島縣三好市）的城主・大西覺養，拉攏他倒戈到長宗我部家的陣營，再為長宗我部軍作嚮導。元親的信使到達白地城後，覺養很快便同意了元親的要求，而且送出兒子・大西上野介到岡豐城當人質，保證不會變卦。

這時候的阿波三好家自從當家三好長治迫死了重臣篠原長房，以及與阿波守護細川真之出現矛盾後，一直陷於混亂狀態。天正五年（一五七七）三月，三好長治遭到家臣的叛變，被迫自殺，改由長治之弟・三好政康繼承當家之位。阿波三好家的狀況自長治被迫自殺後更是每況愈下，此消彼長之下，元親立即準備從土佐中部北上，經白地城直搗阿波國的心臟——勝瑞城（今・德島縣藍住町）。

不過，就在這個時候，原本答應協助元親打開阿波西部戰線的大西覺養，忽然又接受了三好家新當家・三好政康的引誘，重歸三好家的陣營，也就是跟元親敵對。元親得知後，立即改為命令在岡豐城當人質的覺養之子．上野介擔當嚮導，揮軍攻擊白地城。天正六年（一五七八），元親的主力軍攻陷了白地城，迫使大西覺養逃到讚岐。

白地城落入元親手裡後，意味著進入阿波西部的缺口，以及通往讚岐及伊予東部的通道都已經被打開。於是，元親便兵分兩路，東路軍沿著吉野川攻入阿波中部，直指勝瑞沿途的美馬郡重清城和岩倉城（今．德島縣美馬市）都先後在天正七年（一五七九）被元親軍攻陷，距離勝瑞城便只有指距之遙。

元親從西部入侵的同時，駐紮在阿波南部海部城的香宗我部親泰也加緊北上，成功招降了守備勝瑞南部的牛岐城（今．德島縣阿南市）城主新開道善，暢行無阻地向三好政康死守的主城．勝瑞城挺進。

另一方面，在攻陷白地城後分出來的支隊在天正六年（一五七八）進入讚岐國，先後攻下西讚岐的藤目城（今．香川縣觀音寺市）和財田城（今．香川縣三豐市），長宗我部軍進入讚岐的同時，原本敗給三好家的讚岐國最大領主．香川信景為了打倒三好家，主動聯絡元親一起合作。信景在早年已經跟織田信長有交情，與元親的合作更是合情合理。

當然，對於元親來說，有了熟知當地實情的香川家幫忙，要征服讚岐國更是水到渠成。為了加強跟信景的同盟，元親讓自己的兒子．長宗我部親和當上信景的入贅女婿，以換取信景的信任。長宗我部家——香川家聯盟下，讚岐國內再沒有任何足以抵抗的力量，當地的香西家、羽床家等領主都在稍加抵抗後，便宣告投降。

天正八年（一五八〇）正月，另一邊的伊予戰線方面卻沒有阿波、讚岐那樣順利。伊予南部方面，由於勢力林立交錯，除了態度不明朗的宇都宮家外，熟知地利的西園寺家還有靠毛利家撐腰的河野家都不是省油的燈，尤其是河野家背後有毛利家存在，元親深知他們將會在河野家遇到困難時出手相助，伊予侵略將遠比攻略阿、讚兩國的難的多。

何況阿波、讚岐兩國的領主也不過是為求保命而臣服元親，隨時有再倒戈的可能，以土佐一國的兵力將會難以應付，甚至導致失去對整個戰局的控制。因此，元親在推進伊予的攻略比阿、讚兩國的更遲。

不過，伊予也不是整體都是那麼難入手的，伊予東部的領主們大多是從前屬於管領細川家的旗下，對河野家沒有很多感情，相對而言較為受讚岐國及阿波國的影響。

天正五年（一五七七），長宗我部軍攻入讚岐後，元親再次派出大西上野介去說服這些東伊予的領主們服從，到天正六年（一五七八）時已成功將東伊予順利納入長宗我部家的勢力範圍內。

雖然已經打開伊予東端的入口，但伊予西部的狀況仍然一籌莫展。更糟糕的是，負責這方面的指揮官吉良親貞在天正四年（一五七六）病死，元親痛失弟弟之餘，還是需要重新物色人選統領攻略伊予西部的事宜。結果，元親將這任務交托給最得力的重臣久武親信來負責。

元親當時已經跟信長聯手，而且織田家與毛利家的主戰已經打響，利用親信長這個政治立場來與毛利家全面翻臉也沒有很大的疑慮，加上親信不想辜負元親的重托，眼看時機成熟下，便在接任後立即積極發動攻勢。

長宗我部軍於天正五年（一五七七）二月開始入侵宇和郡，展開全面的侵略。被害的西園寺家立即向盟友河野家求援。可是，河野家也因為同時間東伊予的領主陸續倒向元親陣營，河野家也不可不應對，再加上河野家內部對怎樣對應元親的問題上出現矛盾，根本無暇理會西園寺家，最後只能再次請求大靠山毛利家出兵支援。

當時的毛利家正在跟織田信長的重臣羽柴秀吉對戰，山陰、山陽兩線都在交戰當中，能給予伊予的援助十分有限。另一邊的久武親信與元親利用河野家反應遲緩的空隙，繼續利用外交手段誘使西園寺、河野兩家以外的領主歸順。

第一時間衝出來和應的便是喜多郡（今・愛媛縣大洲市）宇都宮家的權臣大野直之。當時他已經完全將宇都宮家據為己有，而上次他帶領宇都宮家與一條兼定合作攻打西園寺家時，慘遭趕來支援的毛利軍打敗，現在比兼定更積極併吞伊予的長宗我部軍再次殺來，直之當然沒有拒絕之理，不但立即表明立場，而且出兵攻擊鄰近的河野領地以作響應。

伊予西部的三大勢力之一宇都宮家倒向元親下，形勢似乎對元親一方有利，但在同年五月，久武親信在攻略西園寺家重臣土居清良的支城——岡本城（今・愛媛縣宇和島市）時，遭到趕來救援的清良從後反擊，導致指揮的久武親信戰死，攻城的長宗我部軍也死傷無數。

岡本城之戰對長宗我部家來說，可謂損失慘重，第二任的伊予攻略指揮戰死，以及為了觀望毛利家的動靜，長宗我部軍在伊予西南的攻勢頓時陷入困境，暫時無法向前挺進。

好像呼應伊予南部的戰敗一樣，另一邊的阿波戰線也遭遇一些障礙。

在第二年的天正八年初，早前歸順元親的一宮城（今・德島縣德島市）城主一宮成祐遭到三好家的十河存保攻擊，居城被奪。元親派軍幫助一宮成祐打敗十河存保，將他趕回讚岐後，阿波國的三好勢力只剩下東北角的勝瑞城一帶。

另一方面，讚岐的攻略也在順利進行，讚岐中部的羽床城（綾川町）等地都一一陷落，只剩下與阿波國勝瑞連接的讚岐東部地區仍在三好家手裡。正在這時候，大坂灣對岸的大坂本願寺向織田信長進行和談，準備投降後，大批為本願寺戰鬥的牢人及門徒響應三好家的召喚，從大坂經水路湧入阿波國，一方面協助危如累卵的三好家，另一方面則是希望在阿波國建立對抗信長的新橋頭堡。

受惠於本願寺的牢人湧來，三好家的兵力突然倍增，而且聲勢浩大，再次圍攻剛被元親軍解救的一宮城。原本倒向元親的阿波國人如新開道善等都擔心自己的領地被門徒攻擊，於是採取曖昧模糊的態度，與元親軍保持距離，以便看清形勢。

不過，與岡本城之敗不同，元親這一次成功擊退了牢人、門徒為主力的三好軍，再次解放一宮城。在這種一進一退的戰鬥中，外圍的情勢也開始出現隱憂。當時織田信長自上杉謙信病死，本願寺願意投降後，除了東面的武田勝賴外，西面的毛利家便是最大的攻略重點。現在沒有那麼大的軍事壓力下，信長及織田政權可以投放更多的精力去攻打兩家。

在這情況下，信長一方面繼續任由元親攻略四國，但一方面也改變了對宿敵三好家的態度。如上所見，當時的三好家已陷入被信長及元親圍攻的絕境，已經不足為患，但重要的是他們仍然在阿波、讚岐及淡路一帶保留一定的實力，尤其是三好家手下的淡路水軍在信長，以及擔當攻略毛利家的主將羽柴秀吉眼裡，是幫助牽制毛利水軍的戰力。

於是，信長決定背著元親，偷偷地支援三好家，再在事後知會元親，意味著信長並不在乎元親的計劃，在信長的心中，他的天下布武優先於一切。

對此渾然不知的元親仍然在天正八年（一五八〇）六月派弟弟香宗我部親泰到安土城報告戰果，同時確認信長的意向。當時信長仍沒表露決定，但一年後的天正九年（一五八一）便要求親泰說服元親改變攻打三好家的計劃，改為與三好家一起向西部挺進，協助秀吉攻打毛利陣營。

元親經過一年的考慮後，一方面保持攻打阿、讚的姿態，但另一方面則試圖通過親交的明智光秀去說服信長。

然而，到了天正十年初，東面的武田勝賴滅亡，北方的上杉景勝也難有作為，東線的壓力大減下，信長更加不用顧忌，決定將猶豫良久的元親也當成敵人，在同年三月以支援三好家的名義動員，準備前往四國。

就在這個緊張局勢，光秀也派人勸導下，元親終於在最後一刻決定懸崖勒馬，向信長屈服，又將軍隊撤退土佐，以示誠意。但還沒有來得及報告給信長知道，信長突然在同年六月二日被明智光秀偷襲而亡，消息傳出後，已準備好渡海支援三好家的織田援軍也立即潰逃，在勝端城等待織田軍到來的三好康長也倉皇逃走，整個事態突然一邊倒的對元親有利。

元親確認信長死訊後，立即再次從土佐出兵，指向阿波及讚岐兩國。八月，元親與留守勝瑞城的十河存保在城外的中富川進行決戰，長宗我部軍大勝，存保敗逃到讚岐國的虎丸城（東香川市）後，勝瑞城也終於落入元親的手裡，但是三好家的勢力仍然在阿波國鳴門的土佐湊城作最後抵抗。

長宗我部家的指揮部決定優先攻下讚岐，擴大攻略成果，沒有打算分兵去拿下鳴門。相反，元親及家臣決定全面加強對讚岐國的最後攻勢。天正十年十月，長宗我部家的大軍橫掃讚岐，信長死去後，六神無主的讚岐領主如香西家等都一一被打敗，剩下的十河城（今・香川縣高松市）和虎丸城都在拚命抗戰，一時之間也拿不下，直到兩年後的天正十二年（一五八四）六月，十河城也被迫開城投降，整個讚岐只剩下十河存保死守到最後的虎丸城而已。

另一邊最為棘手的伊予也有了進展，取代戰死的兄長接過伊予攻略指揮官之職的久武親直重整旗鼓後，配合主君元親在阿、讚的攻勢，在天正十二年夏天再次攻擊西園寺領，這次親直的攻擊乾淨利落，只用了兩個月便幾乎攻下西園寺家的大部分要塞，包括西園寺家當家西園寺公廣的居城黑瀨城（今・愛媛縣西予市），敗逃的西園寺家在宇和郡（今・愛媛縣宇和島市）的邊陲地帶死守，但親直已經繼續率兵北上，繼續拿下西園寺家與河野家的邊境地帶喜多郡後，準備跟真正的目標河野家開戰。

河野家始終是長宗我部元親征服四國上，最大的難題，這時候河野家的當家河野通直已經獲得毛利輝元答應派出援軍南下協防，這次獲得毛利家的援助還別具意義，因為這時候的毛利家已經跟新的天下人羽柴秀吉完全和解，而且在天正十二年進行了領界協定，毛利家已經成為了秀吉的盟友，當時的元親攻擊毛利家照顧的河野家，不單是毛利家的敵人，也同時變成了秀吉的敵人。再加上本能寺之變前，元親已經咬著臣從信長的三好家不放，秀吉自命繼承故主信長衣缽及遺志的話，討伐元親，征服四國這個天賜良機在前，秀吉更沒有放手不管的道理了。

不過，同年爆發小牧長久手之戰後，秀吉仍要忙於對付織田信雄及德川家康，元親雖然有跟兩人接觸，試圖趁機繼續軍事行動，但始終無法成功。

時機錯過之後，元親便再無機可乘了。同年底，處理了信雄和家康的和解處置後，秀吉立即拿下了紀伊國，天正十三年（一五八五）春迫降了那裡的佛教武裝根來寺後，接著便對外宣布要直指四國而來。

這次元親再沒有辦法迴避，同年六月，羽柴、毛利兩家的聯軍兵分三路入侵伊予、讚岐及阿波，各地的長宗我部家的守軍以及旗下的四國領主毫無招架之力，所有佈防都一一被聯軍成功突破，長宗我部軍先後從阿波、讚岐兩國撤退，這十年所得的佔領地都全數被奪回。最後，同年八月，元親在白地城死守住通往土佐的入口，當他看到伊予東部的川江佛殿城防線（今・愛媛縣四國中央市）即將陷落，而阿波國也已經盡數落入羽柴軍手上，意味著自己已經陷入東西兩方面的包圍。終於，元親接納了群臣的諫言，接受了羽柴軍總帥羽柴秀長（秀吉弟）的勸降，以保留土佐一國為條件，元親通過秀長，向秀吉宣告投降，「四國之蓋」席捲四國的美夢也就此完全粉碎。

元親投降後，秀吉指示秀長進行四國的領土分配，伊予交給了毛利家的重鎮小早川隆景，而原本的伊予守護河野通直則被秀吉以無能為由，沒收了領地，交由毛利家看管。河野通直一直千方百計阻撓元親攻略四國的計劃，最終雖說力保不失，但卻終究保不住祖宗之地，瀨戶內海的「水軍之王」就此沒落。

另外，四國東部方面，阿波交給了重臣蜂須賀家政，而讚岐則交給了另一名秀吉的老臣仙石秀久，元親將會跟這人在不久後共遇險境。四國征伐完結，元親成為了秀吉政權的一員後，很快便被指令以秀吉旗下領主的身分，與長子信親一起參與攻打九州，長宗我部家的悲劇也即將上演。

毛利包圍網

草木皆兵

目光從四國回到北九州。前面提到，大友家早已打破了和約，再次向豐前國、筑前國大舉進攻，反大友的兩國領主們陷入苦戰，另一邊的當事人毛利家主力在伊予救援陷危機的河野家後，終於在永祿十一年六月回到安藝，不久便立即組織出征北九州的準備。八月，毛利軍的主力相繼渡過關門海峽時，豐前國已有大半重新落入大友家手中，為免筑前國也陷落，使門司城一帶被完全包圍，毛利家立即派員支援在筑前苦戰的秋月種實，以及加固仍在毛利家及盟友控制下的諸城防衛，另外又派密使到大友家背後的肥後以及筑後，游說當地的領主一同包圍大友家。

就在這個時候，翌年永祿十二年初春，當時剛進入京都成為第十五代室町將軍的足利義昭派使者到北九州，勸止兩家停戰，轉為一起協助幕府打倒三好家。可是，兩家在北九州的霸權戰已經箭在弦上，不得不發，雙方都希望盡早了結這場已斷斷續續超過十年的對抗，義昭這個不合時機的勸說，當然沒有得到毛利及大友陣營的理會。

另一邊的大友宗麟得知毛利本軍渡海後，除了派出最強的三重臣戶次道雪、吉弘鑑理以及臼杵鑑速到前線作為回應外，這次大友宗麟以及家臣們利用毛利家遲遲沒能趕抵北九州的前線的空檔，已經早一步進行了更大規模的佈局。

首先是派員到本州的毛利家領地東部，勸說素有交情的備前國最大勢力浦上宗景從東面侵擾毛利家。浦上家自尼子家滅亡後，感受到毛利家日漸強大，勢力也慢慢向備中、備前（今・岡山縣南部）滲透，亟待可以抗阻毛利家東進的勢力，大友宗麟的招手正是來得及時。

另一方面，宗麟還向浦上宗景表示，將會協助大內家的遺族大內輝弘回到防、長，以復興大內家的名義，直接在毛利家的腹地進行搞亂工作。大內輝弘這個人物本來是大內義隆堂兄弟，他父親大內高弘因為爭奪當家之位敗給大內義興，帶著家眷逃亡到豐後，尋求大友家的庇護，期望有朝一日東山再起，完成心願，但一直沒有機會。大內家被毛利家滅掉後，大友家與毛利家的關係虛虛實實，但大友宗麟一直沒有動用大內輝弘（當時高弘已死）這張牌，一直留用至今，這次宗麟更為輝弘復興大內家，隆重其事，向將軍足利義輝求得賜名。這意味著大友宗麟已決心要動用輝弘這棋子向毛利家進行最大的一次反擊行動。

此外，在稍後的永祿十二年六月，宗麟又聯絡了同樣對毛利家坐大感到不安的但馬山名家，要求他們從山陰道牽制毛利家的同時，還要求山名家支援潛伏在但馬的尼子家餘黨尼子勝久（尼子經久之孫）作為先兵，入侵出雲及伯耆。這些安排都體現了大友家看準了毛利主力大半西調下，東部以及腹地空虛的漏洞而作出針對性的佈署。

當大友家正靜悄悄地向毛利家的背部捅刀之時，仍然矇在鼓裡的毛利家高層們正加緊在北九州的反攻行動。永祿十二年四月，毛利家全力強攻大友家堅守的立花山城。數年前立花鑑載叛變失敗後，大友家重新控制了立花山城，作為這次大反攻的其中一個前線基地。毛利家這次也視立花山城為眼中釘，十分重視該城的攻略。就連當時已年老病重的毛利元就也親自出馬，到達長門國長府（今．山口縣下關市），準備親赴北九州督戰。

在這之前，吉川元春及小早川隆景率領的主力已經在五月中與趕到立花城支援的大友軍主力展開激烈的戰鬥，是次更是當時明確記載大量利用火繩銃投入戰鬥的一場戰事，成為日本軍事史上一場重要的戰例。

戰事本身雖然以毛利家擊敗來援的大友軍，迫降了立花山城而結束，但一時敗陣的大友軍主力並沒有敗退，而是堅守在立花山城外圍，堵住了攻城軍的出入口，阻止元春及隆景趕去支援秋月種實。大友家這次的戰略目標成功地迫使毛利主力陷入被動，不久後，秋月種實便支撐不住，被迫開城投降；另一方面，本想暗中與毛利家合作的肥後國人吉城主相良義陽也收回決定，改為出兵支援大友軍。

還有，之前大友家聯繫的山名家當家山名祐豐也按照計劃，於六月支援尼子勝久及其家臣山中幸盛（鹿之介）攻入伯耆。雖然尼子勝久原本並非大友家所安排的棋子，但當大友家通過山名家來招手時，當然在已在彼也願意與大友家合作，對付共同的敵人。

至於最後的佈署大內輝弘，在同年五月已在大友宗麟屬下水軍的支援下成功抵達長門，準備按計劃招集防長兩國的大內遺臣，向毛利家進行報復。同年七月，收到大內輝弘即將搶灘登陸的消息後，滯留在長門的毛利元就及嫡孫輝元改為鎮壓反亂軍，嚴防各地有志重興大內家的份子在陣後進行破壞。

然而，在大友家若林水軍的全力支援下，大內輝弘於十一月十一日成功登陸長門。乘著當地毛利守軍大多被調往前線的空虛，立即率軍進攻山口。原本應該為毛利家守護西瀨戶內海的制海權，阻止大友水軍肆無忌憚的伊予河野家與手下的來島、因島、能島三家水軍內部，因為對上次毛利家積極干預河野家的繼承人問題，還有毛利家坐大影響到他們的自主權等不安情緒下，這次支援毛利家表現消極，河野家內與村上通康並肩的重臣平岡家，以及同為水軍主力的能島水軍大將村上武吉更被毛利家懷疑內通大友宗麟。雖然如此，正在危急關頭下，本已分身乏術的毛利家沒有能力立即進行處理。

得知後方出現反亂的毛利軍主力部隊，抱著對河野家、能島水軍的懷疑，隨即從北九州火速撤軍，於七日後便趕達長府下關，準備向山口進迫之時，未料及毛利軍主力會急速回撤的大內輝弘決定立即退兵，退回豐後國再作打算，但由於大友家的水軍已回豐後轉戰，等同被放棄的大內輝弘最終被趕來清剿的毛利家包圍，於十一月二十五日，自起事後僅十四日被迫自殺，大內家餘燼最後一次的反抗就此落幕。

雖然大內輝弘的反亂被鎮壓，但來自大友宗麟及大友家高層的牽制佈局還有後著，當大內家餘黨在山口起事時，尼子勝久緊接著在六月從海路進入出雲，連同在伯耆起事的尼子家殘黨打響復興本家的戰爭。但馬、出雲的毛利家守軍也大多調赴西線，對尼子勝久的起兵沒辦法作出強力的阻撓，加上尼子家得到了但馬山名家的強力支援，備前的浦上宗景也在山陽道發揮牽制的作用，使勝久率領的尼子復興軍得以作出更長久、有力的反抗。

尼子勝久起事後，潛伏在出雲的尼子家遺臣反應積極，許多新附毛利家的前家臣都悉數回頭，支持勝久的行動，毛利家在山陰道中部的支配已出現危急的狀況。為了解除困局，元就首先跟有交流的織田信長聯絡，要求信長出兵打壓山名、浦上家，迫使他們無法繼續支援尼子餘黨。

另一方面，毛利家又指示素來跟尼子家有宿怨的出雲國領主三澤家聯同分兵來到出雲的毛利家鎮壓部隊一起前去對戰尼子勝久。可是，這次尼子家的起事泛起的漣漪卻遠超毛利家高層的想像，除了出雲、伯耆外，美作國（今‧岡山縣北部）也有領主及野武士在浦上宗景的支持下，呼應尼子家的行動。本已為了鎮壓大內輝弘緊急分兵退回的毛利家，更是處於多線作戰的劣勢之下。

在大友家連串直接、間接的佈置下，大部分主力壓在北九州的毛利家遭遇後門失火的尷尬局面。大友家看準了上次毛利家重視本州腹地的戰略，這次終於進行了針對性的佈署，毛利元就、吉川元春及小早川隆景也按大友家的預料一樣，果斷地撤出北九州，全力鎮壓各地的反抗行動。大內輝弘一黨被平定後，毛利家在新當家毛利輝元率領下於元龜元年（一五七〇）正月初立即北上出雲，將矛頭指向尼子勝久。

進入出雲國後，毛利家在三星期內連下國內諸城，一路向月山富田城，更在二月中的布部之戰（今・島根縣安來市）大破正在包圍富田城的尼子軍，自此，一度氣勢凌厲的尼子復興軍便轉為守勢，陷入被毛利家猛烈追擊的局面。毛利家全力進行反擊後，原本觀望自守的毛利陣營領主也終於動起來，而原本倒向尼子的一些領主也被毛利家大軍北上而動搖，轉眼又倒回毛利陣營之中。經過近半年的反擊，尼子軍陷入毛利家的包圍，到了八月底，只剩下出雲東部的新山城一帶（今・島根縣松江市）仍在控制之中。

當毛利家準備繼續圍攻之時，毛利家的最大精神支柱及代表毛利元就於九月病情加重，輝元等人分兵回到吉田郡山城問安，使進迫尼子家的軍事行動一時終止。相反，元就病危的消息傳出後，尼子勝久於十一月立即出兵突圍，又說動了北面的隱岐水軍出動控制了出雲國海岸的制海權，希望力挽頹勢。不過，毛利家也很快作出還擊，十二月打敗了隱岐水軍後，重奪了出雲國的海上交通控制權，對尼子軍進行更強力的物資封鎖，又派軍隊堵截出逃的尼子士兵，以防尼子軍與外援取得聯繫。翌元龜二年三月，隱岐水軍倒戈毛利家後，尼子家的物資援助希望幻滅，苦撐半年後，尼子勝久死守的新山城於八月開城投降，勝久及山中幸盛等人在開城前趁夜間出逃至伯耆。至此，毛利家花費了近三年時間，才把尼子家復興計劃給鎮壓下去，但重病不起的老英雄毛利元就終於到了油盡燈枯的時候，元龜二年（一五七一）六月十四日，也就是新山城投降前兩個月，元就於吉田郡山城病逝，享年七十五歲。

元就病死後，毛利家仍沒能將大友家佈下的利刺完全拔盡。尼子家被壓下去後，接下來還有背後支援尼子的浦上宗景。

毛利vs.大友・浦上・三好

大內輝弘及尼子勝久先後起事之時，備前的浦上宗景仍然只是處於觀望狀態，當兩人先後得手後，宗景首先鼓動了美作的反毛利領主起兵，後來又於元龜元年八月自行出兵攻打受毛利家節制的鄰國・備中國東部的幸山城（今・岡山縣總社市）；後來於元龜二年（一五七一）開始拉攏當地的領主加入反毛利的行列。毛利家為免在東部再開戰線，於是改為拉攏備中及備後的從屬領主來負責抵禦，希望能止住浦上家的滲透。

浦上宗景自知即使有大內、大友及尼子在西邊牽制，單靠自己一家之力，無法單獨在東線對毛利家作出有效而強力的攻擊，於是宗景便聯繫了同樣開始對毛利家稱霸西中國地區感到不安的三好家，還有前述的能島村上水軍一聯手，加強對毛利家的攻擊。

能島村上水軍自早前跟大友家關係曖昧後，這次繼續與浦上家合作，跟毛利家展開對抗。毛利元就彌留之時，毛利家為了避免進一步影響士氣，以及考慮到能島村上水軍的戰力足以左右大局，不可輕失，所以改以談判方式與能島水軍和解，但始終沒法成功。能島水軍堅持對抗日益壯大的毛利家，以保障自己在瀨戶內海一直手握的自主權，為免毛利家先發制人，能島水軍的總帥村上武吉聯絡阿波三好家的執事篠原長房前來助守。

於是，原本在東線的備中備前一帶，由「浦上對毛利」的格局，逐漸擴大成為「浦上・能島・三好對毛利」的大對戰狀態，兩方在讚岐（今・香川縣）及備前之間的瀨戶內海水域形成了對峙局面，毛利家頻繁地向能島水軍進行攻擊，設法阻止其與反毛利諸勢力有進一步的行動，反觀陸上的浦上宗景則繼續向備中國中部進擊，意圖拿下備中國的控制權。連同西邊一直在背後穿針引線的大友宗麟，在大內、尼子的復興運動一時失敗後，以浦上及大友牽頭的包圍作戰繼續對毛利家構成壓力。

毛利家除了繼續對能島水軍及浦上宗景進行打壓外，還重點防範大友家及能島水軍鼓動河野家，以及其餘的來島、因島水軍加入反毛利陣營。另外，毛利家又開始向幕府進行外交工作，表示願意與反對陣營談判和解，同時則加大對浦上家的反擊，希望在達成和平之前，盡可能收回失地。此外，元就死後的毛利家沿用元就生前對大友家的方針，繼續鼓勵反抗大友家的九州領主們起兵對抗，這種以互相在對手後方做搞亂工作，取代正面交鋒的戰鬥模式，到了天正元年（一五七三）前後出現了新的轉機。

元龜三年十月，毛利家終於與東線的浦上宗景議和停戰，失去陸上協調的能島水軍也暫時解除抗戰狀態。但在這時候，尼子勝久及山中幸盛再次中途殺出，從隱岐起兵，與但馬國及因幡國的山名家，還有持續抵抗毛利的美作國領主再通消息，準備再次向毛利家作出挑戰。

天正元年（一五七三）春，再次舉兵的尼子復興軍從隱岐進入因幡，與當地的因幡守護山名豐國合作對抗毛利家。這次的攻勢異常成功，同年九月便聯手拿下了毛利家控制的鳥取城。集中火力對應浦上及大友的毛利家曾要求京都的織田信長介入，但沒有得到積極回應之餘，信長眼看元就已死，自己在同年也討滅了長島一揆後，意欲統一天下的計劃重起，對毛利家的態度也有所改變。不久後，信長便改為支援尼子勝久對抗毛利家。

在這之前，毛利家在尋求信長介入的同時，也進一步加強鎮壓的力度，天正二年吉川元春率軍攻入因幡後，山名豐國立即投向毛利陣營。接著，元春於天正三年向但馬轉進，成功迫使但馬山名家也放棄支援尼子勝久，勝久死守在因幡若櫻鬼城（今・鳥取縣若櫻町）不果，於同年九月被毛利大軍攻破，尼子勝久及山中幸盛再次逃亡。

另一方面，原本與尼子家繼續藕斷絲連的浦上宗景則遭到與毛利家合作的宇喜多直家攻擊，被逐出備前。至此，尼子家第二次再興計劃又在三年內以失敗告終，但毛利家再次錯失了徹底消滅尼子殘黨的機會。尼子殘黨及浦上宗景在戰敗後逃到東面的播磨國，連同當地害怕毛利家繼續向東擴張的領主，如赤松家、小寺家與別所家，紛紛向織田信長求助。毛利家則繼續清剿備中、備前的反對勢力。天正二年（一五七四）底，毛利輝元率領大軍全力將最後一個與大友宗麟合作反抗毛利的三村家消滅後，終於在幾經波折之下，將東部的反毛利勢力清掃一空。

雖然第三次豐藝戰爭中，雙方領頭的毛利家與大友家沒有作長期的正面交鋒，但由大友家穿針引線而成的毛利包圈網有效地在不損害自身兵力下，給予毛利家沉重而長期的威脅，說明了大友家這次的戰略改動收獲重大的成果。雖然如此，巧妙地迫使毛利家自此離開了北九州的戰線後，大友家既無法討滅秋月、筑紫等頑抗份子，及後又遇上更強更難纏的龍造寺隆信崛起。隆信響應毛利家而起，從肥前挑戰大友宗麟，雖然未能立竿見影，但由於大友家還是無法對隆信為首的反對領主作出有效的打擊，加上龍造寺家的善戰，導致這個麻煩在後來成為了大友家巨大的禍患。

至於毛利家雖然受制於大友家的外線包圍戰略，吃盡苦頭，不久後也被迫放棄了北九州的經營，但由於大友家始終沒有真正動員支援各個反毛利勢力，使毛利家有時間及空間進行各個擊破，成功熬過了這段困苦的試煉。

可是，隨著包圍網的形成，戰線日漸擴大，毛利家雖然一邊討平反對勢力，一邊進一步強化了勢力圈外圍地區，尤其是東部的伯耆、備前的控制，但結果上卻驟然與當時掌握京畿的織田信長比肩相接，在不久的將來，受到政治局勢的影響，毛利家與織田信長全面對戰的狀態已進入倒數階段。

進入天正年間，一直以西瀨戶內海關門海峽為主軸的爭霸戰（大內對大友↓毛利對大友）的格局已隨著第三次豐藝戰爭所引發的大範圍混戰，默默無聲地落幕，大友家與毛利家之間的抗爭已從正面對壘，轉為間接對壘，尤其在四國方面，長宗我部元親的崛起與阿波三好家的中衰促進了大友家與毛利家在背後暗自較量的局面。

緊接下來，在主線上西日本地區形成了兩大主線：一是各區完成局部統一的勢力展開全力對攻，二是以統一天下為目標的中央政權對包括西日本在內的地區進行征服戰爭。

丸十字旗

豐薩戰爭

自元龜三年（一五七二）四月木崎原之戰的滅頂大慘敗後，曾經在日向南半部叱咤風雲的伊東家急速衰落。原本與島津家勢均力敵的情勢也頃刻逆轉，伊東家陷入被島津家窮追猛打的危機，勉強支撐到天正四年（一五七六）後，八月島津家當家島津義久親自出馬殺進日向，與其弟島津義弘及重臣們一起收奪伊東家在日向、大隅邊境的領地，那裡是早年伊東義祐從島津豐州家手上奪取的領地。

另一方面，北日向的最大勢力土持家也響應島津家的行動，從北面入侵伊東家的領地，終於伊東家無力抵擋下，伊東義祐及孫兒伊東義賢先後棄城逃亡，跑到姻親豐後大友宗麟裡去，至此，伊東家進入了艱苦復興的歲月，需要等待近二十年才得以回到故地。而島津家則用了近一個半世紀的時間收復祖宗的領地，成為南九州最大的勢力，直接影響到九州以至西日本的權力均衡。

伊東家舉家逃向豐後，投靠大友宗麟後，理所當然的要求大友家出兵協助報仇。另一邊的島津義久則獲得北日向的土持家當家土持親成以協助阻擋北鄰的大友家侵擾為條件，願意向島津家臣服。土持家雖說早在室町時代便在日向北部的縣地區（今．宮崎縣宮崎市）及財部地區（今．宮崎縣高鍋町），但由於北接強大的豐後大友家，土持家長期活在大友家的影子下，受其壓迫，現在，島津家強勢崛起後，土持親成深信扭轉乾坤的時機即將到來。

因此，除伊東家被逐的問題外，北日向的土持家的歸屬問題也成為了島津與大友兩家的矛盾焦點。面對南方日向國全面變天，大友宗麟起初在伊東家投靠時，為了早日鞏固南方邊境的安全，以便與毛利家繼續對戰，還一度跟島津義久有過不戰協定，盡可能不影響兩家關係。

但是土持家主動投靠島津後，大友家內部便有點坐立不安，擔心島津家處於上風，他們得到豐後南方的領主們支持下，早晚會擦槍走火。另一方面，當時的大友宗麟為了全心全意浸泡在天主教教義及文化之中，已將當家位子讓給了長子大友義統。自己則與傳教士謀劃推進天主教教義的普及。就在這時候，伊東家蒙難和土持家倒戈的消息接連傳來。大友宗麟便決定順手牽羊，在日向國實現夢想。

當宗麟還在醞釀時，剛繼任不久的義統為了立威，隨即派遣家臣南下，一口氣消滅了土持家，並將其領地接管了過來。得知消息的宗麟立即行動，從兒子手上接過土持家舊領的控制權，於九月親率大軍，與同樣信奉天主教的家臣、傳教士一起南下，到達務志賀（今・宮崎縣延岡市）後開始建設他的天主教王國。

與此同時，宗麟揮軍南下的消息刺激了伊東家遺臣，在宗麟的指示及支持下，他們開始舉兵向島津家進行反擊，另外，宗麟又通知肥後人吉的領主相良義陽，要求他出兵從肥後侵擾薩摩，牽制島津家。

對手的島津義久得知消息後，也準備再次親自出動，打敗仍在反抗的伊東陣營據點後，暫時回師。然而，同年十月底，原本停駐在舊土持領的大友軍突然向南推進，渡過分隔南北日向的高城川後，直接包圍了島津家家臣駐守的高城（今・宮崎縣木城町），等同直接向島津方宣戰。

島津義久接報後立即派出么弟島津家久北上支援，自己則掃蕩完配合大友軍南下而舉兵的伊東家餘黨後，才與二弟義弘一起進軍，至十一月初才到達高城南方的佐土原（今・宮崎縣宮崎市）。

十一月十一日由島津義弘率領的島津軍先鋒攻擊大友軍陣地而打響戰事，經過兩日的戰鬥，大友軍反擊失敗被圍剿，最終導致超過三千人戰死，當中在逃亡期間被乘勝追擊的島津軍以及當地居民組成的民兵瘋狂追擊，損失慘重。史稱「高城川之戰」或「耳川之戰」

尤其是這次隨軍南下的大友家中、高層指揮官以及臣服的領主多數戰死，儼如當年伊東家在木崎原之戰一樣，大友家在高城川之戰大敗之餘，折損大量將才致使大友家進入頹敗階段。

大敗消息傳出後，在務志賀的大友宗麟及傳教士慌亂逃亡，建設天主教國的計劃也因此成為泡影；島津家則併得北日向的領地，向豐後進迫。同年底，大友家在慘敗後，為阻止島津家乘勝追擊，入侵大友的領地，向島津義久提出和解，但遭到拒絕，而島津義久則向毛利、龍造寺以及當時流亡到備後國鞆的將軍足利義昭表示願意一起夾擊大友家。

銳意統一日本的織田信長這時候剛好要進迫毛利家以及流亡該地的足利義昭，亟需九州的大友與島津兩家，還有後起的龍造寺一起從西面夾攻，於是信長主動通過跟島津家有深誼的前任關白近衛前久到九州進行斡旋，要求大友宗麟、義統父子跟島津義久停戰，繼而為「天下奉公」，改攻毛利家。對此，大友宗麟、義統父子當然求之不得，而島津義久看在世代深交的近衛前久份上，以及避免得罪如日中天的信長，決定順應要求，改向大友領地以外的九州地區發展。

韜光養晦

大友宗麟進軍日向遭到島津家迎頭痛擊，更遭遇毀滅性打擊，但真正的噩夢才剛剛開始。大友家大敗的消息迅即傳遍整個九州，威風掃地的大友家虎落平陽被犬欺，各地早想找機會擺脫大友家的領主們立即作出反應，而大友家內部對宗麟沈迷天主教文化及宗教，以及對其子義統平庸無能的不滿都在日向遠征大敗後，出現噴井式爆發。大友家遭遇自永祿末年毛利家入侵北九州以來最大的危機。

除了後述的最大威脅龍造寺隆信外，首先站起來向大友家潑冷水的，是筑前國秋月的領主秋月種實以及筑後國的筑紫廣門，兩人帶頭下，向來便不服大友家的筑前領主們也陸續表示立場，再加上同樣不受大友家馴服的豐前國領主們，如宇都宮、高橋等家都響應了秋月、筑紫等反大友行動。這些領主雖然沒有單獨打敗大友家的實力，但如從前與毛利家聯手一樣，這次他們便跟崛起的島津義久和龍造寺隆信合作，促成三強之間的對立，伺機而動，尋找自立的空間。

與此同時，大友家內部則爆發家臣叛變的問題，其中，大友家中軍力最強之一的國東郡（今・大分縣國東市）領主田原家的原定後繼人田原親宏因為不滿宗麟密謀讓自己的次子大友親家取代自己，繼承田原家，於是起兵反抗。另外，同時間大友家高層重臣也出現了權力鬥爭，落敗的田北紹鐵為挽回敗局，也決定舉兵反抗，後來失敗被殺。大友家內部的矛盾與支配圈外緣反對派領主的抗爭都使大友家疲於應付，在這時候，再給予大友家更沈重打擊的，便是前述的肥前國（今・長崎縣與佐賀縣）最大勢力龍造寺隆信。

肥前龍造寺家本來是九州名門少貳家的家臣，在戰國初年，龍造寺家的其中一支・水江龍造寺家在兼家（隆信的曾祖父）的帶領下開始發展起來，成為了少貳家陣營裡的新星。然而，當時的少貳家早已沒落，屢屢遭受控制北九州的大內家壓迫，多次起事反抗不果。作為少貳家的家臣，兼家等主和派的家臣以保全少貳家為前提，向主君少貳資元提議跟大內家議和。但是，結果大內義隆卻將計就計，在天文五年（一五三六）派大軍攻滅了少貳資元。兼家與少貳家的家臣僥倖逃脫，另立了資元的遺兒少貳冬尚為新君。

在天文十三年至十四年（一五四四至一五四五）左右，長大成人的少貳冬尚以及少貳家支族出身的馬場賴周突然派出軍隊在兼家的居城水江城（今・佐賀縣佐賀市）附近突襲兼家，猝不及防的水江龍造寺家幾乎被滅族，只剩下兼家以及少數子孫僥倖存活下來。

遭到主家無情的攻擊後，老來失去子孫的兼家和剩餘的水江龍造寺一族以及本家發起了復仇之戰，成功擊敗了其中一個發起偷襲的主謀人馬場賴周，也正式跟少貳家一刀兩斷，兩不相干。不久後的天文十五年（一五四六），算是報仇成功的兼家病死，終年九十二歲。在臨終之時，兼家在為數不多的子孫中，指名由當時仍然出家為僧的曾孫・隆信（當時法號「圓月坊」）接任水江龍造寺家的當家之位。

隆信接任水江龍造寺家當家兩年後，即天文十七年（一五四八），龍造寺家宗家．村中龍造寺家的當家龍造寺胤榮病死，後繼無人，於是在一族會議之下，由隆信兼任村中家的當家，使村中、水江兩家合併為一。由於村中龍造寺家當時為大內義隆效命，隆信併合兩家的事得到了義隆批准之後，正式改名為「龍造寺隆信」，開始帶領龍家在肥前國（今．佐賀縣、長崎縣北部）活動。

然而，隆信還沒有展現能力之前，便爆出震撼北九州的大事件，天文二十年（一五五一），大內義隆被家臣陶晴賢暗殺後（大寧寺之變），北九州陷入混亂狀態，一直與大內家爭奪豐前、筑前、肥前三國控制權的大友家以及少貳家趁機出手，與留守在北九州的大內駐軍展開攻防戰，同時大友家與少貳家也因此反目成仇。

挾帶著家族仇恨的隆信很快便表示出親大友家的立場，與打算再興少貳家的肥前國領主們如神代家和小田家等為敵。由於勢孤力弱，加上支持大友家的立場使隆信成為眾矢之的，很快便於天文二十一年（一五五二）被這些領主組成的聯軍圍攻，主城佐嘉城（今．佐賀縣佐賀市）被攻陷，隆信被迫逃向筑後，投靠當地的有力領主蒲池家。

隆信被打敗後，大友宗麟以支援隆信回城為名義，實際是扶植隆信作為肥前國親大友派核心為實質目的，指示親大友的蒲池家以及肥前的橫岳家等於天文二十二年

（一五五三）七月出兵支援隆信回到佐嘉城。

天文二十三年（一五五四）八月，大友宗麟成功爭取獲幕府任命為肥前國守護後，進一步向少貳冬尚發起猛攻，而同一時間意欲繼承大內家在北九州地盤的毛利元就伸出友誼之手，讓少貳冬尚加入反大友的行列。自此，肥前國內龍造寺家在內的親大友派，與少貳為首的反大友派對戰的格局初步形成。不過，大友宗麟與毛利元就在接著的永祿年間（一五六〇至一五七〇）在北九州的爭霸戰形勢反覆，毛利家始終沒法在北九州穩住陣腳，而在戰局上處於邊緣的肥前，反大友陣營的領主也對毛利家失去了信心，支持少貳冬尚的領主也寥寥無幾。

另一邊的龍造寺隆信在大友宗麟的支援下，迫使了曾經支持少貳冬尚復權的神代勝利、小田政光倒向大友陣營，再率領他們攻打少貳冬尚所在的勢福寺城（今・佐賀縣神埼市），冬尚兵敗自殺，黨羽逃亡，當中如江上家等在戰後不久與隆信和解，結果上使隆信在勢福寺城之戰後成功吸納了少貳家的家臣為己所用。反觀大友宗麟當時正忙於對應毛利元就三番四次的來襲，以及豐前、筑前兩國領主的反抗，沒有正視隆信的悄然成長。

不過，當少貳冬尚戰死後，大友宗麟理所當然的把肥前國收入手中，更派出三重臣之一吉弘鑑理擔任肥前國的「方分」，即軍事、政務總指揮，這意味著羽翼漸豐的龍造寺隆信終究受到了大友家的阻礙。無意成人之美的隆信與大友家之間在永祿十年（一五六七）

前後開始顯現矛盾，剛好在那個時候，竭盡全力保住門司城為中心的豐前、筑前兩國控制權的毛利元就重施故技，向隆信伸手一起箝制大友宗麟。有了毛利家的邀請後，隆信與大友家之間的全面戰爭也就此開打。

元龜元年（一五七〇）三月，為了安定肥前統治，大友宗麟決心要取去龍造寺隆信這股不安因素，攻打隆信居城．佐嘉城。為了一舉完成目標，大友宗麟更親自率兵到達筑後高良山（今．福岡縣久留米市），又命令肥前、筑後兩國的親大友領主出兵支援，對臨海的佐嘉城實施海陸兩路的封鎖。然而，位於低窪地帶的佐嘉城附近難以容讓大軍長期包圍，宗麟打算速戰速決的戰略目標很快便出現破綻，慢慢演變成長期戰，經歷四個月大友軍只能與隆信的防軍展開多場中小規模的衝突，卻沒法一舉找出隆信的主力，加以殲滅。相反，隆信與重臣鍋島直茂（當時名叫「信昌」）於八月策動夜間偷襲，率兵強攻位於佐嘉城西北方的今山，那裡便是大友軍前線指揮本營，更殺死了主帥兼大友宗麟的親族大友八郎，使大友軍陷入一片混亂，一千多人戰死，其餘敗退，史稱「今山之戰」。

主帥戰死的大友軍隨即退兵，但對龍造寺家的威壓及圍堵並沒有因此解除，隆信及直茂在戰後的九月初，利用今山之戰的勝利與大友宗麟和解，龍造寺家以接受大友家的指揮為條件，獲得大友宗麟承認隆信的領地，換言之，大友家是認可了龍造寺家的存在，認為力攻不成，便改為智取，以便盡快安定肥前國的局勢，解除了毛利家在當地的影響。反之，九月的和解對隆信以及龍造寺家而言，既是成功保全家底，而且先是戰勝，後來又爭取與強豪大友家和解，更是顯示了龍造寺家的強韌，在肥後國內獲得更大的聲望。這些資本在十年後，即天正六年（一五七八）的高城川之戰後，便一舉化為現實的助力。

曇花一現

天正六年（一五七八），大友軍在日向國的高城川之戰大敗後，這個百多年來叱吒九州風雲的大家族正在走向衰落之中。此消彼長之下，除了連破伊東、大友兩家的島津家以外，還有一個勢力也受惠於大友家的，那就是肥前的龍造寺家，當時帶領龍造寺家的便是後世稱為「五州二島太守」的龍造寺隆信。

元龜元年（一五七〇）的今山之戰後，隆信與大友宗麟達成和解協議，龍造寺家以臣服大友家為前提下，獲得了大友家承認領主的地位，事實上就是達成了一個不戰協定。這個協定有利於隆信在不影響到大友家利益的範圍內，可以進行自己的軍事擴張以及政治成長。當時的大友家仍然在忙著與毛利家作最後階段的抗爭，同時又介入了西四國的姻親一條兼定與家臣團的內訌問題，沒有十足的精力看管仍然只是肥前國一個中等規模的隆信。

然而，在今山之戰結束後一個月開始，隆信便開始以肥前佐嘉城（今·佐賀縣佐賀市）為據點，積極向東肥前（今・佐賀縣）一帶展開軍事行動，並且很快獲得進展。元龜二年（一五七一）初收服了曾經支持少貳家對抗自己的勢福寺城主江上家，更讓自己的三子龍造寺家種入主，一舉奪下了江上家的控制權。奪下東肥前交通要地的勢福寺城後，隆信下一步就是主動介入肥前東部的三根郡（今・佐賀縣三養基郡）領主橫岳家與筑紫家之間的領地糾紛。

元龜三年（一五七二）夏，隆信主張自己擁有該地的控制權，與原本相爭的橫岳家與筑紫家形成三家互鬥的局面。由於三家都是從屬大友家的領主，於是只好找大友家出面主持公道，但是大友家消極的對應態度無助於解決問題，正當橫岳家與筑紫家等待大友家作出更積極回應時，隆信已經先發制人，主動用兵攻擊兩家之一的橫岳家西島城，用實力來行使「主權」。面對隆信屢勸不聽的態度，大友家終於在天正二年（一五七四）公開宣佈隆信的行動等同「背叛」大友家，要予以討伐，但事實上只是虛張聲勢，沒有實際用兵，只是防止從屬領主之中出現與隆信合作的人，沒有產生積極作用，也沒法阻止隆信的軍事行動。接著，大友家又打算找出少貳家的遺族出來號召仍在觀望的領主，一起出兵討伐龍造寺隆信，也沒有收到成效。

相反，隆信利用大友家沒有認真對應的機會，除了向西島城用兵，與大友家派來的鎮壓軍周旋外，又騰出手來聯絡肥前西部（今・長崎縣）、筑前西部（今・福岡縣西部）的領主如神代、松浦、波多大村等家，要求他們加盟到自己的旗下，一起對應大友家。另外，又繼續積極推動一族兄弟到各個領主家裡當養子，或先滅家後再復興名門的策略，將肥前西部的武雄後藤家、多久家也拉到自己的控制裡。

事態擾攘到天正五年（一五七七）秋天，龍造寺隆信的影響力已經擴大到北肥前以外的肥前國大部分區域，儼然成為一股具有規模的勢力。即便如此，大友家正在同時維持多條戰線，以及配合當時已經控制京都的織田信長的號召，準備對毛利輝元用兵，除了防止隆信的擴張衝出肥前外，已沒有餘力再征討隆信。於是，大友家向龍造寺、橫岳與筑紫三家提出和解方案，在隆信承諾不再入侵其餘兩家領地為條件，承認隆信在和議前奪得的領地，變相承認了隆信的主張。

但是，大友家沒有想到的是，隆信還有後著。天正六年初夏，當時大友家正與島津家因為日向國的問題處於開戰邊緣，島津家為了增加勝算，主動聯絡了羽翼已豐的隆信，要求他從西方牽制大友家，戰勝後再共圖利益。一如上述，大友家於同年冬天的高城川之戰大敗後，隆信立即履行了對島津家的約定，從肥前向筑後國（福岡縣西南部）進迫，又成功鼓動了當地的有力領主如蒲池家和田尻家一起倒戈反抗大友家。

另一方面，利用大友家大敗，無暇再介入肥前國的機會，隆信再收降了肥後北部玉名郡（今．熊本縣荒尾市）的小代家，以及肥前南端島原半島（今．長崎縣島原市）的領主有馬家後，肥前國已完全受龍造寺家的控制。在這時候面對來勢洶洶的島津家正準備北上，筑後的田尻家、筑前的秋月、筑紫和原田，還有豐前，甚至豐後南部的親大友領主都先後宣布脫離大友家的控制。

其中，上節提及的筑前國領主秋月種實與筑紫廣門對大友家的名將高橋紹運把守的寶滿城（今・福岡縣筑紫野市）及岩屋城（同縣太宰府市）進行積極的軍事行動，而原田了榮則出兵掠奪大友家在筑前國怡土、志摩兩郡的領地。與之相反，與大友家關係較為平順的筑後國，兩大代表領主田尻與蒲池則只是選擇與龍造寺隆信結盟，未有積極蠶食大友家的領地。無論如何，至此時，大友家已然處於風雨飄搖的危急關頭。

大友家的中衰為九州全島帶來了翻天地覆的變化，造就了新的勢力消長局面。南部的島津、西部的龍造寺，以及東部的大友三分九州的格局已經成形。然而，這個微妙的三強鼎立關係沒有維持太長的時間，很快便露出破綻。其中一個要因跟肥後相良家的向背有關。

不期之死

在高城川之戰一口氣打敗了大友宗麟後，島津家的下一個目標便是向西線的肥後用兵。原因是因為高城川之戰前，大友宗麟便聯絡了肥後人吉城主相良義陽，邀請他從肥後入侵薩摩國伊佐郡（今．鹿兒島縣伊佐市），但失敗而回。大友家大敗於高城川之戰後，相良義陽便成為了下一個島津義久要報復的對象。

另外，早在高城川之戰以前，尤其是島津貴久還沒有統一薩、隅半島之前，相良家便多次與北薩摩的薩州家島津實久聯手，侵入薩摩國，從中漁利。因此，這次的報復行動實際上對島津義久而言，具有雙重的歷史意義。

可是，相良家也是在肥後南部最大的領主，佔有球磨、蘆北（葦北）及八代三郡（今．熊本縣南半部），除了間中應外部勢力邀請，出兵漁利外，在戰國時代一直都謹慎用兵，在三郡保持了長時間安定的統治，並非一時三刻可以打敗的對手。為此，島津義久採取遠交近攻的策略，與肥後中部的領主如宇土郡（今．熊本縣宇土市）的名和家以及飽田郡（今．熊本縣熊本市）的城家聯絡，準備來一個南北夾攻。

自知理虧的相良義陽曾積極修補與島津義久的關係，但無法動搖決定要清算歷史舊帳的義久。從天正七年（一五七九）秋開始，島津家多次入侵相良家領地，相良義陽曾經乞求龍造寺隆信出兵救助，但沒有得到隆信積極的回應。雖然如此，相良家在兩名重臣深水長智及犬童賴安的努力抵抗下，相良家勉強支撐了兩年，最終義陽以割讓南部的蘆北郡水俣城一帶的領地，以及服從島津家指揮為條件，獲得島津家答應停戰。但轉眼間，島津義久便指示相良義陽用行動作為真心服屬的憑證，出兵攻打相良領北鄰友邦的阿蘇家。

在島津家的脅迫下，相良義陽於天正九年（一五八一）十二月率兵北上，無奈與多年的友邦阿蘇家開戰。苦惱於保全家族身命以及友邦情誼之間的相良義陽在同月的響原之戰中遭到阿蘇家的名將甲斐宗運反擊，不幸戰死。相良家作為島津家馬前卒的任務也就此完結。

可是，義陽戰死後，義陽的遺兒相良忠房與叔父相良賴貞為爭奪當家之位，爆發了長達一年的內亂。結果，雖然相良忠房陣營同樣在老臣深水長智及犬童賴安的輔助下獲得勝利，但旋即又被島津義久以保護為名，沒收了相良家一直擁有的蘆北及八代兩郡，變相強奪了相良家的領地。然而，相良家已沒有抵抗島津家的餘力，只好全力保住唯一的球磨郡，同時小心翼翼地對應島津家的需求。

另一方面，阿蘇家重臣甲斐宗運在響原之戰前，已經傾力地向龍造寺隆信發出求救呼籲，希望當時同樣如日中天的隆信能及時出兵牽制島津義久。

然而，早前響應島津義久號召，在北面牽制相良義陽的名和家跟城家在響原之戰後，轉過來利用島津家做靠山，與阿蘇家在肥後中部的益城郡（今・熊本縣熊本市、合志市）附近展開新的對立。另一方面，一直被要求出面介入的隆信因為剛拿下肥前全境，在筑前、筑後也只是站住了陣腳，還得面對大友家的反擊，無意為相良家及阿蘇家的死活，與島津家決裂。

然而，島津家利用相良義陽的死，以及相良家內亂的機會，趁機打通了進出九州中、北部的出口。事已至此，西九州南、北兩端的兩大勢力——島津與龍造寺的對決也已是時間問題。

由天正六年（一五七八）開始島津家在日向國展開滲透的同時，相良家沒落使島津家在天正九年（一五八一）也一步一步地向肥後國擴張。相良家的衰落帶來的震撼卻遠超了島津家的想像。消息傳開後，原本游走在大友、龍造寺兩家之間的肥後中北部的領主開始將希望寄託在島津家的身上。天正十年（一五八二），肥前島原半島南部的領主有馬晴信、筑後的田尻鑑種，還有一度敵對的肥後阿蘇家的甲斐宗運等領主都因為現實需要，先後尋求從屬島津家，以免受島津家的兵鋒所指。

夾在兩大勢力之間的領主開始出現轉換立場的舉動後，龍造寺家與島津家都不能再置身事外，人氣大盛的島津家接受了這些領主的來投後，與龍造寺隆信對決的問題也端上了島津家的議程上。其中，同屬肥前國的有馬晴信選擇倒向島津家，對於隆信以及龍造寺家的征服計劃而言是一個重大破綻，地理上而言，有馬家的領地位置等同為島津家打開了從島原半島北上肥前的入口，這些都對隆信而言是不可容忍的事態。

不過，由於有馬家的家臣及同盟的領主大多仍然擁護隆信的號令，所以，只要除去了有馬家，或者迫使有馬晴信回到龍造寺陣營的話，與島津義久的對決也會相對有利。

天正十一年（一五八三）五月，島津與龍造寺兩方都開始圍繞著島原半島展開戰略部署，島津義久派遣軍隊協助有馬晴信控制了島原半島南部，而龍造寺隆信則強力奪去了倒向島津的田尻鑑種的領地，控制了有明海北部沿岸。

天正十二年（一五八四）三月，島津義久派出四弟島津家久進入島原半島，攻打屬於龍造寺陣營的島原城，並在攻陷該城後，在城外佈置防禦工事，防備龍造寺隆信的來襲，而總帥島津義久也率軍到達肥後的佐敷城（今・熊本縣蘆北町），準備伺機而動。之後兩方在島原半島的島原城及三會城一帶的海岸進行小衝突，同月二十四日，兩軍終於在島原的沖田畷發生會戰，面對兵力較多，但來源混雜的龍造寺軍，兵力較少的島津・有馬聯軍在混戰之中，靠著島津家的川上忠堅孤軍深入，成功在混亂中擊潰了隆信的本隊，更斬下隆信的首級，大獲全勝，史稱「沖田畷之戰」。

主帥隆信戰死後，龍造寺軍全線潰退，奇蹟戰勝的島津・有馬聯軍本想乘勝追擊，但激戰之後，已無餘力，於是只能勉強將龍造寺的敗軍趕出三會城附近。另一方面，隆信的首級被送到佐敷城供在那裡久候的義久檢閱，義久按最高禮數與隆信「會面」，之後再將頭顱送回肥前。

接著，島津家的本軍便開始將島原半島內，原本從屬龍造寺陣營的城池逐一接收，沿途燒殺搶掠，作為獎賞士卒的奮戰，以及慶祝這場意想不到的大勝利。雖然如此，對其中一個當事人有馬晴信而言，是次的大勝利成功將親龍造寺的家臣、從屬領主一掃而空，有利建立以自己為核心的新統治，代價就是要聽從島津家的軍事指揮；而對於想借支持龍造寺家，脫離、架空有馬家的家臣、領主而言，沖田畷之戰的慘敗對他們而言，也等同災難到來一樣，因為他們被奪去了自立的機會。

至於失去總帥的龍造寺家，從沖田畷敗退後，軍權由戰中沒有投入主戰的鍋島直茂帶領，幾經辛苦下逃過了島津軍的追擊，回到佐嘉城。戰後，由於隆信長子．龍造寺政家贏弱，隆信不在後的家政，以及戰敗後的對策都主要由鍋島直茂來主理。直茂本身與隆信是異母異父的關係，隆信之母．慶誾尼在夫君．龍造寺周家（隆信之父）被少貳家殺害後，改嫁給鍋島直茂之父為繼室，後來也負責養育直茂成人，因此，直茂從小便作為隆信的左右手，輔助隆信發展家業。

如今，隆信成為不歸之人後，直茂輔助贏弱的「侄子」政家收拾戰敗殘局，也成為龍造寺家上下眾望所歸的安排，而下一步要處理的便是防止跟隨隆信的肥前、筑後兩國的領主脫離龍造寺陣營，以及如何應對氣勢凌人的島津家。為此，直茂與政家在安定家內後，立即跟肥前的大村純忠、松浦鎮信等交涉，互相交換誓書（「起請文」），以確認關係不變。至於島津家，直茂跟政家一方面主力於休養生息，而與島津家領地也暫時沒有直接接壤，因此，直茂跟政家只集中精力固守肥前的地盤，不干涉島津家的行動。一度隆盛至極的龍造寺家也只能暫以這種方式苟安，期待翻盤的機會。

變幻莫測

收到龍造寺大敗消息的大友家也想「棒打落水狗」，全力奪回先年被隆信搶下的筑後、肥前東部的地盤，於是在沖田畷之戰完結後僅四個月，即天正十二年（一五八四）七月，當家大友義統（宗麟長子）派弟弟田原親家入侵筑後，花了兩個月時間，終於把筑後國的大部分倒向龍造寺的領主收服，然後準備向肥前進迫。

不過，這時候島津義久繼續向肥後推進，剛好肥後最有力的名將甲斐宗運以及他的主君阿蘇惟將，還有惟將的弟弟兼輔臣阿蘇惟種在天正十三年內先後病死，阿蘇家連失支柱下，在北肥後已沒有能力阻止島津家的來襲。同年，島津家接受了阿蘇家的投誠，而比較小的領主如小代家、隈部家等則在屈服後，跟相良家一樣被島津家沒收了不少領地，作為「保護費」。就這樣，島津與大友兩家之間在日向、豐後之外，到了天正十三年時也在筑後、肥後邊界碰頭。

雖然島津家內部早已想定要跟大友家再次交戰，但畢竟與上次的高城川之戰不同，島津家沒有開戰的大義名分，只能與大友家作短暫的對峙，靜待變局。這時候讓兩家由對峙關係變成對戰關係的因素，來自於一直反抗大友家的筑前、豐前、筑後三國的領主，即秋月、筑紫等；他們都把對抗大友家的希望轉移到島津家的身上，希望島津家與大友家開戰，解消他們抗戰的壓力。早前的對手龍造寺家也在秋月家的斡旋下，與島津家「和解」，實際上便是加入島津家陣營以自保。同年九月，肥後國北部的領主也大多決定屈服於島津家的軍威，形勢上一下子全面倒向了島津家一方。

另一邊的大友家在同年底則接到了噩耗，一直在筑前奮戰督軍的「三重臣」之一．戶次道雪在出征筑後期間病逝，大大地動搖了大友家正想挽救頹勢的軍心。主帥病死後，出征筑後的大友軍在還沒跟島津家開戰前便退回豐後。大友家前面剛撤走，筑後國的領主旋即倒向了島津家，甚至與筑後、日向接壤的豐後國南部領主也似乎因為道雪之死，對大友家失去了信心，暗中與島津義久聯絡，約定倒戈。

至此，島津家與大友家全面開戰已是時間問題，只是島津家內部對於怎樣開打卻出現嚴重分歧，背後牽涉到各派將帥的軍功分配問題，一直爭論不休。總帥島津義久則顧慮到中央的豐臣秀吉在當年冬天已經明言正準備出兵平定九州，在這形勢下與大友家全面開戰等同讓秀吉更有理由攻打島津家，在保全家族命脈的重責與增大家族榮譽的機會之間左右為難。島津家也因此暫緩進行下一步的軍事行動。

同一時間，秀吉已協調毛利家與大友家的和解，以便讓兩家合力出兵九州，對抗島津家。此消息傳開後，原本對島津家充滿期待及畏懼的中、北九州領主們如筑紫家等突然出現了動搖，他們原本恭順島津家的態度也出現逆轉，不僅拒絕向島津家交出人質，甚至考慮到毛利、大友聯手的力量，與島津能夠一戰，於是暗中與大友、毛利聯絡，做好兩手準備。

為免這個效應持續擴大，島津義久終於被迫提早開啟了北上大計，天正十四年（一五八六）六月，島津大軍兵分兩路，西面從肥後，東面從日向各自北上，向筑後及豐後推進。然而，首戰對付倒戈的筑紫廣門的戰爭出師不利，久久沒能攻下其居城勝尾城（今・福岡縣鳥棲市），更損兵折將，在沖田畷之戰中斬獲龍造寺隆信首級的川上忠堅也宣告戰死。終於到了七月中旬，島津軍攻陷了勝尾城，用實力迫使筑紫廣門投降。

筑後國大致平定後，島津軍繼續向筑前國推進，七月中開始圍攻當地大友家的岩屋城、寶滿城以及立花山城。然而，守城的大友家守將高橋紹運、高橋統增（後來改名「立花直次」）、立花宗茂三父子以拖延戰術死守，力求守到豐臣秀吉的大軍到來為止，盡力爭取時間。然而，在島津家全力狂攻之下，高橋紹運死守的岩屋城陷落，守軍全員戰死，島津軍也死傷慘重。即便如此，島津軍仍然接著進攻高橋統增扼守的寶滿城。然而，在這時候，毛利、吉川、小早川三家率領的救援軍終於登陸九州筑前，島津軍撤退出筑前後，筑前、筑後以及肥前的領主如龍造寺家跟筑紫家等紛紛向島津家劃清界線，迎接豐臣軍的到來。

至於另一邊的豐後戰線，大友家因為豐後南部的領主在島津義弘、家久率領的島津軍入侵後按約定不戰倒戈，豐後南部失守後，據守中部的大友家臣也陸續倒戈，大友義統及大友宗麟統治的大友家已經到了分崩離析的狀態，島津軍的兵鋒已經到了大友家大本營的豐後府中（今．大分縣大分市）南部，更重重包圍了那裡的軍事據點利光城（鶴城）。另一方面，由長宗我部元親、三好康長率領的四國軍，以及秀吉家臣仙石秀久率領的淡路軍剛好抵達了豐後，準備驅逐在豐後肆無忌憚的島津軍。

於是，到達筑前及豐後兩地的豐臣大軍先鋒部隊將各自與島津軍展開新一輪的戰鬥，九州戰國最後階段的戰事隨即打響……。

第二章

東國潮湧

下——歸一

前章看到常陸的佐竹義昭在常陸、下野兩國發揮前所未有的政治影響力時，南關東的局勢已然天翻地覆。山內、扇谷兩家在天文十五年的河越之戰後一蹶不振，七年後山內家敗逃越後後，南關東一帶已經成為北條家的勢力範圍，開始向隔著利根川對岸的中、北關東打主意。剛好不久後，上杉謙信為山內家報復而席捲關東，佐竹家在內的關東領主們都蜂擁而上，成為反北條陣營的成員。

開首時氣勢迫人的謙信在攻擊小田原城失敗後，佐竹家、里見家等領主們便開始對他失去了信心。與此同時，成功從小田原城包圍戰中大難不死的北條氏康在戰後慢慢收復失地之餘，也開始盯上了佐竹家等曾經支持謙信的中、北關東領主。接下來，關東地區的戰事主線便變成「佐竹對北條」的格局。

另一方面，銳意擴大勢力的武田信玄與上杉謙信則把目光朝西而望，然而，這兩名曾經大打出手的英雄最終都無法完成自己的宏願……

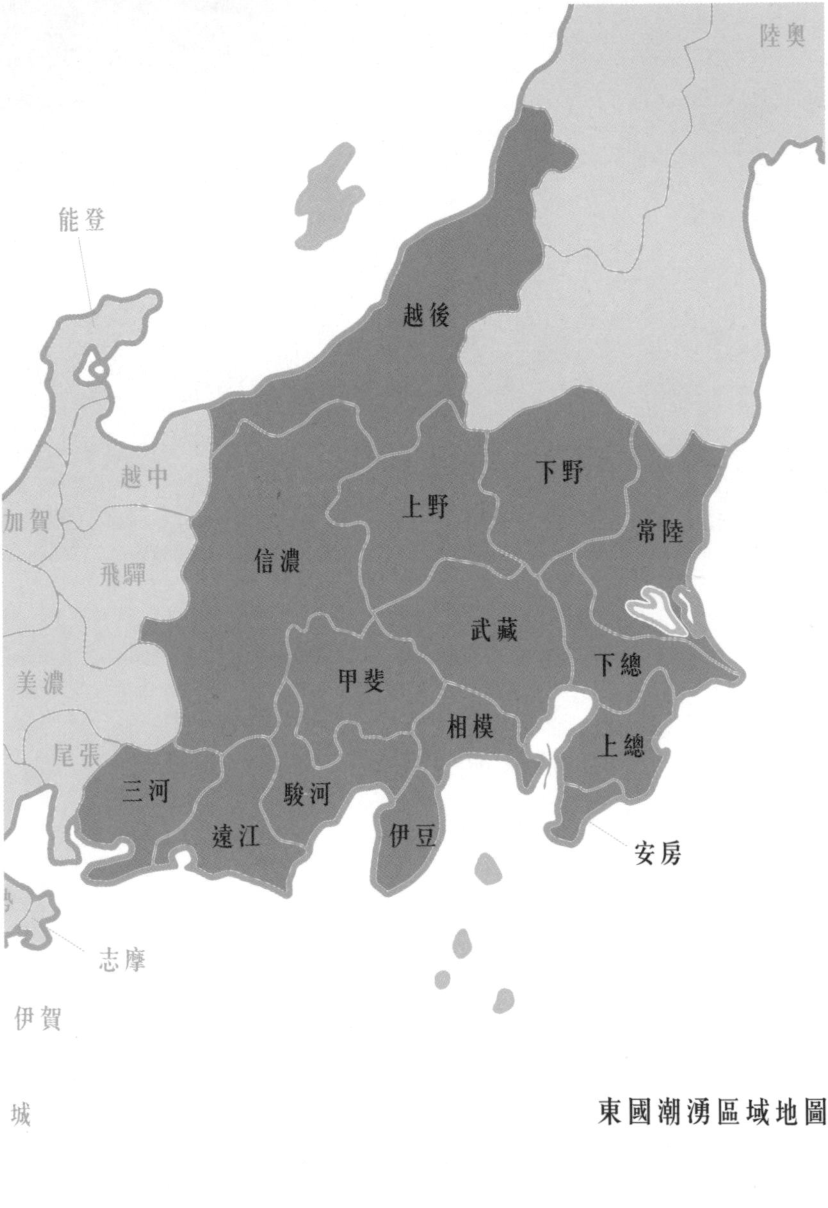

東國潮湧區域地圖

南北轉向

千錘百鍊

佐竹義昭與他的兒子義重在關東局勢變幻莫測之時深得謙信的器重，早在謙信於永祿四年（一五六一）準備南下關東時，便力邀佐竹家成為北關東領主的旗手，從東面與謙信一起夾攻北條家。但是畢竟是久經風雨的名門佐竹家，這對父子卻有自己的打算，並不願意跟其他較為弱小的領主一樣拜到謙信腳下。佐竹父子反過來利用謙信器重的優勢，進一步向常陸南部以及下野一帶推進自家的地盤及威名，首先透過聯姻拉攏了上面提到的大掾家，接著便與常陸南部有影響力的小田家對抗。

小田家當時是與北條氏康合作，與其他主要的關東領主對立，也跟大掾家鬧不和。義昭、義重父子利用拉攏大掾家的機會，以及上杉、北條對壘的政治理由，與南常陸的代表小田家展開了長達近五年的爭霸戰。

雖然這時候謙信在關東的勢頭越發不利，但這並不影響到佐竹與小田的戰爭，因為謙信也同時盯上了小田家這個肉中刺，最終在永祿九年（一五六六）初，佐竹義重（義昭於永祿八年病死）在謙信的支援下，終於打敗了小田家，並且把小田城奪了過來，以勝利者的姿態取得了第一階段的勝利。然而，當謙信在同年的臼井城之戰大敗而歸，以及在上野國連連被武田信玄及北條氏康得手後，謙信在關東的勢威已經到了一個新低點；佐竹、里見等關東領主也開始覺悟，決定不再倚靠謙信來對抗北條家，而是借助兩家相爭的空隙，趕快的強大起來，靠自己來主導反北條的抗爭。無可置疑的是，對小田氏的勝利就是佐竹家自強自立的一個里程碑。

在壓制小田家的同一時間，佐竹家也沒有忘記北面的擴張。經歷義舜、義篤的經營，佐竹家對白川家可說得上是予取予求，在謙信殺到關東時，面對白川家理所當然的站在北條家的一邊去對抗，同時又拉攏了當時正如日中天的會津蘆名家做外援，佐竹家對白川家的優勢似乎有逆轉的可能。不過，上面提到佐竹家在永祿九年（一五六六）拿下南常陸的小田城後，暫時沒有了後顧之憂，可以在北條家沒殺到之前，先跟白川家好好周旋一下。

這時候感覺到危機的白川家的當家晴綱為免惹火燒身，突然決定與佐竹義重和解，引起家內一貫怨恨佐竹家的家臣、一族，以及蘆名家的反對，最後演變成永祿十二年（一五六九）的「永祿政變」，白川晴綱被家臣放逐，由反佐竹的堂兄弟白川義親擔任新的當家，繼續反抗佐竹義重。然而，白川家這次的政變更加顯示了自身已無法獨力對抗佐竹家，反而得倚靠北方的蘆名家來幫忙，白川家的沒落已是不爭的事實，不過，佐竹家在陸奧南端的優勢到了十年後便開始出現暗湧……

佐竹父子不僅在常陸南部以及陸奧國南端泛起漣漪，西邊的下野國也成為了他們利用謙信南下，混水摸魚的囊中物。先是當時的下野國那須家為了支持北條還是上杉的問題而分裂，義昭身為上杉陣營的旗手，快速地介入了那須家的分裂，並且打擊家內的北條派，到了義重繼位後，更增強了打壓那須家內的北條派，結果上使那須家成為了佐竹家的附庸，並且容許佐竹義重派員到那須領內駐防。

另一邊的宇都宮家雖然一直與佐竹家結盟，但幾十年來家內斷斷續續的內訌使得宇都宮家一直無法成為像佐竹家那樣的強權，一族各家依然各行其是，更按照各自的打算，與佐竹家建立了外交關係，來牽制宗家。

此外，下野南部的小山及結城兩家本為同宗，在謙信南下時同樣在選擇支持上杉還是北條的問題上出現對立，結果小山家支持北條，而結城家則支持上杉。兩家的勢力雖然不大，但由於所在的地方同處關東交通要道的中心地帶，他們兩家的取向對於整個上杉・北條的對戰有著舉足輕重的影響力。

永祿九年（一五六六）的臼井城之戰後，關東的戰況出現逆轉，上杉陣營的領主們開始自求多福，不再倚重上杉謙信，又或者為自保而倒向北條陣營。這一年小山家完全倒向了北條家，但得到的回應則是北條氏康決定把小山一族趕走，全面接管小山領地，作為對抗北關東反北條領主的橋頭堡。這種過份的行為使得小山家也無法再堅持下去，逃到佐竹義重那裡救援。

結城家在小山家沒落後理所當然的成為了北條氏康的另一個目標。結城家在上杉謙信鞭長莫及的困難下，結城家屢屢受到北條家的壓迫，到了後來只好選擇與崛起的佐竹家，以及其陣營下的江戶家及宇都宮家合作。至此，由佐竹家為領導，由利根川以北的下野、常陸、下總三國的多數領主結成的反北條聯盟基本成型。

棄盟叛友

北關東領主聯盟自行組織力量對抗北條家的同時，仍然希望謙信再次南下共同牽制。不過，謙信在當時受制於武田信玄的圍堵戰略，一直無法抽身向關東進迫，永祿十一年內越中、越後先後爆發的亂事使謙信不得不留在北陸平亂。結果，關東的戰亂繼續向有利於北條家的方向發展，上杉家的影子已經日漸暗薄。

在這之前，武田家爆發一場暗然不明的內訌，結果上左右了今後關東地區的走勢，甚至使關東的亂局再添變數。永祿八年（一五六五）十月，武田信玄突然軟禁了長子武田義信，又以離間父子感情為由，將效忠多年的重臣飯富虎昌處死，接著跟義信有關的家臣或被處死，或被逐出國外，這一連串的行動都在極度迅速下進行，外部的勢力毫不知情。然而，幽閉長子，處決重臣的決定已下，武田家內部的震盪不言而喻。

長子武田義信之所以被軟禁，因他想阻止父親信玄與尾張的織田信長合作，讓四弟諏訪勝賴迎娶信長的養女為妻。換言之，事成之後武田家與織田家將會結成姻親之盟。義信反對的原因十分簡單，因為他的妻子乃今川義元的女兒，岳父在桶狹間之戰戰死後，武田家既沒有為今川家做過什麼支持報復的行動，現在反過來要跟殺害岳父的織田信長結盟，義信以及家中與今川家關係友好的家臣難免有所不滿。

無論如何，義信在未有明顯舉動之前，老父信玄已經不動聲色地先發制人，將他拿下。義信被幽禁一個月後，即永祿八年（一五六五）十一月，勝賴與信長養女的婚禮最終順利完結，正式確立了武田家與織田家的同盟關係（史稱「甲尾同盟」）。

忍痛處置了長子後，武田信玄入侵今川家，破棄了維持多年的甲相駿三國同盟的心意已決，但在這之前，有必要安撫事件為武田家臣們帶來的震盪。永祿九年（一五六六），信玄與義信和解不成功之後，義信的命運已經大致確定。信玄決定與義信斷絕父子關係後，於第二年的永祿十年（一五六七）八月要求所有具份量的家臣交出誓詞，向自己宣誓效忠，沒有二心。然而，就在收集誓詞完畢後兩個月，義信突然在軟禁之地自殺身亡。不論是被迫還是自願，義信死去後，信玄結果上已經肅清了武田家內反對信玄與織田家結盟，入侵今川家的勢力，可以安心籌備南下。

信玄在永祿十一年入侵駿河後，擁有共同敵人的北條氏康與上杉謙信立即握手言和，暫時放下關東的對抗，一起對抗野心勃勃的武田信玄。身陷腹背受敵危機的信玄趁謙信正在掃蕩越中的椎名康胤的空隙，決定先發制人，於永祿十二年（一五六九）六月侵擾北條領的伊豆國韮山城（今・靜岡縣伊豆之國市），七月又分兵攻打駿河國東部北條家控制的大宮城（今・靜岡縣富士市），吸引北條家的注意力。到了九月，武田軍從上野國南下直攻北條家腹地的武藏國，更一路穿過武藏、相模的國境，直接包圍了北條家的主城・小田原城。這是自永祿四年（一五六一）謙信攻打小田原以來，同城第二次被敵軍圍攻的黑暗日子。

當信玄從上野進攻武藏的時候，氏康及氏政父子預想到信玄很可能想直攻小田原城，事態嚴峻之下立即佈署兵力鞏固西邊的駿河、伊豆國邊境，同時命令小田原城下以及各直轄領的百姓總動員為「國家」安全而戰。另外，氏政多次要求謙信出兵信濃，以牽制信玄南下，但身在越中的謙信堅持先降服椎名康胤，同時又喜見武田與北條對鬥，只想靜觀其變，沒有回應氏政的請求。謙信的決定招致氏政對謙信的猜疑，使「越相同盟」在不久的將來便成泡影。

另一方面，信玄的兵鋒指向小田原時，北條家全力拱衛領國，無暇再去支援駿河的今川家，結果，武田家乘這空檔，差不多將駿河全國收為己有。謙信與氏康結盟的決定使北關東領主們大失所望，又大感憤怒。上杉謙信失去領主們的信賴已是不能逆轉的事實，現在北關東領主們為了繼續對抗北條氏康，只好選擇與向駿河推進的武田信玄合作。

早在決定南下之前，信玄已經在永祿十一年（一五六八）十月，向北關東領主暗示自己有意與北條對抗，到了永祿十二年四月「越相同盟」確立之後，信玄派使者到常陸太田城（今・茨城縣常陸太田市），尋求與佐竹義重以及里見義弘合作，又主張在事成後，合力護送受里見義弘保護的足利藤政（足利政氏之子）回到鎌倉歸位為鎌倉公方。

面對信玄異常積極的招攬，佐竹義重跟里見義弘起初半信半疑，直到後來信玄真的派軍攻打小田原後，兩家與信玄的合作才真正浮上水面。率先回應信玄行動的，是一直被北條家打壓的里見義弘。義弘希望借信玄牽制北條父子的機會，與上總的正木家一起重奪下總，再染指江戶灣對岸的武藏國，與北條家再決雌雄。永祿十二年（一五六九）二月開始，一度沈寂的里見軍再次空群出動，向下總國（今・千葉縣北部、茨城縣南部）發動進攻，接著又襲擊武藏、相模兩國的灣岸海港，使北條家的南部屢受侵擾。

北方的佐竹義重也接受了信玄的邀請，於永祿十二年一整年在下野國發動大規模的攻勢，率先奪下重要的軍事重鎮小田城（今・茨城縣筑波市），再在元龜元年（一五七〇）五月以小田城為中心，領導附近的真壁氏幹、多賀谷重經等下野、常陸交界的領主築起了反北條的戰線，反北條聯盟一下子將鋒線推向利根川的南岸，與南方的里見義弘從北、東南兩方面進迫北條家。

武田、佐竹、里見三家主導下，關東地區在永祿十二年（一五六九）便形成了「越相同盟」對「甲關聯盟」的局面。不過，到了元龜二年（一五七一）十一月，北條氏康病死後，成為當家的北條氏政憤恨謙信在武田信玄圍攻小田原城時不來幫忙，決定取消「越相同盟」，與武田信玄重建合作關係，史稱「甲相同盟」。北條、武田、上杉三家的關係再次逆轉之下，永祿十二年的兩派陣營對壘的局面也不復存在，佐竹與里見兩家因為信玄與氏政重新合作，取消與武田家的關係，轉為跟上杉謙信重新合作，對抗「甲相同盟」。

然而，正所謂「一次不忠百次不用」，佐竹義重與里見義弘跟上杉謙信重建的關係已遠不如當初圍攻小田原城時那樣合作無間，義重跟義弘更加傾向形式上借助謙信的軍力牽制信玄跟氏政，事實上自己更主動地組織領主們向北條家發動進攻。踏入元龜．天正初年（一五七〇至一五七五），關東地區的戰局除了北條家繼續「以一敵十」外，反北條的上杉及北關東領主已漸漸處於各自為戰的狀態。

夢斷駒場

雖然入侵北條領，圍攻小田原城，信玄與北條家依然在元龜三年成功回歸友好，合力在上野國抵抗上杉謙信重臨關東。另一方面，信玄在本願寺顯如的大力勸說下，決定與曾經結盟的織田信長翻臉，以支援京畿的反信長陣營為名，在元龜三年（一五七二）底籌備西上作戰。

導致信玄決定與信長為敵的另一個更重要原因，是因為當日與自己瓜分今川家領地的德川家康在元龜元年（一五七〇）暗自與上杉謙信結盟，使武田家再次被南北包圍。信玄得知後，曾要求盟友信長警告家康，或者指示家康放棄與謙信的合作。可是，信長當時事實上也正在摸索跟謙信合作，一起打倒本願寺顯如以及在北陸的本願寺門徒，因此對信玄的要求置之罔聞，只是敷衍地答應會跟進處理而已。

其實，信長並非不知道謙信與信玄的敵對關係，信長原本的計劃是希望與謙信結盟後，再利用將軍足利義昭的名義，斡旋謙信與信玄和解，這樣信長便不會成為背信棄盟的小人。可是，信長與家康的行動在信玄眼裡事實上已經等同背信棄盟，眼下謙信與信長一旦談成盟約，不論信長的盤算怎樣，武田家也有機會陷入三方包圍的危機。

剛好，那時候朝倉義景及本願寺顯如已經給信玄提供了反制的良機及藉口，而謙信當時也在越中作戰，信玄先發制人的條件也日漸成熟。問題是信玄不希望立即跟信長翻臉，為了不被信長及家康察覺到自己的企圖，信玄在秘而不宣的情況下，在元龜三年夏秋之間開始了侵略德川家的準備工作，又分派家臣下條信氏前往信濃與美濃國境，游說美濃東部最大勢力，又與織田、武田兩家都有交情的岩村城主遠山家完全倒向武田家。

當時遠山家剛因為當家遠山直廉與弟弟景任先後離世，都沒有留下子嗣，遠山家陷入群龍無首的狀態。收到這消息後，信長立即行動起來，想將遠山家的領地強行地奪過來，於是在沒有知會遠山家家臣的情況下，打算直接將自己的小兒子織田信房送到岩村城繼承遠山家。然而，信長的強制行動遭到遠山家內的親武田派不安，於是當信玄派人來游說時，兩者一拍即合。

同年七月，信玄又使人聯絡三河國北部的領主奧平、田峰菅沼家及長篠菅沼家，即所謂的「山家三方眾」，以保證他們領主安全以及給予新領地為誘餌，要求三家倒戈。不止誘敵，信玄為了不動聲色，還向越中的本願寺門徒發信，偽裝自己將會出兵越後，支援越中國反謙信的勢力。這些故弄玄虛的工作都是為了隱密自己的真正意圖。

一切準備就緒後，信玄於九月底率先指示支隊南下遠江國後，轉攻三河國；自己率領的主隊則在一個月後南下駿河，再向遠江進發。重臣山縣昌景及秋山虎繁指揮的支隊越過信濃與遠江的國境後向遠江北部的軍事重鎮二俣城（今・靜岡縣濱松市）推進。十一月底武田軍攻陷二俁城後，跟家康所在的濱松城也只有指距之間的距離。

信玄的本隊與山縣、秋山的支隊會合後，便朝著家康的濱松城進發，但就在快到濱松城外的時候，武田軍突然停止前進，轉為繞過濱松城直指遠江、三河邊境地帶，明示信玄視家康如無物的態度。被刺激的家康為了保住做為領主的顏面，以及阻止武田軍深入三河國，家康在十二月二十二日與趕到遠江的織田家援軍一起主動出擊，與早已嚴陣以待的武田軍於濱松城外的三方原進行決戰。德川軍寡不敵眾下大敗而回，只能逃回濱松城死守，無法再阻止武田軍西進。這就是史上有名的三方原之戰。

當信玄已經大舉向德川領進行侵略時，遠在京都的信長方知自己已經被騙，在盛怒之下，急忙要求謙信出兵信濃牽制信玄，但謙信沒有理會。另一方面，信玄在三方原之戰後繼續向三河國推進。已經順利完成遠江國的攻擊後，意味著與信長對戰已經是無可避免的結果。事已至此，信玄便指示一直按兵不動的下條信氏在同年底進入美濃東部的岩村城，將岩村城接收過來，準備過年後便向美濃國進軍。

於三方原之戰大勝而歸的武田軍在遠江國刑部（今・靜岡縣濱松市）過年後，天正元年（一五七三）一月，信玄帶領武田軍進攻三河國的野田城（今・愛知縣新城市），繼續對德川家進行毀滅性的打擊。一旦野田城被攻破，武田軍便可長驅直進插入三河中部，進攻中心地岡崎城，然後向尾張國進攻。同年二月，野田城被攻陷後，武田軍席捲三河國只是時間的問題。

可是，就在攻陷野田城的前後，早已染病的信玄突然一病不起，無法再指揮進攻。武田軍決定全軍退出三河，回到甲斐。武田軍到達信濃國伊那郡駒場（今．長野縣飯田市）時，這位在關東、甲信各地將權謀術數發揮得淋漓盡致的名將終究回天乏術，成為了不歸之人，享年五十三歲。

自知命不久矣的信玄為免自己死後，武田家遭到信長反擊，於是指令家臣及繼承人勝賴盡可能隱瞞自己的死訊，又派遣重臣秋山虎繁在同年三月進入美濃東部的岩村城，統領遠山家以及防範信長入侵信濃。虎繁到達岩村後，迎娶了遠山直廉的遺孀織田氏（信長姑母）為妻，增強自己的名分，而那時候在岩村城的信長之子信房則被送到甲府，留待日後與信長交涉之用。

信玄舉兵，而且攻下德川家大半領地的消息傳到京畿後，惹得信長惱羞成怒外，一直暗自不滿的足利義昭也以為找到機會教訓信長，便在信玄發病前後在京都舉兵，宣布加入反信長陣營的行列。可是，同年七月，信玄病死的消息傳到京畿後，義昭的美夢也將成空，不久後他便被信長軍包圍下投降，最後被逐出京都。

信玄死前極力希望盡可能隱瞞自己的死訊，為此準備了大量事前簽好的白紙，用來做偽裝健在之用。可是，信玄在四月病死前，連場勝利的武田軍突然向信濃撤退的消息已經被老對手上杉謙信掌握，而且轉告給信長知道。四月，信玄病死的消息在不久後已被德川家康、上杉謙信察覺，家康更為此進攻駿河國，以觀看武田家的反應。

自此，武田信玄病死後，信長、家康及謙信三方可以毫無顧慮的進行反擊。信長在同一年便消滅了朝倉家及淺井家，家康也重新收復三河及遠江，更向駿河國推進，而謙信也成功控制了越中，為日後佔領能登、加賀打好基礎。

魔王東臨

決戰長篠

信玄病死後，繼任為新當家的武田勝賴按照信玄的遺訓，對外繼續隱藏信玄的死訊，只對外聲稱信玄重病，由自己接任當家之位。雖然信玄已死的消息已被家康和謙信，甚至信長知悉，但勝賴仍然對外保密，一直到同年秋天才默認了信玄的死訊。

四月，德川家康入侵駿河的時候，勝賴仍在努力穩住三河北部的安定，務必使三河北部的「山家三方眾」（長篠菅沼家、田峰菅沼家、作手奧平家）仍然從屬武田家。七月，德川家康繼續反攻，向三河北部的長篠城（今．愛知縣新城市）推進時，勝賴立即作出回應，雙方在僵持對峙之時，京都的足利義昭被趕出京都，朝倉義景以及淺井長政也先後在八月被信長所滅，形勢對信長．家康聯軍有利。

進入八月中旬，作手奧平家的當家．奧平定能及信昌父子決定與正在攻打長篠城的家康結成密約，等待時機公開倒戈。九月七日，長篠城落入家康手裡後，武田勝賴終於察覺到奧平家的叛意，於是處死了早前扣押的人質。然而，即使這樣，奧平家去意已決，勝賴在三河的控制開始出現不安。

即便如此，勝賴仍然努力地跟他國的諸侯保持合作，意圖牽制信長，阻擾他支援家康。可是，同年初冬，畿內的三好義繼也被信長消滅後，信長在京畿地區只剩下本願寺一個主要敵人了。勝賴雖然繼續亡父信玄的政策，與本願寺保持合作，但周遭的外交情況越來越對武田家不利。踏入天正二年（一五七四），北鄰的上杉謙信也與德川家康聯手，企圖南北夾擊武田家。

但是，勝賴沒有理會謙信跟家康的合作，反而在同年一月底開始，向東美濃的明智城（今・岐阜縣惠那市）、櫛原城（今・岐阜縣惠那市）及神篦城（今・岐阜縣瑞浪市）。這時候家康應謙信的呼應，立即再出兵入侵駿河，四月，勝賴率兵南下遠江回應家康的行動，並且在五月包圍了遠江最重要的軍事要塞・高天神城（今・靜岡縣掛川市），經過一個多月的圍攻後，這個被稱為能主宰遠江國命運，亡父信玄都未曾拿到手的高天神城便在六月裡成功落入了勝賴手裡。

隨著高天神城落入武田家的手裡，勝賴一方面繼續支援盟友・北條氏政抵擋謙信南下，一方面準備再次出兵遠江，向家康進行反擊。不過，西方的長島一揆在八月份也被信長殲滅後，信長將注意力轉到東國，已經是時間的問題。勝賴也明白這個可能性，在長島一掞覆滅後，勝賴便曾推動北條家與佐竹家議和，以減消武田家支援關東戰線的壓力，可惜勝賴的斡旋無功而返，唯有繼續增強武田家領內的兵力，以備不時之需。

天正三年（一五七五），勝賴在四月十五日派兵再下三河，在一個月內連下足助城（今．愛知縣豐田市）和野田城，接著，勝賴乘勝追擊，一路向家康駐在的吉田城（今．愛知縣豐橋市）推進，一路勢如破竹，到了五月一日，已經兵臨長篠城下，誓要奪回該地的控制權，確保對家康保持優勢。

三河國再次面臨危機之時，信長終於有能力親自率領援軍，在五月十三日從岐阜趕到三河，與家康軍一起到長篠城西方三公里的設樂原（一稱「有海原」）佈陣。勝賴得知信長來到後，只佈陣而不前來解救被重重圍攻的長篠城時，寫信與留守在甲斐的跡部勝資說，信長、家康的到來，什麼都不做，武田軍「將可殲滅」織田．德川聯軍。另一方面，信長也揚言勝賴不退是天賜的良機。兩方都是信心滿滿的。當時武田軍正在圍攻長篠城，在決戰前，長篠城只剩下本丸部分可以死守，換言之，信長、家康要做的，就是解救長篠之圍。

五月二十一日破曉，家康的重臣酒井忠次率兵突襲駐在長篠城附近鳶巢山等地的武田家駐兵要塞，接著又解除了長篠城的包圍，被切斷後路的勝賴及武田軍決定向聯軍陣地突擊，打敗聯軍後再趁亂撤退，但信長及家康聯軍在設樂原佈置臨時的要塞及防禦工事，配合大量火繩槍和弓箭的援護下，武田軍的突擊宣告失敗，數小時後武田家全線潰敗，重臣以下的死傷者不計其數，只有勝賴以及部分指揮官等級的家臣僥倖逃脫。這便是史上有名的「長篠之戰」或「長篠設樂原之戰」。

武田家大敗之後，雖然不至於使武田家陷入全面的危機，但是此戰敗退後，武田軍在東美濃以及三河、遠江的佔領地陸續被信長及家康奪回。雖然後來仍然偶有攻勢，但整體而言，武田家對西線的佈署方針已由主攻，轉為主守。加上馬場信房、山縣昌景等重臣大半戰死在長篠後，武田家的統治、軍事指揮都被迫要在短時間內重整，可見長篠之戰對武田家的前途跟內外的影響何其之大。

軍神入滅

武田信玄病死後，織田信長與上杉謙信的同盟關係也變得越來越微妙，尤其是武田信玄這個共同的敵人已經不在後，其子武田勝賴的存在雖然仍然是威脅，但信長在天正元年（一五七三）除了本願寺顯如外，已大致打敗了昔日圍攻自己的勢力，織田家的勢力也已深入越前，與謙信的西線接壤，天正三年（一五七五）的長篠之戰後，武田家的勢力也一時倒退，織田家在東日本的勢力已經遠遠超出了昔日結盟時的規模了，接下來兩家的關係應如何發展，便成為了這兩名豪傑即將共同面對的問題。

在找到答案之前，信長與謙信當然繼續默不作聲地，按自己的計劃行動，但信長仍然用盡方法向謙信獻媚，在天正二年（一五七四）三月，信長贈送謙信當代畫壇大師狩野永德畫的《洛中洛外屏風》，以示繼續交好的誠意。翌年天正三年（一五七五）五月的長篠之戰後，信長主動邀請已是謙信家臣的村上國清（村上義清之子）回到信濃，收復被武田家奪去多年的故土，但是村上國清及謙信都沒有回應。這個看似友善的送禮，邀請謙信讓他的家臣南下信濃收回失地，但事實上就是信長試圖通過給恩來分化謙信與家臣。謙信與信長之間的關係在長篠之戰後急速冷卻，已是不爭的事實。

到了同年七月，信長將目光轉到加賀攻略，命令坐鎮越前的重臣柴田勝家封鎖來往三國湊（今．福井縣坂井市）的能登、越中及越後的船隻，阻截一切提供給加賀門徒的物資支援。這對於能登畠山家來說，明明沒有與加賀門徒勾結，但信長的政策下，自國的船隻不能進入三國湊，日常補給受到重大的影響，明顯是一場無妄之災。信長的用意便是以經濟封鎖來迫使能登畠山家上下表明立場，主動向織田陣營靠攏。

可是，信長這招霸道的招降卻收到了反效果。畠山家的家臣受到信長的威脅不但不為所動，反而更加堅決投靠謙信，而謙信也在天正四年（一五七六）五月，在流亡到備後國（今．廣島縣福山市）的將軍足利義昭的斡旋下，與宿敵本願寺和解，將打倒共同的敵人——織田信長放在宿怨之上。

謙信與本願寺和解後，夾在中間，已決定倒向謙信的能登畠山家也沒有與加賀門徒劃清界線的必要，同時畠山家也主動邀請謙信出兵能登，以防信長攻陷加賀後，一舉北上。這時候唯一阻礙謙信西上的，便是背後的武田勝賴及北條氏政。幸然在足利義昭的斡旋下，暫時防止兩家對上杉領打主意。

一切準備好之後，拿著響應落難將軍足利義昭這個大義名分的謙信便在八月底出兵，同陣線的本願寺也已向加賀門徒下達動員令，準備與謙信聯手共擊信長。不過，一切都並非如常順利，越中的神保家以及飛驒的三木家都在那時候表明了親信長的立場，而且加賀門徒與本願寺之間也出現分歧，加賀門徒的旗手知道謙信成為盟友後，都視謙信為領袖，無視本願寺派來的指揮，對立日漸升級，快要爆發內戰之戰，謙信及時進行斡旋，阻止了加賀的危機，確保了南下的安全。十一月，清除了神保家的騷擾，安定了越中國後，謙信朝著能登七尾城附近推進時，原本應該開城迎接的畠山家內的親信長派家臣卻擅自封城守備，不讓謙信進城。

事緣當時的畠山家因為當家．畠家義慶（義綱之子）離奇病死，家內群龍無首之下，分裂為親信長（長家）、親謙信（遊佐家）以及親門徒（溫井家）三派家臣。當日邀請謙信前來，便是親謙信派的畠山家臣．遊佐家的自作主張，謙信與本願寺和解後，親門徒的溫井家等同與遊佐家同一陣線，唯獨親信長的長家陷入了困境，於是擅自封城。其他兩家因為跟長家之間都有姻親關係，因此沒有立即倒戈，選擇了消息對抗。

同年底，謙信包圍七尾城後，一直待到翌年天正五年（一五七七）四月後，一度回到越後，三個月後再攻七尾城時，城內已經爆發疫症，死病過半。被迫出擊的長家先後被謙信打敗，而留在城內的長家一族及黨羽被決定完全倒向謙信的遊佐、溫井兩家暗殺，結果七尾城內親信長派的勢力完全被肅清，七尾城在九月中旬成功落入謙信的手裡。

收下七尾城後，謙信接著經略能登北部，但聽到織田軍準備北上加賀北部的消息，立即南下準備與柴田勝家為首的織田軍決戰。九月二十三日晚，兩軍在湊川（手取川）展開戰鬥，不久後，織田軍得知謙信親自率兵前來後，軍心動搖，打算後退，另外打算時，謙信趁機突擊，使織田軍大敗而回。

擊退織田軍之後，謙信繼續攻佔能登國的進程，同年十月，能登國基本上已在謙信的支配圈之下，畠山家的謙信派也成為了上杉家的從屬領主。完成兼併能登後，謙信任命重臣鰺坂長實代理能登的事務，回到越後。

然而，完成能登兼併，將領國擴展到最大的時候，謙信在第二年的天正六年（一五七八）正月宣告將要出兵關東後，這位馳騁戰國，足跡遍及關東、北陸的一代名將在三月十三日突然在春日山城死去，享年四十九歲。死因諸說，一般是腦中風，另有急性胰臟炎、腹部大動脈腫瘤引起昏厥之說。

由於謙信生前沒有明確指名繼承人，結果突然死去後，他的兩個養子——上杉景勝及上杉景虎（北條氏康之子）便起來爭奪繼承權，上杉家上下分裂成兩派，在越後國內展開激烈的內戰，史稱「御館之亂」。

謙信病死後，剛成為上杉家領國的能登很快便出現不穩，畠山家的家臣開始暗通織田信長，到了天正七年（一五七九）三月，上杉景虎滅亡後，能登畠山家的舊臣以及原本親信長的長家遺族・長連龍聯合信長的行動便更加明顯，同年八月，能登國內的上杉派被驅逐出國，兩年後，織田信長便派家臣接收了能登國，繼續向越中國推進，與當地的上杉軍作戰，直至本能寺之變發生為止。

各懷鬼胎

在謙信死後，上杉家因為御館之亂的爆發，自顧不暇，早已理會不了關東的戰亂。這時候，佐竹家趁機崛起，一躍成為領導者的角色。

佐竹家不僅在北關東有著越來越大的影響力，他們在陸奧南部也是躍躍欲試，準備建立一個橫跨北關東、奧南的大勢力圈。佐竹家利用蠶食白川家來打開入侵陸奧南部的缺口已經取得多年的成功，永祿十二年（一五六九）的「永祿政變」後，白川家加強了跟蘆名、石川、田村等同樣盤踞陸奧南部的領主的聯繫，對抗佐竹義重。後來，通過田村家的關係，把更北面的伊達家也拉了進來，而伊達家也與北條家有交情，這樣一來，一個廣大但不緊密的「反佐竹圈」便悄然形成。

不過，佐竹家與白川家直接接壤的客觀條件下，白川家繼續受到佐竹家打壓的情況一時之間一時沒法改變。然而，當南方的北條家在天正初年開始強化對北關東的攻勢後，佐竹義重對陸奧的攻擊開始顯得力不從心。於是，白川與蘆名、田村等家開始進行反擊，在天正五年（一五七七）的戰鬥中，白川家取得近數十年來首次大捷，從佐竹家手上收回不少丟失多年的領地。就在這個時候，一直支持白川家的蘆名家對佐竹家的立場開始出現軟化，一方面是蘆名家與同樣支援白川家的田村家的關係出現惡化，另外也是因為白川家久久不能振作，使蘆名家當家蘆名盛氏感到納悶。

失去重要援助的白川家於是在無奈下，與蘆名家一起於天正五年（一五七七）與佐竹家議和，當家白川義親同意收佐竹義重之子義廣為養子，變相就是容許佐竹家日後奪取白川家，這場和解無疑是白川家的完全敗北。對佐竹義重而言，南方的反北條聯盟在自己一手推動下已然成熟，北方也是繼續予取予求，把白川家拉下來，又跟最強大的攔路虎蘆名盛氏和解，兩家攜手在陸奧南端各取所需。可見，這時候一切都朝著有利於佐竹家的方向發展，整個北關東至陸奧南部的政治情勢已經由佐竹家所主導。

到了天正六年（一五七八）上杉謙信暴斃後，北條家與武田家、上杉家因御館之亂而決裂，武田勝賴為了圍堵北條家，於是向早有合作計劃的佐竹家與里見家招手。三家原本打算由勝賴進攻上野，佐竹義重出兵南常陸、下總，里見義賴則在上總一帶，三方牽制北條氏政。

不過，在這前後，里見家在天正五年（一五七七）被北條氏政打敗後，又接連出現了內亂。當時的當家里見義弘在天正六年（一五七八）五月病死，他兩個同父異母的兒子義賴與梅王丸相爭，加上家臣正木憲時見機自立背叛里見，形成了一場導致里見家中衰的大危機，史稱「里見天正之亂」。這場亂事一直到天正九年九月才由義賴獲得勝利而告終，天正五年的大敗以及持續數年「里見天正之亂」，使原本武田・佐竹・里見三家聯手牽制北條的計劃也從一開始便大打折扣。元氣大傷的里見家自此基本上沒有再跟北條家作正面的對壘，變相成為一股中立勢力，苟安於房總半島南部。

雖然里見家馬前失蹄，但在御館之亂後，武田勝賴與佐竹義重為首的北關東聯盟的合作關係基本成型，北條氏政為了對抗，於是與武田家的死敵德川家康以及織田信長聯手，另外又跟陸奧的伊達家保持友好關係。天正三年（一五七五）的長篠之戰後，武田家對德川・織田聯軍的優勢漸失，連同御館之亂與北條家交惡後，與佐竹家以及上杉家聯手自保是唯一可行的做法。武田與北條兩軍的主戰場主要集中在上野國，其次在駿河、伊豆的雙方邊界上；而反北條聯盟與北條家則在下野小山（今．櫪木縣小山市）及下總古河（今．茨城縣古河市）一帶展開拉鋸戰。在勝賴與義重的聯絡下，反北條陣營在東西兩邊互動合作，使得北條氏政一時疲於奔命。在這情況下，武田家首先在上野國的戰線上有所斬獲，眼看北條處於包圍劣勢，上野國的領主過半倒向了武田家，這個消息接連刺激了關東那邊的北條陣營領主也有意倒戈。

到了天正八年（一五八〇），形勢開始向武田．佐竹陣營傾斜，武田勝賴加緊對上野的侵略，在同年年中時，大半個上野國已成為了勝賴的囊中物，剩下來的北條陣營的領主也形跡可疑，使得北條氏政感到沮喪。無計可施下，氏政只好著力於加緊與信長的聯繫，希望信長早日與家康起兵打敗武田勝賴，減緩對北條家的壓力。

不過，反北條陣營的各方勢力也各有盤算，即使大家一致對付北條氏政，但同時上杉景勝與武田勝賴也面對著另一個更棘手的敵人織田信長，而佐竹義重等反北條領主也更加期待信長的東來能給予北條更大的打擊。當對付北條家越來越順利時，各方各自對信長的期待便形成了製造矛盾的縫隙。

先是上杉景勝及武田勝賴各自策劃暗中與信長和解，被對方察覺，而佐竹義重成功與信長取得聯繫後，也使勝賴對義重的立場曖昧心生不滿。雖然如此，這些疑神疑鬼的思量最多也只使快喘不過氣來的北條家獲得短暫的調整時間，很快武田勝賴及佐竹義重以大局為重，於天正八年（一五八〇）九月展開又一次左右夾擊的攻勢，勝賴再攻上野及武藏，反北條聯盟出擊下野足利（今．櫪木縣足利市）。其中武田軍的攻勢尤其凌厲，幾乎將上野國東部的領主都拉到自己的旗下，北條家再次面對一次重大的危機。

就在這個時候，北條氏政期待已久的織田．德川聯軍終於有大動作。天正九年（一五八一）三月底爆發的高天神城之戰（今．靜岡縣掛川市）引發了武田勝賴在西線的大敗，使武田家處於極為不利的劣勢。為了挽回局勢，武田勝賴再次加強與上杉景勝、佐竹義重、里見義賴三方的聯盟關係，同時又繼續與佐竹領導的領主聯盟打擊北條氏政，以防北條家乘虛而入。

即便如此，高天神城之戰大敗後，武田家暴露在織田．德川聯軍面前已是不爭的事實，織田信長在同年底宣佈出兵消滅武田勝賴的消息一出，抱有消極態度的武田家臣穴山信君、木曾義昌在天正十年（一五八二）初先後叛變，增強了織田信長及德川家康的出兵決心。

天正十年三月殺氣騰騰的織田軍配合德川、北條在南、東南的助攻，很快整個武田領便支離破碎，同月中，最後抵抗的高遠城（今．長野縣伊那市）淪陷後，武田勝賴在眾叛親離下在甲斐國田野景德院（今．山梨縣甲州市）與家眷妻兒一同自殺，東日本數百年的武士名門武田家就此滅亡。武田家家破人亡意味著關東甲信地區的戰亂已經進入了新的階段，強大的中央政權對關東的壓力也將有增無減。

諸侯黃昏

大亂再來

武田家滅亡後，織田信長除了把駿河分配給倒戈的穴山信君及盟友德川家康外，其他武田領地都分配給自己的家臣；其中重臣瀧川一益領上野及信濃兩郡，並且被信長任命為統籌經略關東、奧羽事務的總擔當。因此，一益接下來便要處理北條家與反北條聯盟的對立問題。然而，當具體佈署還沒出台之時，織田信長便在同年六月二日遭到重臣明智光秀的叛變，死於京都本能寺（今・京都府京都市左京區）。信長的死訊在十日後便傳到關東，成為無主之臣的瀧川一益頃刻之間便變成紙老虎，北條氏政在確認消息後率先發難，於六月下旬的神流川（今・埼玉縣上里町）爆發激戰。原本支持瀧川一益的關東領主先後得知信長死訊後，都改為選擇袖手旁觀，使原本仍然處於優勢的一益隨即潰敗，整個關東以至信濃又回到從前群雄逐鹿的狀態。

曇花一現的織田勢力潰散後，回到戰亂狀態的關東、甲信地區再次成為各方領主的戰場。然而，這時候的情況又再添變數。受益於信長死亡的上杉景勝得以騰出手來，南下爭奪北信濃地區（今・長野縣長野市、飯山市）；另外，本能寺之變時成功從堺市逃回領地的德川家康在山崎之戰後，失去了上京為信長報仇的必要，於是轉為出手拿下群龍無首的甲斐、駿河及信濃。另一邊的北條氏政當然也沒有放過這個機會，在神流川之戰後，氏政與長子氏直順勢奪回西上野的控制權，又分兵進入信濃國，一度將南信濃的領主都拉到自己的旗下。

然而，北條家的動作很快便引起德川家康及上杉景勝的注意，尤其是德川家康為了接收甲斐及信濃，在七月中旬便出兵阻止北條家繼續向甲信進迫。兩軍於是在甲斐國西北部的若神子（今・山梨縣北杜市）展開對壘，但始終沒有進行任何具規模的戰鬥，與此同時，佐竹義重趁著北條軍主力進入信濃，從後偷襲上野南部；另外武田家滅亡後盤據在西上野的真田昌幸也應家康之請，倒向德川陣營，致使北條氏政父子只好在十月與家康和解以及結成聯姻同盟（家康女嫁與北條氏直）後，退回關東。

在北條家退出信濃的爭奪戰後，便換成了上杉與德川的爭鬥。上杉景勝受到北條與德川和解的刺激，決定加快了南下信濃的步伐，尤其是確保北信濃地區的控制權，以防家康搶先拿走。為此，景勝在天正十一年開始，與成功擊殺明智光秀的羽柴秀吉接近，當時秀吉正跟同僚柴田勝家以及在越中針對上杉的佐佐成政等人對立，景勝拉攏秀吉既可以牽制家康，同時也向佐佐成政施加壓力。同年四月，秀吉在賤岳之戰中滅掉柴田勝家後，上杉景勝便與秀吉協定夾擊佐佐成政，掃除他對上杉領西邊的壓迫之餘，景勝也可投放更多心力與家康在信濃周旋。

上杉、北條、德川三家在甲信兩國大有動作之時，失去了信長來援的關東領主們又回到自食其力的局面。不過，很快他們便得到了德川家康的聯絡，在天正十年十月的若神子之戰為止，家康一度打算聯合佐竹義重等領主牽制北條父子；到了戰後，家康與氏政、氏直聯姻同盟一事惹起了關東領主對家康的立場產生猜疑，不過，家康很快便回過頭來進行安撫。家康對結城、佐竹、宇都宮等領主表示有意斡旋，促成他們與北條家和平解決多年來的糾紛。家康此舉顯然是想在「後信長時代」在東國強化自己的影響力，標誌著自己從織田家走出來完全自立，可是早已見怪不怪的關東領主也不曾打算過度倚重立場曖昧的家康，他們已經看到了在家康背後，先破明智光秀，後敗柴田勝家，掌握織田家的羽柴秀吉正是如日中天，於是，領主們開始主動向秀吉招手，期待秀吉早日像信長一樣，再次來到關東主持大局。

然而，矢志要繼承信長遺志的秀吉面對關東領主們的懇切要求時，即使看到家康在區內的影響力越來越大，但考慮到當下仍然陣腳未穩，日本大半未平，有必要再強化自己的力量後才能作出積極的回應，所以他只能從外交上安撫一下關東領主，以及警惕家康的動向。

混亂再起

秀吉暫時的消極回應導致北條家與關東領主的交戰重燃。天正十二年，當秀吉正忙於與織田信雄和德川家康在小牧和長久手展開戰事時，四月在東國，明確支持秀吉的佐竹義重便與宇都宮國綱一起攻擊小山城，同月下旬，佐竹．宇都宮聯軍與北條氏照指揮的北條軍在下野國小山（今．櫔木縣小山市）附近展開多場交戰。佐竹義重跟宇都宮國綱的目的很明確，就是要將北條家在下野的勢力完全退出去，協助當地的結城晴朝。

北條氏直得知佐竹及宇都宮的行動立即北上對應，雙方在五月上旬於下野國沼尻（今．櫔木縣藤岡町）爆發了一場會戰，但結果還是分不了勝負，更變成了一場長期的對峙戰，最後雙方在七月中決定議和各自退兵，這場持續了超過百日的沼尻之戰將會是戰國關東最後一場曠日持久的會戰。

沼尻之戰雖然分不了勝負，但關東的戰亂已經進入新的階段，不再是獨立自主的一個地域戰爭，反過來說已經跟中央政權的局勢綑綁在一起了。隨著同年底秀吉與信雄、家康講和之後，秀吉對於關東戰亂的關心度也慢慢的加強。同年八月北條家繼續展開攻勢，奪去了金山城及館林城後，秀吉仍然堅持以斡旋來勸阻北條及佐竹兩大陣營停戰，交由自命是天下霸主的自己來處理。

不過，對於關東領主而言，秀吉的勸阻仍然是鮮有影響力的，尤其是北條家更是不理會秀吉的斡旋，拿下了館林及金山後，在天正十三年（一五八三）繼續向下野及常陸進迫，但佐竹與宇都宮陣營也不甘示弱，立即圍攻親北條的壬生家以作牽制。同年四月，佐竹、宇都宮為首的反北條領主聯盟猛攻壬生家的居城壬生城（今．櫪木縣壬生町）及鹿沼城（今．櫪木縣鹿沼市）。可是，由於北條氏直派出的援軍及時趕到，反北條聯盟的計劃沒有得逞，壬生家的領地勉強保住了。另一邊的北條家為了報復，立即將矛頭指向了聯盟內其中一個核心成員宇都宮家。

天正十三年（一五八五）宇都宮家為了防範北條家大舉入侵，在佐竹義重出力幫忙下，在宇都宮城（今．櫪木縣宇都宮市）的西北築起了多氣山城，作為新的主城，宇都宮家得到佐竹家的全力支持的背後，受佐竹家的影響也越來越深，使佐竹家在下野國的影響力比北條家有過之而無不及。

但是，北條家對宇都宮家新建主城沒有什麼感覺，北條氏照領導的軍隊照樣在同年底向宇都宮家發動猛烈攻擊。結果，宇都宮城以及宇都宮發祥地宇都宮神社（今．二荒山神社）等祖宗的聖地全部在戰火中付諸一炬，可謂是一場滅頂之災。

正所謂屋漏偏逢連夜雨，宇都宮家的老家被抄，面對北條家強大的壓力下，宇都宮一族也開始呈分裂內訌的狀態，而且勉強熬過反北條聯盟狂攻的壬生家也在這時候借助北條家的攻擊，向宇都宮家展開報復。

對反北條聯盟來說，宇都宮家成為北條陣營的眾矢之的還不是最糟糕的事，到了天正十四年（一五八六），下野國南部的反北條聯盟成員相繼倒戈到北條家，先是皆川城（今．櫪木縣櫪木市）的皆川家，後來還有西南的唐澤山城佐野家。換言之，到了天正十四年底，整個下野國就只剩下宇都宮家仍然堅持反北條，宇都宮家陷入四方包圍的困境，整體戰局完全要靠最大盟友佐竹家來支撐。

但是，在常陸的佐竹家也是自身難保，雖說義重這幾年在下野及常陸南部極有人氣，多家領主先後因為義重的努力及軍事壓力，陸續加入了反北條聯盟，可是，北條家在沼尻之戰後積極反擊下，常陸南部跟下野國一樣受到巨大的壓力，當地的領主如土岐家、岡見家等都先後分裂成親北條和反北條派，在對抗北條家之前自己已經先起哄了。結果，這兩家的親北條派也在天正十四年奪取了主導權，領導家族全面倒向北條家，反北條聯盟的力量已經越來越微弱，北條與反北條聯盟的抗爭前線也擴展到下總北部接近常陸邊境的牛久城（今．茨城縣牛久市）。

直到數年後的小田原之戰為止，兩個陣營在牛久城展開連場的攻防戰，這個結果使得常陸南部的領主也開始心生動搖，反北條聯盟的盟主佐竹義重的領導能力及地位越來越受到質疑。

壞消息繼續出現，下總南部的千葉家也因為轉換應對北條的外交路線而陷入內亂，北條家迅速介入下，成功將千葉家收為己有，反對派則在沼尻之戰後，被陸續肅清。加上，房總半島南部的里見家則因為早前的繼承權之爭，元氣大傷，成功就任當家的里見義賴表面上各方討好，實際上已經高舉免戰牌，脫離了反北條聯盟了。

換句話說，到了天正十四年，尤其是沼尻之戰後，關東地區的戰線出現了明顯的變化，反北條聯盟的圈子快速縮小，北條家在關東地區的優勢越來越明顯，戰局形勢上轉換成北條家對佐竹——宇都宮兩家的簡單構圖，佐竹義重跟宇都宮國綱一方面勉強支撐外，另一方面則動用外交手段要求天下霸主豐臣秀吉趕快征伐北條家，以解眼前危機。

不過，佐竹義重的擔憂也不止是南面的北條家，進入天正十五年至十六年（一五八七至一五八八），常陸北面的陸奧南部裡，戰局也出現了明顯的改變，伊達家在年輕而且野心勃勃的當家伊達政宗的帶領下，已經在該地區成長為最強大的勢力（詳見本冊第三章）。

經過了天正十三年（一五八五）的人取橋之戰、天正十六年的郡山之戰後，伊達政宗攻佔奧州南部的計劃繼續順利進行，佐竹義重身後有北條家的壓力下，無法全力北上阻攔，結果在上述兩場重要的會戰裡，都無法給予政宗重大打擊，只能靠送次子佐竹義廣繼承蘆名家，以及跟反伊達的相馬家、岩城家等聯手來牽制政宗的行動。結果卻是伊達家南向戰略越來越積極，到了天正十七年（一五八九）的摺上原之戰（今・福島縣豬苗代町）

蘆名家被滅，佐竹義廣逃回佐竹家後，奧州南部的親佐竹領主如白川家和石川家等為求自保，都決定改為投靠政宗，象徵著義重多年經營的心血已經白費。

對手的政宗更已經與北條家約定，下一步將聯手夾擊佐竹義重。事隔半個世紀，臨危不懼的佐竹家再次遭遇關係存亡的重大危機，不過，及時雨終於出現，踏入天正十六年底至天正十七年初，秀吉已經完成統一西日本，終於將所有精力投放到關東及奧羽地區，關東地區的情勢也因而出現決定性的轉機。

萬事休矣

自從秀吉平定了四國及九州後，已經把目標轉向東國。在這期間的天正十四年（一五八六），即北條家與反北條聯盟在下野國沼尻對戰時，秀吉已經招降了上杉景勝及德川家康，接著在天正十六年（一五八八），即小田原之戰的兩年前，已經向關東及奧羽的領主們宣布要停止戰鬥，一切交由他本人來裁決。就關東地區來說，開始時只有一直被北條家欺壓的北關東領主們附和，他們自從沼尻之戰後一直處於下風，極希望借助秀吉的力量來遏阻北條家的狂攻。

另一邊的北條氏政及氏直父子當然也沒有對秀吉視而不見。當秀吉通過剛加盟豐臣政權的德川家康向北條家呼籲歸順後，北條父子立即回信表示原則上願意順從，只是雙方在怎樣落實臣從的問題上仍然存在分歧及認識上的誤差，與秀吉陣營展開外交談判，不過仍然沒有影響到推進和平的進度。

所謂的分歧及誤差，就是指如何解決當時與關東各個敵對領主們存在的領土邊界問題。對於秀吉來說，只有三字原則：「我做主」，其他以後再說。這固然只是秀吉一廂情願的想法，放眼各地先後抵抗過他的大名們（德川、長宗我部、島津）沒有一個是聽話瞬間停戰的，所以，氏政也不例外地盡量爭取最有利的談判成果。

回到有關領地問題上的分歧問題，這裡最關鍵及所有問題的前提便是「沼田問題」。當時的沼田（今・群馬縣沼田市）是真田家與北條家正在爭奪的地區，連同附近岩櫃地區，足利長尾、壬生等上野、下野國領主們的種種利益瓜葛，早在織田信長死前（天正十年＝一五八二）便開始了，再加上後來前武田家臣・真田昌幸受過德川家康保護，又曾經與上杉景勝有過交道，變相將這兩個東日本最大，又足以跟北條匹敵的領主都扯了進來，問題就更加複雜難辨了，這問題也斷不是秀吉一聲令下便立即可以停止的。

不過，如今秀吉已經平定了西日本，對東日本的壓力已越來越大，北條家在家康的強力規勸下，率先派了重臣北條氏規（北條氏政之弟）上京向秀吉表示臣服的意願，並且接受秀吉做出的裁決。秀吉在種種的考慮下決定先容許北條家拿下沼田、岩櫃兩地區的三分之二，剩下的三分之一留給了早前已服從秀吉的真田昌幸，而為了補償真田昌幸失去的三分之二，秀吉與保護真田家的德川家康協定，在德川家的領內找出空地賜給昌幸代替失地。

秀吉希望以此換取北條家完全服從，北條家的當家．北條氏直或者前當家北條氏政上京拜會，和平地馴服這隻「關東雄獅」。北條氏政及氏直也基本上滿意了這個安排，原本一開始仍有所顧慮的氏政也軟化下來，準備在實際拿到了沼田、岩櫃地區的三分之二後便會在同年底或明年春夏之間上京回謝。不過，為了以防萬一，父子也同時下令北條家領內的領民總動員，但與其他領主的邊界糾紛都盡可能不做大動作，以免落人口實。

當然，沼田地區的劃分案只是因為秀吉想滿足了北條家後，早日實現北條家的降服，手握半個日本的秀吉仍然是立於不敗之地的，北條家願意先上京覲見的話還好，不然就等同給予秀吉借題發揮的機會，秀吉自然是隨時能翻臉的（圖3-8　天正18年小田原之戰圖）。

只是，事情的發展卻朝向稍為不同的方向發展。天正十七年（一五八九）十月，沼田、岩櫃地區之內三分之二的領地大部分都已交納，北條氏政也準備好足夠的金錢以充耗用後再上京，於是先派了兩名家臣上京通知秀吉，確認氏政上京的最終日程，就在他們出發後不久便爆出了著名的「名胡桃城事件」。

「名胡桃城」位於上述的沼田、岩櫃地區之內，名胡桃城是屬於真田家那三分之一的區域，但十分鄰近北條家剛拿下的沼田。十月下旬，真田昌幸向秀吉投訴北條家的沼田城

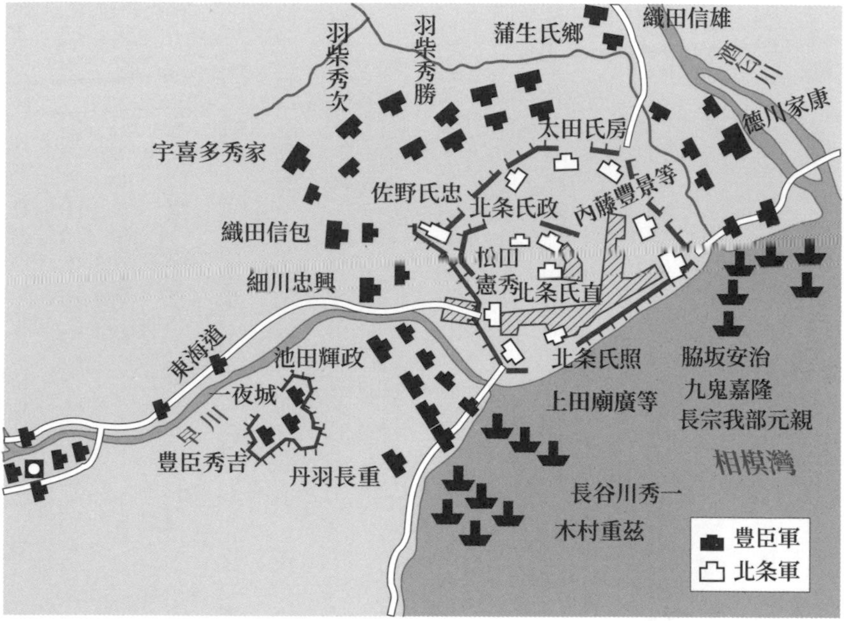

圖 3-8　天正 18 年小田原之戰圖

將豬俣邦憲（北條氏邦家臣）突然派兵強行把名胡桃城佔領，事發當時北條家雖然略比秀吉早一些接獲事件的情報，但已經出發上京的兩名家臣卻無從得知，待他們到京都時便不明不白地被已經氣的要殺人的秀吉當面罵倒。

另外，秀吉當時以為前來的是氏政本人，當發現來的只是家臣的時候，怒氣更是難消。他們被秀吉放回小田原城時，已經是同年的十二月初，北條家高層才發現秀吉早已知道了名胡桃事件，以及對氏政還沒上京的事冒火三丈的消息，氏直急忙寫信給負責與北條家聯絡的秀吉家臣盡其所能去解釋，另外又再拜託岳父家康幫忙說情。

氏直強調沒有奪取名胡桃城之說，他們只是收到了原本的名胡桃城主中山某的請求，說當時有消息指上杉景勝會南下犯境，希望北條家支援云云。至於氏政上京遲延的問題，氏直辯稱早前已通過秀吉家臣通報，由於籌措經費需時，最快同年十一月才能上京，但似乎秀吉從負責北條家外交的家臣裡聽到的是十月，結果當十月見到的是兩名家臣時，自然是暴跳如雷了。

雖然秀吉是這樣理解整個問題的，但其實這完全是一個各方聯絡、溝通出現時差、情報掌握有問題的一連串錯誤產生，而這裡不僅是北條家低估了秀吉的反應，秀吉方面負責與北條家溝通的兩名家臣津田盛月及富田一白在整個過程上，完全沒有做好通知聯絡及指示的工作，後來兩人也被秀吉批評為「有失重託」。

那麼，究竟氏直的辯解是推託狡辯，還是誤會下百口莫辯呢？遺憾的是目前的史料上除了真田家單方面的供稱外，已無法肯定或否定氏直的說法。不論誰是誰非，事件都反映多方交錯的邊界地區要由本來的交戰雙方自行進行領地交割，絕對不是那麼容易的事情。北條家眼見事態惡化至此，除了嘗試盡力調解外，也開始進入了備戰的兩手準備。

無論如何，秀吉與北條家之間的不信任及猜疑已經出現，氏直在十二月初寫信辯解也已經來不及了，秀吉在十一月中下旬已開始命令北條家周邊的領主準備動員，對北條家做出最後的警告。這裡要注意的是，秀吉最為不滿的先是氏政沒有在十月份「按約」上京，是失信輕忽的問題，其次才是名胡桃城事件。

在秀吉眼裡，不論名胡桃城的真相為何，結果上都形成了一個北條家挑戰、藐視秀吉權威，公然違反豐臣政權指令的行為。總之，秀吉出師有名，征伐小田原的時機已經成熟了。天正十八年初，秀吉下令動員西日本的山陰、山陽、四國三個地區的領主，劍指相模國小田原城，日本戰國史上最後一場的大戰即將爆發。

第三章

奧羽縱橫

下——消散

在奧羽兩國大地裡，南部由伊達家引起的家族骨肉混戰使整個勢力均衡崩塌；而在北部則上演雙雄對決，南部家與安藤家兩家在奧羽大地的盡頭再次踫頭火拚。

另一方面，中部的小野寺家、大寶寺家以及最上家在戰國時代中、晚期也加入到奧羽地區的混戰當中，使整個奧羽大地的戰亂更添變數。

然而，當戰亂走到最後直路之時，龐然大物豐臣秀吉突然空降奧羽大地，喊停了各地的戰亂，更完全重洗了奧羽大地的政治生態，數百年來以戰養戰，不知安寧的奧羽諸便迎來了他們的命運分水嶺……

奥羽縱橫區域地圖

戰亂再開

默默耕耘

前部提到，踏入永祿年間（一五五八至一五七〇），伊達晴宗與輝宗父子的不和得到解決後，晴宗歸隱，由輝宗全面執政。輝宗克服了與父親不和的危機後，順利從父親手上完全接過大權。雖然父親妥協，但年輕的輝宗仍然需要時間另組班底去取代晴宗時期的班子，在這之前還是有必要借助他們的「指導」及幫助，才能順利接班。

當時輝宗從父親手上主要接收了三名重臣，即牧野宗仲、濱田宗景和中野宗時。牧野及中野兩人是晴宗時代「一人之下，萬人之上」的重臣，與年輕想有做為的輝宗之間關係微妙，不久之後的元龜元年（一五七〇）四月，在輝宗策動下，牧野與中野突然逃出了伊達家的主城米澤城（山形縣米澤市），到了牧野宗仲的居城小松城死守。但輝宗的追兵很快便趕到，迫使兩人棄城逃亡，到伊達家的死敵相馬家那裡尋求庇護。

這場突如其來的政治事件謎團甚多，但無論如何，輝宗成功排除了這兩個前朝老臣後，終於可按自己的想法去組建班子以及施政了。這時候，輝宗提拔了出身寒微的遠藤基信為輔臣，為伊達家主理外交關係，以及輝宗的近身侍衛長。

輝宗起用基信這種出身低微的人為重臣，是因為基信沒有利益、立場，容易控制，完全為輝宗所用，可以使他自己的意志更好地得到實踐。基信也沒有讓輝宗失望，直至輝宗死於非命為止，基信一直在外交事務上為輝宗和伊達家盡心竭力。

輝宗當政時的其中一個主要成就，便是與本州中央地區的織田信長進行交流。天正元年（一五七三），輝宗留意到織田信長在本州的勢力擴張，立即向信長表示友好，得知信長喜歡鷹狩，輝宗便在書信之外附上奧州名鷹贈予信長，獲得信長的友好回應，更在後來成為信長夾擊上杉謙信、景勝的重要一翼。這種交流一直至本能寺之變為止。

回到伊達家在奧州地區的外交問題上，當時存在最大的難題，就是處理天文大亂後的後遺症，即與相馬家的問題。相馬家在天文大亂時一直力挫晴宗，天文大亂後仍然一直與伊達家爭奪兩家接壤的伊具郡（今・宮城縣丸森町）及宇多郡（今・福島縣相馬市）的控制權，這場抗爭由輝宗時代開始，至輝宗之子・政宗時代為止，一直斷斷續續地進行。可以說，相馬家是輝宗執政時代最大的外患。

雙方的鬥爭自永祿初年開始，尤其在當時伊達晴宗與輝宗之間出現父子衝突下，相馬盛胤趁虛而入，在伊具郡斬獲不少領地。到了元龜元年（一五七〇），上述的中野宗時與牧野宗仲逃到相馬家，獲得相馬盛胤的收留後，伊達家與相馬家之間的矛盾及仇恨日益加深。

不過，當輝宗趕走了中野宗時與牧野宗仲後，全力向相馬家展開反擊，自天正二年開始至天正五年的三年間（一五七四至一五七七），輝宗收復不少失地，但由於父親伊達晴宗病重，而且鄰近的領主田村清顯（政宗岳父）和蘆名盛氏斡旋下，伊達家與相馬家在當年暫時停戰。第二階段的對戰從天正九年至天正十二年（一五八一至一五八四）為止，結果上伊達家與相馬家之雖然沒法分出勝負之下，再次接受田村清顯等領主的斡旋，再次停戰。輝宗在當年底，將當家之位讓給了長子政宗後，伊達家便將戰略目標轉到蘆名家身上，暫時停止了跟相馬家對戰。

南奧變局

為什麼伊達家會突然暫停與宿敵相馬家的抗爭，轉為跟一直友好的蘆名家交惡呢？關於交戰的具體問題留待第三節，這裡先說明一下伊達家與相馬家交戰時奧州南部的情況。特別是會津的蘆名盛氏崛起，以及常陸的佐竹義重北上奧州的問題。

蘆名家自從戰國時代初期克服了從屬領主們的反叛，以及擺脫白川家的影響後，開始轉守為攻，加上天文十一年開始的伊達天文之亂，左右奧州中南部政局的伊達家出現動搖，各家領主也因此分為兩派。蘆名盛氏身為稙宗的女婿，當初一直支持岳父稙宗與晴宗陣營對戰。但是從途中開始，盛氏與同屬稙宗陣營的三春城（今．福島縣三春町）城主田村清顯出現矛盾後，盛氏便改為支持晴宗，積極地推動伊達父子和解。

伊達家的內亂平息後，蘆名家與田村家的鬥爭也正式打響，兩家之間的白川家、二階堂家、石川家等都因此牽涉進來，結果在奧州南部形成了另一個混戰區。天文十九年（一五五〇）開始，蘆名盛氏與田村家和石川家等全面開始，憑著廣大的會津領地的雄厚實力，蘆名盛氏佔領優勢，田村家和石川家節節敗退，接著須賀川（今．福島縣須賀川市）的二階堂家也加入戰局，與盛氏作對。隨著參戰的家族越來越多，被牽連的勢力也更多廣泛，與二階堂家和田村家有聯盟關係的伊達家與佐竹家也在永祿年間（一五五八～一五七〇）加入了對盛氏的抗爭當中。

即便如此，蘆名盛氏仍然努力維持優勢，力保不失。永祿四年（一五六一），盛氏讓獨子．蘆名盛興接掌當家之位，與自己共同管理蘆名家，以便日後順利交接，穩定軍心。到了永祿九年（一五六六），在盛氏的安排下成功通過婚姻外交，讓蘆名盛興迎娶伊達輝宗的妹妹，使伊達家重新成為盟友，扭轉了當前不利的形勢，另一方面又迫使二階堂家迎娶自己的女兒，間接將二階堂家納入自己旗下，剩下的敵人就只有田村家及石川家了。

不過，蘆名家的悲劇在不久後的天正二年開始，首先是盛氏之子盛興在當年英年早逝，沒有子嗣，蘆名家陷入前途不明的危機。而且在同一年，南方常陸國的佐竹義重決定北上擴張，入侵正在衰落的白川家，一口氣奪取了大片領地，為佐竹家打開了介入奧州戰亂的缺口。

實力不相伯仲的佐竹家北上而來，使蘆名家的優勢日漸減退。另一方面，獨子盛興死去後，盛氏在天正四年（一五七六）決定迎接女婿二階堂盛隆為養子，但是，長時間與佐竹、田村等家交戰之下，蘆名家也開始獨力難支，尤其是佐竹義重日益加強對奧州南部的經營下，對蘆名家的抗爭也轉趨積極，結果，晚年的盛氏為免自己死後蘆名家走向沒落，決定採取親佐竹家的立場，與佐竹義重聯手，共享奧州南部的霸權。不久後的天正八年（一五八〇），建立蘆名家盛世的盛氏便離開了人世，享年六十歲。

雖然盛氏安排好身後事，力保蘆名家地位不失，但盛氏離世後僅十年，蘆名家便被北方的伊達家所滅（詳見本章第三節），相信這是盛氏死前沒有想到的。

北方明暗

攝政權臣

當南奧羽地區陸續出現強大勢力爭相而立，而且展開大範圍的合縱連橫時，南奧羽以北的出羽中部地區卻呈現出一個不同的狀態。大寶寺家獨自地在日本海邊的庄內地區（今・山形縣鶴岡市至酒田市一帶）成為一個勢力，在沒有強敵的客觀條件下發展起來。

大寶寺家發祥於出羽庄內，當地原本是室町幕府賜給關東管領上杉家的食邑，後來由同族・越後國守護上杉家繼承。但是在室町時代，由於上杉家一直飽受無休無止的關東戰亂影響，對庄內地區只剩下政治上的權威，事實上已經沒有任何管治權，而且慢慢轉化為一種鄰里關係，上杉家與庄內的大寶寺家以及後述的土佐林家建立了一種微弱的政治從屬關係，事實上在庄內，大寶寺家才是真正領頭的庄內領主盟主。

本書第一部第五章中提及，當時的奧羽裡最高的政治領導者為出羽及陸奧兩國的探題，然而，隨著時代發展以及幕府政策的改動，幕府已經不再倚重兩個探題來統制奧羽領主，到了十五世紀中期爆發的永享之亂和享德之亂（注：幕府征伐鎌倉公方的戰役）時，奧州的白川家、伊達家以及庄內的大寶寺家都單獨獲得幕府的動員令，意味著三家已經獨立於探題的指揮系統，只是家族地位身份較探題低一點而已。

大寶寺家獲得幕府將軍器重，獨立地執行幕府的指令，究竟是為什麼呢？這主要還是因為大寶寺家所在的庄內地區的地利之便。瀕臨日本海的庄內地區是日本海航運的中轉站，由北陸奧、北出羽的海陸兩路物資及貨品都會通過庄內地區再轉運到北陸，然後直達京都。對奧羽地區的鷹、馬、漁產品趨之若鶩的幕府當然想確保這些物資及寶貝安全到達自己的手裡，於是給予了大寶寺家這個特權作為交換，著令大寶寺家要確保物資安全離開奧羽，轉到京都。

京都爆發應仁文明之亂時，遙遠的庄內地區當然沒有受到影響，不過到了戰國時代初期的永正年間（一五〇四至一五二一），大寶寺家因為連續出現當家早死的政治危機，與想取代宗家的庶家砂越家在庄內南部的田川、櫛引兩郡內爆發震撼庄內地區的軍事衝突，將大半個庄內弄得天翻地覆。

結果，大寶寺家在庄內領主們的協助下，打敗了砂越家，阻止了庄內進一步走向崩潰的邊緣，然而，當家接連早死的問題就好像魔咒一樣依然纏繞著大寶寺家。天文十年（一五四一）十一月，剛接位的新當家大寶寺晴時經日本海上京謁見將軍，再拜領官位後回到庄內，便得病而死，享年不過二十二歲。晴時接任之前，他的父親・大寶寺澄氏也因為早死，晴時還是年幼，所以由他的兩名叔父・大寶寺氏說和大寶寺晴氏輪流攝政，直到晴時繼位為止。

如今，晴時步上亡父後塵，年輕早逝了，誰接任下一任當家的問題再次成為麻煩的課題，晴時的弟弟四郎將是合理的人選，但是不久後，四郎也年輕死去，問題仍然無法得以解決。結果，重臣土佐林禪棟為首的家臣們決定擁立大寶寺淨昌成為了新當家。淨昌本來是晴時的堂兄弟，即其中一個輔政的叔父晴氏的兒子，當時已經遁入空門，但現在宗家血脈已斷，血緣上他是最接近的繼承者，於是被禪棟及群臣找出來繼承大位。

大寶寺家的當家接二連三地早死，引起連串的政治混亂，讓跟隨大寶寺家的庄內領主們疲於奔命，不厭其煩。但由於大寶寺家又一直得到幕府器重，也不能就此讓其斷嗣，於是在群臣的協議下，決定權力由重臣禪棟領導的領主聯盟把持，淨昌只做一個掛名的當家。

那麼，能夠取代大寶寺家，受到領主們推戴來代理政務的土佐林禪棟又是什麼人物呢？土佐林家一直是庄內土生土長的領主，與當地的靈場羽黑三山有昔十分密切的關係，也早在室町時代跟隨著大寶寺家，可謂僅次於大寶寺一族的副手。

禪棟統治下的庄內在二十年間基本上沒有大風波，為庄內爭取了較長期的和平。這是因為禪棟以及領主們都已經對永正年間以來的動盪感到厭煩，力主庄內和平，而且禪棟的政治作風可以概括為「以和為貴，先理後動」，與周邊地區的領主，如北方的安藤家、小野寺家、南方的伊達家等都有十分良好的關係。

但是，即使以和為貴，禪棟作為代表庄內利益的代理人，當然也義無反顧地介入鄰邦的紛爭。例如後述的仙北小野寺家與安藤家在永祿年間（一五五八至一五七〇）為了由利郡（今．秋田縣由利本莊市）的控制權問題引起了爭執，禪棟利用他的江湖地位以及跟兩家的交情，進行斡旋及調停，阻止了兩家的對立升溫成地區戰爭。

除了奧羽地區外，禪棟在晚年其中一個最重要的軍事介入，便是永祿十一年至十二年（一五六八至一五六九）的本庄繁長之亂，當時本庄繁長暗通謙信的宿敵武田信玄，舉兵起事（詳見本書第二部第二章）。上杉謙信聞訊後，以越後守護的身份，要求庄內的領主出兵協助。禪棟應上杉謙信的指令，指示部分庄內的領主聯軍從庄內南下，進入南鄰的越後，協助謙信圍攻本庄繁長，而且成功協助謙信將本庄繁長的屬城攻下，加快了繁長的投降。

這時候的禪棟為什麼沒有親自出手幫助謙信呢？事實上，禪棟那時候正在率主力攻打庄內地區東邊的最上郡（今．山形縣最上郡）。庄內地區位於當地最大的河川．最上川的出海口，而最上郡則位於中游位置，又是連接仙北、大崎、村山三地的陸路十字路口，換言之，控制了最上郡的話，庄內勢力將會掌握海、陸兩邊的交通，這對於禪棟以及庄內領主聯盟來說，搶佔中游地區的控制，便可以為庄內帶來更多的利潤，以及物資供應。

因此，縱使有謙信親口要求出兵，但禪棟及庄內領主聯盟都寧願全力攻向最上郡。當時的最上郡沒有強大的領主，只有最上家的支族清水家以及小野寺家的姻親鮭延家，對強大的庄內聯盟面前都是螳臂擋車。禪棟率領的庄內軍在永祿八年（一五六五）便攻陷了最上郡內最上川西岸地區，留下了與大崎家接壤的最上郡東部（今·山形縣最上町），以免進一步擴大戰線，泥足深陷。不過，這次入侵最上郡的軍事行動到後來便成為了一個影響深遠，左右了庄內命運的禍根，留到後面再談。

除了近鄰之誼外，禪棟的名聲更廣傳到京都，在平定本庄繁長之亂後的元龜二年（一五七一），禪棟跟主君大寶寺家一樣，代表大寶寺家及庄內向中央政權獻贈鷹、馬，當時正值織田信長獲剛回到京都就任將軍的足利義昭賜予京都的屋宅，禪棟則以良馬相贈。禪棟領導下的庄內裡，原本的庄內共主大寶寺家快要被人遺忘。

義氏幼年時也受到禪棟的指導及輔助，獲得庄內領主們承認為名義上的共主大寶寺家的後繼人，原本相安無事。然後，隻手遮天的老人已經不在，年輕力壯的義氏決心要重振家族的榮譽及權位。元龜三年（一五七二），義氏及父親淨昌收回權力的決定遭到一直與禪棟合作共治庄內領主們，尤其是田川、櫛引為首的南部領主們的反對及抵制。對他們而言，大寶寺家收回權力，勢必會損害原有的利益及平衡。

於是，庄內在禪棟死後立即爆發了一年多的內亂。結果，大寶寺父子借助了南鄰的本庄繁長出手幫忙，終於取得勝利，迫使了反對派領主們屈服，庄內在天正元年（一五七三）重回大寶寺家領導的時代。接下來，取得最終勝利的大寶寺義氏便開展開一個有別於禪棟的新治政，讓整個出羽國一段的日本海沿岸區域翻天覆地，激戰連場。要說明這個過程，有必要先說一說牽涉其中的兩個主要家族——仙北小野寺家和下國安藤家。

重興父業

在室町時代在出羽國南部發揮巨大影響力的庄內大寶寺家在戰國時代初期因為內亂而暫時沒落，由宰臣・土佐林禪棟領導的領主聯盟代為理政時，庄內北面的由利郡（今・秋田縣由利本莊市）、由利郡北面的秋田郡，以及仙北三郡（今・秋田縣湯澤市至同縣大曲市）一帶的中、北出羽地區也出現一個重大又複雜的政治混亂，後來大寶寺家也被捲了進來，形成更大的混戰局面。這裡先說一下這個亂局裡的其中一個關鍵主角——仙北小野寺家。

「仙北」的原意是指「仙道」的北部，也就是貫通南北奧羽的「奧大道」的北部區域，當時分為三個郡，即仙北郡（山本郡）、雄勝郡及平鹿郡（今・秋田縣湯澤市至同縣大曲市）。小野寺家控制的便是雄勝郡和平鹿郡。

小野寺家原本出身下野國（今．櫪木縣），於鎌倉時代後期搬到仙北的雄勝郡（今．秋田縣湯澤市）發展。雖然位處內陸，但因為控制「奧大道」的其中一段，於是逐漸的富有起來，到了室町時代，小野寺家在雄勝郡及平鹿郡（今．秋田縣橫手市），以及兩郡西鄰的由利郡（今．秋田縣由利本莊市）擁有一定的影響力，甚至獲得了遠在京都的室町幕府留意及器重，被認可為「屋形」（高級武士家的尊稱），在出羽國，與安藤家、大寶寺家以及最上家同列。

小野寺家的動向一直都缺乏史料，直到戰國時代中期，即天文年間（一五三二至一五五四）才開始知道他們的動態，跟庄內大寶寺家一樣，當時的仙北小野寺家也遇到煩惱事，而且是一齣悲劇。天文十五年（一五四六），當時的當家．小野寺稙道遭遇臣屬於小野寺家的領主．金澤家和橫手家帶領的叛亂，稙道抵抗失敗，最終戰死，主城．橫手城（今．秋田縣橫手市）也一度落入叛軍的手中。幸然，稙道的兒子．四郎丸（後來的輝道）當時尚屬年幼，在家臣的護送下逃出仙北，到了旁邊的庄內大寶寺家避難。

說回來，稙道遭遇叛亂的原因眾說紛紜，比較可信的是指，當時稙道早年獲得了將軍足利義稙賜名（「稙」），是小野寺家史上的第一人，於是稙道想借這個政治資本，強化小野寺家在仙北地區的勢力，加強對從屬小野寺家的領主們的控制，但遇到了激烈的反抗，最終導致了這個結局。

另一邊成功逃難的四郎丸安全到達了庄內後，基於多年來，兩個地區的合作關係，以及鄰邦情誼，獲得了大寶寺家以及禪棟領導的領主聯盟保護和支持，不久後便成功回到了橫手城。而且，回到主城後，繼續亡父的外交路線，與幕府保持聯絡，在弘治元年（一五五五）獲得將軍足利義輝賜名，正式改名為「輝道」。

當然，回到了故地的輝道不可能不找仇人算帳。輝道回到橫手後在永祿初年（一五五八、一五六三）左右借助庄內的支援，將仇家金澤家和橫手家打敗，迫使他們降服，重新效忠小野寺家，重新控制了平鹿郡及雄勝郡。

接著，輝道又借著這一連串的勝利，繼續向平鹿郡北部的仙北郡（今．秋田縣仙北郡）推進，迫使了那裡的代表領主六鄉家和本堂家成為自己的臣屬，又讓由利郡的領主（號稱「由利十二眾」）重新歸降小野寺家。

現在，小野寺家在輝道的帶領下，已經幾乎控制了整個仙北三郡及由利郡，可以說是到了超越亡父稙道，讓小野寺家到了最頂盛的時期，輝道也成為了小野寺家在位最長的當家，見證了小野寺家的興衰。

不過，這個擴張表面看似一帆風順，但其實是一連串問題的開始。首先，雖然輝道中興了家族，打敗了反叛的金澤家和橫手家，但並沒有徹底消滅他們，只是以妥協的方式讓他們重回小野寺家旗下，這個結果在後來證明是一個重大的失誤。因為在不久後，這兩個始終不願服從小野寺家的領主再次發難，成為了小野寺家再次不振的毒瘤。

另外，輝道在永祿年間（一五五八～一五七一）將影響力重新伸向由利郡後，刺激了同樣想重振家威，又在由利郡有影響力的下國安藤家。結果，小野寺家進入與強敵安藤家對立的局面。

為什麼由利郡會成為小野寺家與下國安藤家的對立焦點呢？首先由利郡剛好就卡在安藤家與小野寺家之間，而當時的由利郡內主要是由小笠原家（信濃國守護小笠原家的遠親）發展出來的一群小領主割據，沒有強大的領主，那裡自室町時代中期以來，一直是小野寺家的影響力範圍。但是，前面提到的天文十五年小野寺家的內亂後，由利郡的領主們失去了領導，取而代之的便是由利郡北鄰的秋田郡領主·湊安藤家，以及後來的下國安藤家。因此，接下來便要先提及安藤家的發展。

狹路相逢

第一部第五章提到，下國安藤家經過祖宗被南部家打敗，一度被迫流落蝦夷地，然後再輾轉來到了出羽北部的檜山（今·秋田縣能代市），與佔據秋田郡土崎港（今·秋田縣秋田市）的同族近親・湊安藤家分治北出羽。

由於下國安藤家將心力都放在管治蝦夷地，以及在明應至大永年間（一五〇四至一五二七）進一步開發新居城・檜山城所在的山本郡（檜山郡）（今・秋田縣能代市），而且要防範宿敵・南部家隨時窮追猛打，因此，下國安藤家一直沒有積極的對外擴張。與之相反，支族的湊安藤家就在這個時候率先發展起來。

時間是天文年間（一五三二至一五五四），當時的湊安藤家的當家・安藤堯季積極發展秋田郡土崎港（今・秋田縣秋田市），讓它取代已經因為戰亂而荒廢的津輕十三湊（今・青森縣五所川原市），成為日本海海運的新中轉站，轉運來往蝦夷地、津輕地區以及京都、西日本之間的貨品，帶來穩定又豐厚的收入，另外又借助開發秋田郡內廣大的秋田平原，確保了糧食供應，而且還大力開發秋田郡內的山間伐木事業，利用土崎港轉賣優質的木材到日本海沿線各地區。

憑著這些經濟開發政策，堯季帶領下的湊安藤家地位一度超越了宗家的下國家，堯季甚至成為了京都貴族、幕府將軍都積極聯絡的人物。不僅如此，堯季除了具備商人的眼光外，同樣擁有不俗的政治智慧。

要推動經濟開發的方針，穩定的政治狀態是必不可少的，因此堯季一方面積極推動外交戰略，穩定秋田郡外的鄰近區域。例如將女兒嫁給了宗家下國家的當家・安藤舜季當正室，確保與宗家的良好關係及情誼，同時也積極介入鄰近地區的糾紛，前段提到的庄內大亂裡，堯季便利用影響力，派使者到庄內協助調解，獲得當時剛開始領導庄內的土佐林禪棟致謝及回禮。

另外，堯季也為了更好地經營日本海海運，便趁天文十五年小野寺稙道被殺的混亂，接收了由利郡，讓由利郡的領主改為聽從自己的號令。結果，等到輝道回歸後，便與湊家為了由利郡的問題而對立起來，前面提到土佐林禪棟曾經介入小野寺家與湊安藤家的紛爭，也就是這個時候的事。在禪棟的調停下，這個問題勉強壓了下去，但到了後來便再次吵了起來。

這個問題的發展留待後面再說，現在先交待一下背景，這要從堯季隆盛背後的一個重大隱憂開始說起。堯季雖然為家族築起了偉大的功業，但膝下沒有兒子可以繼承這個龐大的衣缽。堯季確認自己不太可能生下兒子後，在無奈之下，便從女兒下嫁的下國家裡，找外孫來當自己的繼承人。

當時女婿安藤舜季有三個兒子，長子愛季要繼承下國家，當然不會成為人選，於是堯季便找了安藤舜季次子．安藤友季來當繼承人。不過，友季不久後英年早逝，堯季再找友季的弟弟茂季（舜季三子）來繼承自己的家業，可惜的是茂季過繼後不久，堯季便與世長辭，留下仍然年輕的茂季來經營堯季留下的遺產。

不過，這個過繼其實引起了服屬湊家的家臣們十分不滿，他們認為找宗家下國家來當繼承人，湊家的一切最終很可能會被下國家奪取，於是，其中一個反對的家臣・豐島休心便力主送走剛來到的茂季，改為在湊家的分族裡找子弟來繼承堯季的遺產。天文十九年（一五五〇）前後堯季病死，另一邊的下國家當家・舜季也在天文二十三年（一五五四）離世，下國家由舜季的長子・安藤愛季繼位後，兩家之間的矛盾開始浮上水面。

一方面，自愛季繼承當家之位以後，立即實行積極的主攻政策，首先在永祿六年（一五六三）前後入侵山本郡（檜山郡）東部的比內郡（今・秋田縣北秋田郡），打敗了當地的領主淺利家，然後又在比內郡東面的鹿角郡（今・秋田縣鹿角市）與南部家展開連場對戰，互有勝負。換言之，愛季接任當家以來，便主動地要復興安藤家，在北出羽建立一個廣大的領國。

為此，比內郡以及鹿角郡的戰鬥，以及與南部家做長期的周旋是勢在必行，身後更加需要強大穩定的收入來源，對於下國家來說，茂季過繼到湊家，意味著下國家有機會統一兩個安藤家，而且順理成章地接收湊家產業，拿到現成的利益，更有利實現於再興安藤家，因此，湊家家臣們的不安和反對在愛季的角度來說，自然是不可理喻的，根本容不下豐島休心反對。

眼見愛季一步一步擴張下國家的地盤，豐島休心為首的反對派更是擔心，於是他們在元龜元年（一五七〇）發動了政變，試圖殺害茂季，佔領他所在的湊城（今・秋田縣秋田市），強制阻止下國家的滲透。

可是，豐島休心等人萬萬沒有想到，下國愛季反應異常迅速，立即率領軍隊趕來營救被困的弟弟，更將豐島休心打敗，解除了叛軍的包圍。豐島休心為首的反茂季派大多逃亡到仙北，獲得了小野寺輝道的收留。

另一邊，成功救出弟弟的愛季當然不會錯過這個苦等許久的機會，豐島休心等反對派逃走後，愛季便以輔助茂季的名義，打強了下國家對湊家的控制，實際上已經將湊家牢牢的握在手裡。換言之，擔心下國家會奪取湊家，因而發起叛亂的豐島休心結果上卻成為了加快兩家統一進程的關鍵人物，自己被迫逃亡外地，可謂弄巧成拙。

當然，愛季必須解決休心在逃的問題，才能真正實現兩安藤家統一，這也成為了愛季第一個要解決的外交難題，因為豐島休心等「叛黨」獲得了小野寺家的庇護，愛季便認定輝道就是在背後支持休心策動政變的幕後黑手，加上前面提到湊家時代已經出現的由利郡主導權問題，愛季也順便接手處理，一前一後的矛盾使兩家對決已是進入倒數。

這兩個在差不多時間中興的家族正因為中興，勢力逐漸擴大之下，最終狹路相逢，互相蹤撞起來。可是，當時的小野寺家與下國安藤家的軟硬實力可謂旗鼓相當，一開始兩家都不希望全面開戰，而是希望通過談判來解決問題，可是，由利郡的小領主們卻因為夾在兩大勢力之間，被迫要表示立場，結果就是導致了家族的分裂，間接導致了由利郡的派系對立，進一步刺激了安藤家與小野寺家的不和。

更糟糕的是，這時候，即元龜年間（一五七〇至一五七三），一直想反抗小野寺家的金澤家和橫手家趁虛而入，在小野寺家背後作亂，迫使小野寺家陷入進退為難的困境，小野寺輝道忙於應付領內的新叛亂，根本沒有心力再跟下國愛季爭搶由利郡的控制權。然而，愛季還是沒有順利地得到由利郡，因為這個時候，突然殺出一個「程咬金」，他就是剛奪回庄內控制權的大寶寺義氏。

一路向北

正當小野寺輝道苦於應付仙北的混亂，無法兼顧由利郡的問題時，南方的大寶寺義氏突然介入了這個紛爭之中。這是為什麼呢？這其實跟庄內的發展有很大的關係（圖3-9　大寶寺家系）。

義氏推倒禪棟管治下的領主聯盟，改為自己領導庄內後，下一個目標便是想一手壯大庄內的勢力。然而，環顧四周，東北角的最上郡早在禪棟時代已經拿下，東部是月山連峰，成為天然屏障，無利可圖。南方的越後上杉謙信健在，義氏自然沒有必要去挑戰強大

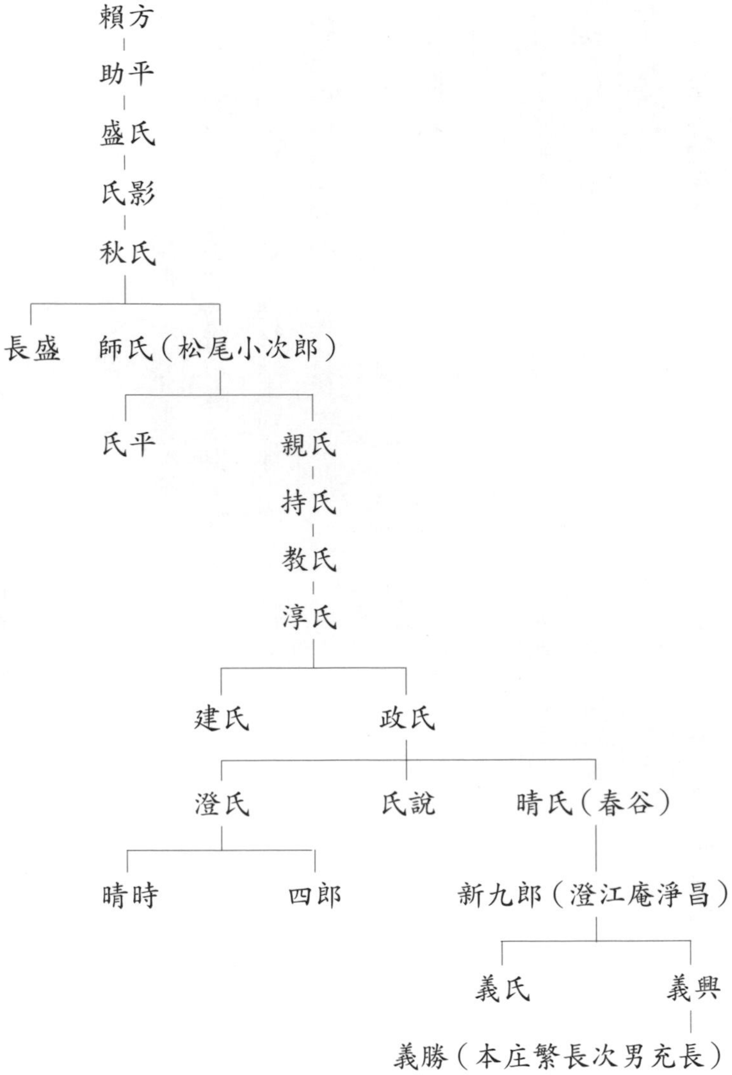
賴方
助平
盛氏
氏影
秋氏
長盛
師氏（松尾小次郎）
氏平
親氏
持氏
教氏
淳氏
建氏
政氏
澄氏
氏說
晴氏（春谷）
晴時
四郎
新九郎（澄江庵淨昌）
義氏
義興
義勝（本庄繁長次男充長）

圖 3-9　大寶寺家系

的敵人。因此，要一展抱負的話，只有剩下來的北面由利郡了。

不過，當初，義氏面對小野寺家與下國安藤家爭奪由利郡時，本想延續禪棟的方針，當上調解人，平息兩個友邦的紛爭，但是小野寺家發生內亂，而且遲遲未能平息後，下國愛季的優勢越來越明顯，形勢便逐漸變得一面倒。這樣一來，大寶寺義氏本可順勢抽身，但是，義氏卻有了一個疑慮。

前面提到下國愛季領導下安藤家已經完成了統一，快速崛起。在這之前，已經能夠東抗北奧羽的強豪南部家，而且又從苟安在北奧，但系出名門的浪岡北畠家那裡，迎娶了北畠家的閨女為妻，地位更加提高。

浪岡北畠家是南北朝時代的名將北畠顯家的支族子孫，一直留在北奧自成一國。由於系出名門，一時沒有武士家族敢對他們怎麼樣，同時浪岡北畠家也沒有餘力外擴。當下國家從蝦夷來到出羽後，便開始跟浪岡北畠家合作，愛季與浪岡北畠家的女兒結婚也是下國家復興家族的其中一個佈署。

總而言之，愛季鎮壓了元龜元年的豐島休心之亂後，領國地盤翻倍，長此以往，愛季領導下的下國家將會成為北出羽最大的勢力，這站在同樣有抱負的大寶寺義氏而言，既是後患，也是眼中釘，肉中刺，必須及時壓制。然而，當下小野寺家已經自身難保，與小野寺輝道同盟也沒有可能收到效果，最終，義氏便決定改變立場，由調停人轉為代理人，替代長年友好的小野寺家處理由利郡問題為名，實際上是搶在愛季完全控制由利郡之前，自己先拿下由利郡，與愛季分庭抗禮後，再與他一決勝負。

不過，由利郡雖然跟庄內接壤，但是大寶寺義氏控制的是庄內南部為主（今．山形縣鶴岡市、庄內町一帶），庄內北部的酒田一帶（今．山形縣酒田市）則仍然沒完全落入義氏的手上，因此，要向北推進，與下國愛季爭霸，義氏作出了四個佈置。

第一當然是盡快拿下庄內北部，打倒在那裡紮根的來次家。這家曾經與土佐林禪棟合作共治庄內，在禪棟死後爆發的庄內動亂中，一直冷眼旁觀，沒有介入。對於義氏而言，本應是可以合作的，但是急於與愛季爭奪霸權在前，義氏已經容不下慢慢磋商，只能用最短的時間降服來次家，打開進出由利郡的出口。

第二個是消除後顧之憂，一路向北的計劃裡，義氏也不忘鞏固背後南方各處的邊境，尤其當時最上義光正在內陸地區的村山郡（今．山形縣尾花澤市至山形市一帶）發起統一戰爭（後述），雖然對庄內沒有構成即時威脅，但為免身後不穩，於是跟對付愛季一樣，義氏積極向反義光派提供戰略物資援助，讓他們更有力地拖住義光的進攻，在這個空隙裡盡快完成由利郡的戰爭。

第三是外交工作，也就是實行遠交近攻的策略，聯絡愛季周邊的敵對勢力，一起圍堵、牽制愛季，減緩他拿下由利郡的進程。這時候義氏找到的是剛剛崛起，打算獨立的大浦為信，以及比內郡、鹿角郡的小領主們，鼓勵他們與自己合作，絆住愛季。這些合縱連橫早在義氏拿下庄內南部的控制權後已經開始準備。

第四個佈置，也是最無情的，就是在背後繼續放任小野寺家與金澤、横手等反對派的內鬥。這是因為小野寺家一旦平定了內亂，勢必會重新介入由利郡的問題，間接打擊了自己的擴張計劃。既然已經不再打算只當調停人，那麼「苦主」小野寺家的利益也變得不再重要，反而小野寺家的存在會成為不安因素。因此，義氏的第四佈置就是口是心非，一方面支援小野寺家平息叛亂，同時又支援反對小野寺家的反對派繼續抗爭。

三個佈置陸續在緊接著的數年間達成。首先，義氏在天正二年（一五七四）與大浦為信建立關係，約定南北夾攻下國愛季。天正六年（一五七八），大浦為信攻滅了下國愛季的岳父浪岡北畠家，正式與愛季交惡後，與義氏南北夾攻的計劃也便更加順理成章。就在這時候，義氏也在同年底順利降服了來次家，迫使他割讓通過由利郡的領地。小野寺家與仙北領主的抗爭也一直沒有停止，換言之，一切都已經按照義氏的計劃發展。

萬事俱備之下，義氏趁愛季在北出羽與為信以及比內郡的領主交戰時，在天正八年至十年（一五八〇至一五八二）的三年間，連年向由利中、北部推進，與下國家駐在那裡的守軍展開了近十場大小的攻防戰，大寶寺軍一直推進到中北部的岩屋（今．秋田縣由利本莊市岩屋町），雙方在當地對峙到翌年天正十一年（一五八三）正月，在岩屋的荒砥之戰中，下國軍一度成功迫退了大寶寺軍，阻止了大寶寺軍繼續北上。

義氏收到消息後，準備在雪季過去後，再次率兵北上進行反擊。不料，就在出兵前的三月初，一直對義氏連年用兵感到疲憊不堪的家臣以及領主突然發難，突襲尾浦城，迫使毫無預計的義氏自殺，他的兒女也死在亂軍之中，大寶寺義氏重振自家威武的野心就此突然湮沒在突如其來的叛變之中，毫無徵兆，享年三十三歲。

大寶寺義氏突然死於非命後，愛季在南線的壓力暫時得到解緩，但是，他跟大浦為信的戰爭，以及征服比內、鹿角兩郡的戰鬥仍在繼續，北出羽的戰亂將一直持續多幾年。另一方面，義氏遭遇家臣叛亂而死，間接地得到好處的還有前面提到的最上義光。

一族內鬥

在元龜至天正中期（一五七一至一五九〇）為止，出羽國從南到北，以及奧州中、南部都在發生大大小小的鬥爭，那麼，同時間的奧州北部又怎麼樣呢？這時候的關鍵問題就是「傳統勁旅」南部家的分裂，以及已在前面略略提到的「風雲兒」大浦（津輕）為信橫空出世的故事。

時間要從之前的天文年間（一五三二至一五五〇），由當時主政的三戶南部家當家．

三戶晴政開始說起。在第一部第五章裡，我們提到當時的南部家有所謂的「九戶四家」的諸個分家及準一家，當中代表的勢力是晴政出身的三戶南部家，以及八戶南部家。在室町時代，南部諸家分佈在盛產良馬及鐵材的糠部郡（今．青森縣下北半島至七戶町、十和田市一帶）大半個地區，以及久慈郡及閉伊郡一帶，掌握著南奧羽北上到下北半島的陸路幹道，以及下北半島段的陸奥灣通往蝦夷地（今．北海道松前町）的海運港口。

當中，三戶家雖然屬於南部家的嫡系，但起初卻是被庶家的八戶家壓住，到了室町時代中期，三戶家在中興之祖南部信長及政行父子的崛起下，才得以凌駕八戶家，開始成為名符其實的南部諸家的代表。後世稱為「北奥之雄」的三戶晴政（註：一般都會稱他為「南部晴政」，但事實上「三戶晴政」才比較準確，因此以下將一律稱之為三戶晴政）的史料雖然也不多，但從可信的原始史料上，他在天文八年（一五三九）獲得將軍足利義晴賜名，成為第一個，也是三戶家史上唯一一個獲室町幕府將軍賜與名諱的當家，更是南部諸家中的唯一一個，證明他在室町幕府的地位及印象絕對不低。

前部裡提到，南部家之所以能夠興盛，全靠先祖打敗了鄰國的津輕安藤家（後來的下國安藤家），迫使安藤家要花近五十年時間才能重新振作；而南部諸家則因此而差不多將整個北奧羽的大半，大概是今天的青森縣都拿到手中。雖然後來下國安藤家回到本州發展，但當初並沒有立即向南部家報復。

在這背景下，三戶晴政執政時的主要焦點是南進政策，將北邊的防衛留給最強大的分家八戶家，自己則全力在天文十年至永祿初年（一五四〇至一五六〇）期間，向南方的岩手郡進發，首先將盤踞在那裡的雫石戶澤家趕到出羽國角館（今．秋田縣大仙市），接著又向更南的稗貫郡、岩手郡以及紫波（斯波）郡進迫，又安排家臣及一族進入那裡，與斯波、稗貫及和賀等領主對決，雖然未能一舉打敗這些領主，但是三戶家的勢力已經成功伸入這三個南方的郡裡，窺視著更南面的葛西家。

不過，這時候便出現了一個麻煩的對手，那就是當時迅速崛起的安藤家後代——下國愛季。下國愛季在天文二十三年（一五五四）接任當家後，全力重建安藤家的力量及影響力，除了前述的合併勢力更強的湊家外，另一方面則是向內陸地區的比內郡，以及位處北陸奧、北出羽交界處的鹿角郡（今．秋田縣鹿角市）挺進。

永祿元年（一五五八），愛季增強比內、鹿角兩郡的侵略力度，在五年內，先迎娶了在津輕浪岡（今．青森縣浪岡町）的名門北畠家之女為妻，提高政治地位，接著又與比內郡的代表領主．淺利則祐合作，誘使了鹿角郡內原本從屬於三戶晴政的領主都倒戈過來。事成之後，愛季於永祿五年（一五六二）再將淺利則祐暗殺，直接控制了淺利家，一舉將比內、鹿角兩郡的大部分地區都收奪過來。下國愛季以極短的時間在北奧羽翻起風暴，與另一邊的三戶晴政之間的對決已是勢在必行。

永祿九年（一五六六），愛季與晴政終於在鹿角郡進行第一次對決，史稱「鹿角之戰」，這次會戰雖然由愛季勝出，但兩年後的永祿十一年（一五六八）三戶晴政作出反擊，收回鹿角郡的失地，自此開始，直至愛季於天正十五年（一五八七）病死為止，兩家在二十年間斷斷續續的在鹿角郡展開零星的衝突。

三戶家與下國家之間沒有在鹿角郡一舉分出勝負的原因，是因為這時候兩家都各有問題要處理，忙得不可開交。前段提到，下國愛季趁著幫助湊家平定元龜元年發生的豐島休心之亂後，實際上完成了兩家安藤家的統一，一舉改變了北奧羽的勢力均衡。但是正因為這個原因，下國家合併了湊家後，勢力迅速擴展到由利郡（今．秋田郡由利本莊市），間接引起了南方的庄內領主大寶寺義氏的戒心，最終激起了下國家與大寶寺家在天正八年至十一年（一五八〇至一五八三）於由利郡的戰鬥。

另一邊的三戶家面對的則是雙重的內憂問題。其一是三戶晴政一直只有女兒，遲遲沒有生出子嗣，出現了政治危機。其二是南部諸分家林立，三戶家努力通過互婚來維持各分家的關係，成功保住盟主的地位，但是各家在幅員遼闊的糠部郡內自成一國，仍然具有極大的自主權，而且即使與三戶家關係良好，但跟三戶家與其說是君臣，其實只是結盟的同族兄弟而已。加上南部各個分家之間的關係也不和睦，各家時常為了領地邊界問題發生衝突，使身為盟主的三戶晴政煩惱不已。

為了解決沒有兒子，缺乏繼承人的問題，晴政將五個女兒嫁給各家分家，再在萬不得已的時候，從五位女婿之中選出養子來繼承衣缽。不過，命運好像跟三戶晴政開玩笑一樣，就在永祿十二年（一五六九），晴政終於老來得子，即後來的三戶晴繼，其中一個政治危機一時得到舒緩。天正八年（一五八〇）晴政去世，由晴繼接任，一切看來可保安定。然而，不幸的是晴繼在晴政死去後一年，即天正九年（一五八一）時得天花而死，年僅十三歲，宗家後繼無人的政治危機又再爆發。

這時候三戶晴政的兩個女婿——石川家出身的石川信直（長女婿）與九戶家的九戶實親（二女婿）站出來爭奪晴政的繼承人候選之位，結果，同年中，支持石川信直的北、東、南、毛馬內、石龜等家聯合發動政變，由北家的當家．北信愛派精銳軍隊護送石川信直進入三戶家的主城．三戶城（今．青森縣三戶町），強行完成「繼位手續」，信直便因此突然地成為了新的三戶家當家，各南部家的盟主。

當然，北信愛為首的「石川派」粗暴地平息糾紛，引發了另一邊有力繼承人九戶實親，他的兄長九戶政實，以及支持九戶家的南部諸家、部分從屬三戶家的領主不滿。九戶家同樣通過拉幫結派，在位於糠部郡南端的主城．九戶城（今．岩手縣二戶市）一帶形成一個勢力圈，與三戶信直派對抗，埋下了日後九戶政實之亂的伏線。

就這樣，各派系間持續近十年的分裂及冷戰。與此同時，南部家各分家之間的利益紛爭也因為宗家無力調解下更加無日無止，各家各派的對立與繼位之爭混雜在一起，使整個糠部郡及津輕地區陷入混亂之中。

當南部家各派系明爭暗鬥時，當時還稱為「大浦為信」的津輕為信就在這個時候冒出來，開始發展自己的創業夢。為信的生家．久慈家本來是從屬於南部家的一介領主，後來通過多次的互婚，以及領地相鄰的關係，與九戶家關係密切，後來的獨立活動，也跟九戶家背後支持不無關係。成長後的為信成為了鼻和郡（今．青森縣浪岡町）領主大浦家的養子，由久慈為信，變成了日後讓南部家頭痛不已的「大浦為信」。

元龜二年（一五七一）二月，表面上仍然是南部三戶家家臣的大浦為信突然攻擊了鎮守大佛鼻城（今．青森縣弘前市）的石川高信（信直之父），原因不明，但是石川高信僥倖逃亡。結果，奪取了大佛鼻城後，為信為求自保，立即聯絡與南部家有宿怨的下國愛季一起牽制南部家遲早到來的鎮壓。

這時候的南部家正因為三戶晴政的繼承人問題產生嚴重內訌，根本無法組織大軍找為信算帳，錯失時機下，為信繼續向津輕西部一帶擴張，將原本是南部家西部對抗下國家的前線化為自己的天地。

不止如此，為信穩住陣腳後，又反過來與下國愛季為敵，在天正六年（一五七八）將愛季的岳父，也就是名門浪岡北畠具永滅掉，更重施故技，跟與下國愛季爭奪出羽由利郡控制權的大寶寺義氏聯手夾攻愛季。

雖然大寶寺義氏於天正十一年（一五八三）被家臣暗殺而死，合作計劃自動失效，但下國愛季也在數年後的天正十五年（一五八七），與仙北郡的戶澤家對戰途中病故，下國家隨即爆發家中內鬥。

愛季侄子湊道季（愛季弟弟茂季之子，湊家嫡系）不甘被下國家抹殺，於是趁愛季死後，繼承人下國實季年僅十五歲的機會立即發難，連絡旁邊本與愛季為敵的戶澤家，以及南部家為外援，一起攻擊實季（史稱「湊之戰」）。

下國家已亂成一團下，三戶信直也忙於去幫助湊道季搗亂，以及分兵南下，繼續向紫波郡（今・岩手縣紫波町）、閉伊郡南部（今・岩手縣遠野市）進出，至天正十六年至十七年（一五八八至一五八九）左右才大致併合了兩郡。結果，南部家和下國家各有各忙之下，對大浦為信穩住草創的霸業暫時不構成威脅。

不久後，為信通過外界消息，掌握了豐臣秀吉已經統一大半個日本的情報後，在天正十七年（一五八九）派家臣向豐臣秀吉贈禮，表達臣服的意願。但在另一邊，為信又再次與平定內亂的下國實季聯手，向南部領發動聯合進攻，實季收復了比內郡，而為信則將津輕地區的南部家勢力完全逐出津輕，完成吞併津輕地區的最後部分。

就在這時候，回過神來的三戶信直通過有交情的秀吉重臣・前田利家，向豐臣秀吉抗議為信發動私戰，破壞和平。可是，最終秀吉沒有將為信列入違反停戰令的名單之中，換言之，先前為信快速派員討好秀吉的工作在最後關頭發揮了最關鍵的作用。

在「以下犯上」較為少見的奧羽，出現大浦（津輕）為信看準時機，一舉在二十年內打破百年間安藤、南部兩強對決的長期局面，除了因為三戶家的內亂製造良機外，安藤家的統一改變了勢力均衡，也是重要的客觀條件，加上為信一直善用遠交近攻的方式，在利用與牽制之間拿捏的恰到好處，也是為信成功的主因。

三戶家為首的南部各家則仍然處於各支族半獨立的狀態，需要時常通過「商量」、「洽談」的方式達成共識，要克服這個難題，信直要等到豐臣時代到來，利用豐臣政權的助力，強制南部家逐步進行轉型，但要做到這一步，南部家還要再經歷多一次陣痛才行。那就是天正十八年（一五九〇）的小田原之戰一年後發生的九戶政實之亂。

龍虎爭輝

反守為攻

在前段裡，大寶寺義氏絞盡腦汁，打算跟下國愛季決一雌雄，最終卻遭到家臣發動叛變，樂見其成的除了愛季，還有最上義光。當時的義光已經將勢力推進到村山郡中部的天童（今．山形縣天童市）、寒河江（今．山形縣寒河江市）。在那裡抵抗義光的天童家和寒河江家一直受惠於義氏的物資支援，去對抗最上義光，現在義氏已經被迫自殺，他們被迫獨力與義光決一生死（圖3-10 最上家系）。

那麼，最上義光與天童、寒河江等領主是怎樣走到對戰局面的呢？這需要稍稍將時間撥回六十年前說起。本書第一部第五章提到，羽州探題最上家在室町時代被宗家大崎家派到出羽國山形（今．山形縣山形市），作為室町幕府駐在出羽國的代表。然而，遼闊的出羽國裡已有前段提到的小野寺、大寶寺以及安藤家，各自在不同地區擁有領導權位。因此，最上家在出羽國雖然貴為足利將軍的一族，有著較高的政治身份，但並不代表最上家

圖3-10　最上家系

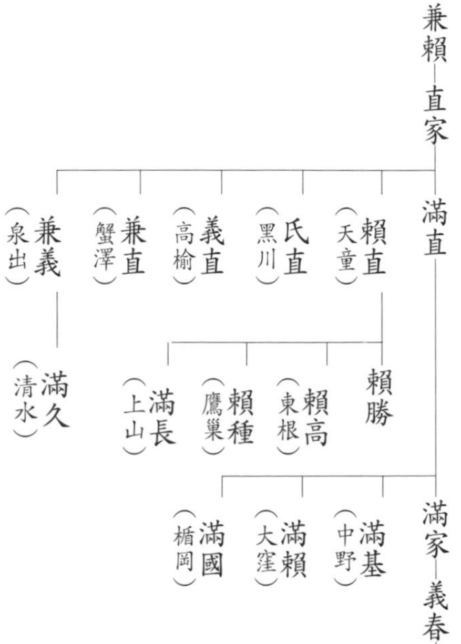

便具備領導小野寺、大寶寺以及安藤家三家的實力及權限，所以，最上家在現實上真正能發揮影響力的，只限定在村山郡及最上郡兩地。

經過一百多年的發展，最上家在兩郡慢慢發展出幾個分家，如天童（今．山形縣天童市）、清水（今．山形縣大藏村）、楯岡（今．山形縣村山市）等，各家以最上家為宗家，但事實上就是分別在各地自行管治，形成一個宗族聯盟。

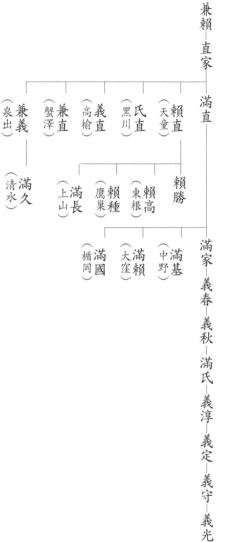

這種發展方式在沒有外敵入侵時還好，到了戰國時代初期的永正十四年（一五一七），想成為地區最強的伊達稙宗攻打最上家，迫使最上家屈服在伊達家之下。當時最上家的當家．最上義定（義光的祖父）一開始跟天童家等分家，以及村山郡當地的領主．寒河江家等一起對抗，但最終反抗無果，被迫與稙宗妥協，接受稙宗的要求，迎娶稙宗之妹當正室。其他最上家的宗家，以及村山郡的領主也被迫跟最上家一樣，向伊達家妥協。

然而，義定在三年後，即永正十七年（一五二〇）病死，沒有留下子嗣。在伊達稙宗的推動下，最上家只好從血緣最近的分家．中野家裡找來年幼的一族子弟過繼，擔任新當家，他就是後來的最上義守，即義光的父親。

義守成年後力主與伊達家、以及周邊領主和平共存的方針，沒有大肆進行擴張。相反義守積極恢復與室町將軍的聯繫，重振最上家。期間發生的伊達天文大亂，義守也盡量不積極參與，極力促成亂事的完結。到了後來，又將女兒（後來的保春院）嫁給了輝宗當正室，再次強化最上與伊達兩家的友好關係，不久後保春院便生下了「獨眼龍」伊達政宗。

義守一連串的外交鋪排都順利地一一開花結果，然而，唯獨是與長子義光在家族發展的方針上出現糾紛，始終無法處理好。兩者對立的關鍵在於對外政策上，義守主張和平共存，而義光主張的則是進一步脫離伊達家，積極擴大最上家的地位，即打破宗族聯盟的形式，更強勢地使村山郡和最上郡的一族領主、非一族領主統統都在最上家的指揮之下。

義光這種進取的主張自義守讓位給義光後便更加激烈，刺激了主和的義守，以及天童、楯岡等最上一族，他們反對地區內出現強勢領導，破壞宗族聯盟的和諧。結果，元龜三年（一五七二），義光便跟父親義守，以及最上一族發生矛盾，甚至驚動了南方的伊達輝宗。

輝宗得知義光有意搞強勢政治後，一直勸誘讓位的義守進行抵抗，但一直沒有得到義守的答應，直到天正二年（一五七四），義光與義守的政治對立越來越尖銳，與義守同一立場的天童、楯岡等家主動聯絡伊達家，要求伊達輝宗介入，一起壓制義光。

結果，堅持強硬路線的義光便與親生父親、宗室一族以及妹夫伊達輝宗對立起來，爆發了「天正最上之亂」。可是，這個看起來義光處於絕對劣勢的鬥爭，實際上卻沒有那麼激烈。本來「反義光」陣戰的最大黑馬伊達輝宗雖然一度出兵，到達了最上與伊達兩家的邊境要塞．荒砥城（今．山形縣白鷹町），以示支援反義光陣營外，便沒有更積極的參與其中。

結果，在伊達家沒有積極參與下，兩派的鬥爭從一開始反義光派擁有絕對優勢，慢慢轉變為拉鋸戰，而且一直持續到同年秋天。就在這時候，南方的蘆名家當家．蘆名盛興病死，輝宗擔心仙道戰局有變，更沒有心思去理會最上家的情況。於是，義光成功爭取與輝宗和解，讓伊達家退出戰線，反義光陣營也失去對戰的意慾，各自退回自己領地，靜觀其變。義守也在伊達家退出後，放棄與義光鬥爭，完全退隱，從此不問世事，直到天正十八年（一五九〇）病逝為止。

出羽驍將

義光成功擺脫人生最大的危機後，便開始反客為主，對反抗陣營內的領主進行各個擊破的戰略，而失去伊達家支援的反義光陣營便轉為向庄內的大寶寺義氏求助。不過，遠在庄內的義氏當時正在準備攻入由利，僅是只提供戰略物資，讓反義光陣營的領主繼續自力抗爭。

伊達、大寶寺兩個外部勢力都消極應對下，與最上家同宗的奧州探題大崎家也表態支持義光，使義光取得了主動權，逐步蠶食，打敗各個反抗領主。到了天正十一年（一五八三），義光已經將前線推進至天童和寒河江一帶，同年三月，大寶寺義氏死去後，反義光陣營失去了最後的支援，周邊的原本屬於反義光陣營的領主也開始屈服，義光更加肆無忌憚地進攻天童家及寒河江家。

結果，兩家抵抗至天正十二年（一五八四）夏天，終於被義光攻滅，至此，在村山郡持續長達十年的最上家內亂便以義光的全面勝利結束，義光接著向村山郡以北的最上郡推進。

當義光快將完成統一村山、最上兩郡的時候，即前一年的天正十一年（一五八三）夏天，策動政變推倒大寶寺義氏的家臣．前森氏永（後來改稱為「東禪寺氏永」）向義光示好，尋求與崛起中的義光和平共處，為表誠意，氏永默許了義光攻取原本由大寶寺家控制的最上郡西部，間接幫助義光在天正十三年（一五八五）完成統一兩郡的目標。

前森氏永與義光的合作不只幫助義光完成恢復祖宗基業的目標，這個交情在接著的天正十四年（一五八六）開始，更為義光帶來喜出望外的機會。前森氏永為首的大寶寺家臣叛變，一同推倒主君義氏後，擁立了義氏的兄弟丸岡義興為新當家，後來改稱為大寶寺義興。跟當年禪棟的時候一樣，氏永等人視義興為一個象徵和傀儡，實際上權力握在氏永為首的領主聯盟手上。然而，義興並不打算就此妥協，為了抗衡氏永等人，義興主動聯絡了南鄰的本庄繁長，並且收養繁長次子千勝丸（後來改名「大寶寺義勝」），希望繁長做自己的後盾。

結果，東禪寺氏永與大寶寺義興兩個陣營為了爭執庄內的主導權，在天正十四年（一五八六）開始明顯地對立起來，而且各自尋找外部的幫手，增加自己的勝算，其中一個便是新崛起的最上義光。一開始義光保持中立，希望調解兩派的矛盾，但後來氏永陣營被義興陣營圍攻後，便以獻上庄內、臣服於義光旗下為條件，要求義光出兵救助。從天而降的好處讓義光改變了主意，他在天正十五年（一五八七）拋棄中立，正式支持氏永，向庄內派出援兵，為氏永解圍。

大寶寺義興眼看形勢逆轉，立刻向伊達政宗，以及本庄繁長求助。最終，義光仍然實現了併吞庄內的計劃，同年十月，大寶寺義興兵敗被俘，被送到山形軟禁。可是，義光的風光只維持了一年而已。因為當義光攻打庄內時，義興的養子義勝成功早一步逃亡，向生父本庄繁長求救，結果在天正十六年（一五八八）八月，本庄繁長率兵反擊，在千安川之戰（十五里原之戰）擊殺始作俑者東禪寺氏永，又大敗了義光留守在庄內的守軍。當時義光正忙於處理大崎家內亂，跟伊達政宗展開對峙，沒法分身趕來支援，結果只能眼睜睜地看著庄內在一年內得而復失。

事後，最上義光曾試圖向關白豐臣秀吉投訴，指責本庄繁長侵略庄內，可是，由於本庄繁長有上杉景勝支持，而秀吉需要景勝來幫忙對付仍在奧州南部興風作浪的伊達政宗，於是判義光敗訴，庄內重新回到義光手裡，要等到十四年後的關原之戰，上杉景勝被打敗為止。最上義光在這之前，保住最上及村山兩郡不失，結束了出羽南部的戰國時代。

龍嘯南奧

天正十二年（一五八四）底，伊達政宗繼承當家之位後，立即積極開展了向南擴張的政策。自蘆名盛氏以及其養子蘆名（二階堂）盛隆死後，伊達與蘆名的關係即時交惡，在輝宗時代，僅以姻親關係維持僅有的和平關係。隨著政宗積極南向之下，日後發生的一連串事件，將迫使伊達、蘆名展開南奧爭霸的殊死戰。

現在，伊達家的新當家上台，諸多南奧的領主都為生存而必須進行選擇——親蘆名，還是伊達。小濱城（今．福島縣二本松市）城主的大內定綱就是其中一個被迫捲入其中的領主。與其他領主一樣，大內定綱也捲入了伊達、蘆名之明爭暗鬥的旋渦之中。當時定綱與政宗的岳父．三春城的田村清顯爭戰，間接地與伊達家對立，所以定綱來祝賀政宗繼任當家，就是要安撫政宗。

但是，到了天正十三年（一五八五）初，背後的蘆名家，以及佐竹家的影響下，定綱與伊達家關係惡化。定綱復叛後，伊達家與蘆名家的一戰將不能避免。當時的蘆名家自盛隆被侍衛刺殺身亡後，幼子龜王丸剛繼位，家中分裂成佐竹派與伊達派，長此下去，大內家和蘆名家也將會越來越向佐竹義重靠攏，伊達政宗決定積極南下，就是為了盡快搶佔先機，以免南方的親佐竹勢力越來越龐大。

天正十三年（一五八五）五月，政宗派出原田宗時聯同為內應的蘆名家臣．松本彈正一同攻佔會津邊境的軍事要塞．耶麻郡檜原城（今．福島縣大沼郡）。耶麻郡是會津郡以北的領地，郡內的中仙街道是南下會津黑川城（今．福島縣會津若松市）其中一條必經的路線，而檜原城就是佔領耶麻郡的第一關口。

除了派軍南下外，政宗另派重臣．伊達成實試圖引誘豬苗代盛國倒戈，以讓蘆名家四分五裂。然而，成實的誘降工作未有成功，是次攻略的成果僅限於奪取檜原口，而無法動搖蘆名家本部。得到進出會津的重要出入口後，政宗派家臣後藤信康守備檜原城以確保南下的出口，自己就率兵返回米澤城，再次準備討伐大內定綱的計劃。

天正十三年（一五八五）七月上旬，政宗與岳父田村清顯交涉聯手進攻大內領的事宜。同時間，政宗與成實計劃搞亂大內家內部的計劃，試圖策反大內家的家臣降服。閏八月二十四日早晨，伊達軍猛力攻擊大內家的支城小手森城（今．福島縣二本松市）。二十七日，小手森城被攻陷後，伊達家開始把全城八百餘人，不論男女老小，一律格殺勿論，後來更把城內牛、羊等牲畜全部殺死。

小手森的屠城事件的確使不少豪族勢力大為驚慌，當中更有立即向政宗降服的，例如二本松城主畠山義繼。定綱在小手森城逃走後，認為政宗必會到小濱，所以直接逃到與他有姻親關係的義繼那裏去。但是，受到小手森的屠城事件刺激的義繼，明白到如果保護定綱，就是等於引政宗來攻打，所以義繼立即向政宗請降，而定綱則逃到會津，投靠蘆名家。

政宗在九月二十六日進入小濱城，老父輝宗也隨後趕來，在宮森城（今・福島縣二本松市）停留。深知不妙的畠山義繼立即到宮森城拜訪輝宗，向輝宗正式請降之時，義繼突然脅持輝宗，想將他帶回二本松城，使政宗左右為難。

政宗趕到後兩方對峙之下，輝宗在混亂之中於阿武隈川被殺，享年四十二歲。政宗以弔慰父親之死為名，立即發兵一萬三千人攻打二本松城，由於當主義繼已死，由他的十一歲幼子・國王丸及家臣們死守二本松城。由於二本松城本身地處嶮要，再加上連場大雪，最終政宗決定暫時撤兵回小濱城。

就在這個空檔，國王丸屢派信使到佐竹、白川、岩城、蘆名等南奧大名救援，而剛回到小濱的政宗也收到以佐竹為首的諸家聯軍正準備北上救援，而政宗的伊達軍因為要繼續包圍二本松城，以免腹背受敵，只能分兵應戰。天正十三年（一五八五）十一月十七日，伊達軍於人取橋（今・福島縣本宮市）迎戰佐竹、蘆名為首的聯軍。伊達軍一開始便處於劣勢，損失嚴重，只能拚死防守。但由於主導戰事的佐竹家後方不穩，最後佐竹義重決定悄然退出戰場。聯軍在群龍無首的情況下先後撤退，伊達勢在如此突然的幸運的幫助下，終於得到「奇蹟性」的勝利。

人取橋之戰後，眼見聯軍撤退，二本松城已是危在旦夕，但政宗卻不一鼓作氣的攻下二本松城。當然這是因為在人取橋之戰裏，伊達勢傷亡慘重，並不可能再戰；所以政宗改以外交及政略方法攻取二本松城。

天正十四年（一五八六）正月開始，政宗遊說二本松重臣靠向伊達方，二本松城已經是垂手可得。四月上旬，伊達政宗出兵二本松城，國王丸再一次困城死守，並要求佐竹義重再一次出兵援助，但義重並無理會。由於二本松城是堅城，伊達軍依然無法攻下，最後在鄰邦．相馬義胤的調停下，兩方達成和議。國王丸正式交城，並按照協議燒毀城郭，國王丸投靠蘆名家，部分遺臣繼續在二本松領內各地負隅頑抗，但已經阻止不了奧州名門畠山家的滅亡。

當政宗在二本松城大勝而歸，走投無路的大內定綱，則與其弟片平親綱於天正十五年底向政宗投降。

南奧統一

伊達政宗以強硬方式闖入仙道，一開始便遭遇父親慘死，在人取橋死裡逃生並不順利，但到了天正十五年（一五八七），伊達家南向的頭號目標．蘆名家再次出現了危機。盛隆在數年前死去後盛隆三歲的嫡子龜若丸繼承，可惜龜若丸於這年夭折，蘆名家嗣絕。

對於由誰人入嗣，蘆名家中發生激烈的爭論，家臣分裂成兩派：一方是佐竹義重次子佐竹義廣，當時是白川家的養子，另一方就是政宗之弟小次郎（圖3-11 伊達家最大版圖）。

蘆名家內的爭論久久沒有得到共識，雖然在年齡及姻親關係上，小次郎都佔有優勢，但由於政宗前年的會津入侵，佐竹義重又協助蘆名家一起對抗伊達政宗，所以蘆名家的重臣，盛廣派的金上盛備在最後取得勝利，成功迎接盛廣入嗣蘆名家。

蘆名家督之爭奪失敗後，政宗在天正十五年（一五八七）和天正十六年（一五八八）接連要處理周邊地區的政治問題。先是天正十五年（一五八七）春，舅舅最上義光入侵出羽國庄內，大寶寺義興向政宗以及上杉景勝求助。政宗雖然多番要求義光停止入侵庄內，但是無功而返。同年秋天，義光順利拿下庄內，政宗與義光之間的不和已經到了互相猜疑的地步。

這個關係到了第二年的天正十六年（一五八八）繼續加劇，當時奧州中部的名門．探題大崎家出現家中內訌，家老重臣氏家吉繼因不滿當主義隆寵信近臣，於是想另立義隆的幼子為新君，帶領大崎家加盟到伊達家旗下，再由自己把持政務。因此，吉繼便請政宗出兵攻入大崎領，完成計畫。

得知消息後政宗欣然答應，一月十七日，政宗派出以叔父伊達（留守）政景、泉田重光及濱田景隆等率兵攻入大崎。出乎政宗意料之外，伊達軍於中新田之戰大敗，主要的原

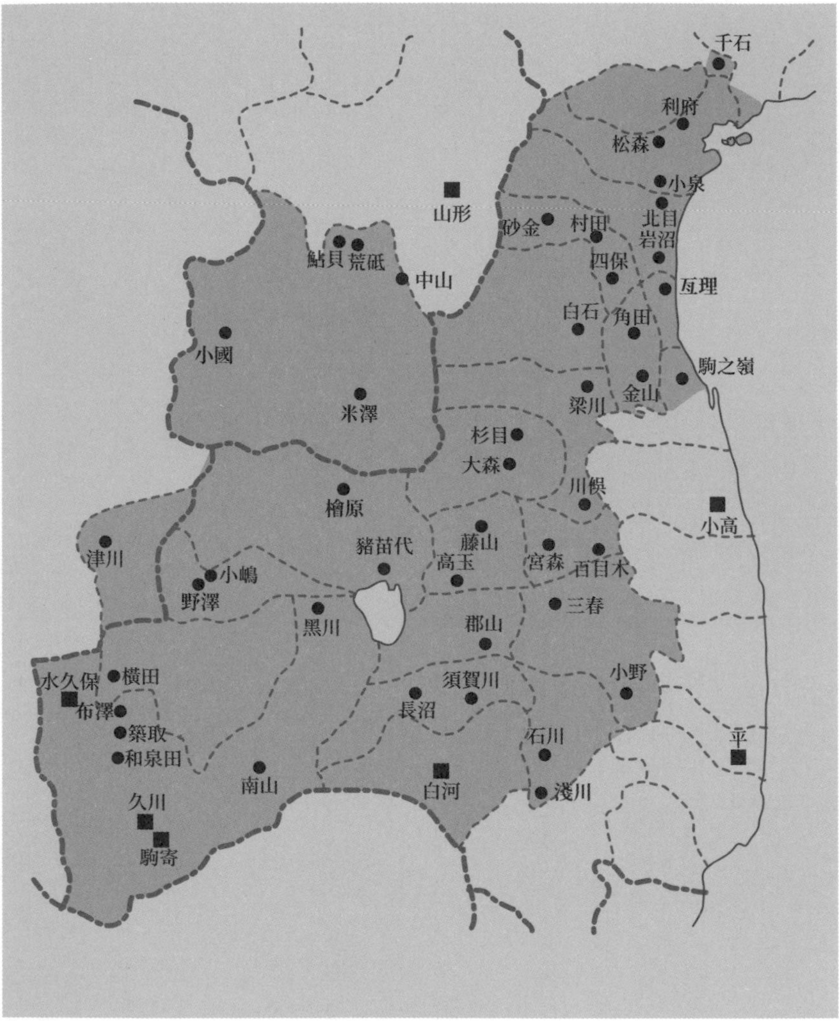

圖 3-11　伊達家最大版圖

因是因為反對吉繼計畫的大崎家家臣黑川晴氏及長江勝景突然反抗伊達家，向最上義光尋求協助。伊達軍受到大雪影響，無法撤退而戰敗。

正所謂屋漏偏逢連夜雨，更出乎政宗意料之外的是，因為大寶寺家的問題與政宗關係惡化的親舅最上義光立即表態支持大崎家，更響應蘆名、佐竹、相馬、二階堂、白川等南部聯盟的呼籲，一起圍堵政宗。自此為止，「伊達包圍網」正式形成，自人取橋以來的困境再次困擾著政宗。

閏五月初，伊達家東面的相馬義胤從東面侵擾伊達領，佐竹義重與蘆名義廣則藉機出兵北上，六月，佐竹、蘆名、石川、二階堂組成聯四千多人進入郡山（今・福島縣郡山市），由於要防衛相馬、最上及大崎攻入，政宗不得不分兵於邊領防守，不過，政宗利用與北條氏直的外交關係，請北條家向常陸出兵，又向蘆名家的支族豬苗代盛國引誘倒戈。

得知此事的義重及義廣都不想久留，政宗終於把握機會在七月四日揮軍與佐竹・蘆名聯軍進行戰鬥，無心戰鬥的佐竹義重與蘆名義廣同意與政宗議和，聯軍解散。與佐竹、蘆名聯軍大戰後，在母親保春院，即義光的妹妹的斡旋下，伊達家與最上家在七月二十一日達成和議。兩項和議成立後，「伊達包圍網」於一年內土崩瓦解。

北面的危險全面解除之後，政宗便立即向南方進行反擊。他再次引誘蘆名家支族豬苗代盛國倒戈，豬苗代家的領地位於豬苗代湖，是來往黑川城及仙道的入口，只要政宗得到豬苗代盛國的加入，入侵蘆名家就會更加容易，不久後，豬苗代盛國終於接受了政宗的招請，決定倒戈。

當時，正值佐竹義重在南方與北條家戰鬥，政宗見機行事，立即撕毀和議，派片倉景綱、大內定綱、伊達成實及片平親綱等出兵攻陷蘆名領內的安子島城及高玉城（今・福島縣郡山市）。與此同時，五月中，政宗因相馬方再次出兵田村氏三春城，政宗於五月十九日派亘理元宗、重宗父子出兵攻打相馬方駒嶺、新地等城，做為牽制。六月四日，政宗決定冒雨逼進黑川城，與缺乏佐竹家支援的蘆名軍在六月五日於摺上原（今・福島縣豬苗代町）對決。結果，伊達・蘆名為南奧州爭霸的摺上原之戰以政宗取得空前大勝而結束。

六月六日，伊達勢直指黑川城，並使原屬蘆名家的領主投降，只剩下會津南部的邊陲地區仍在抵抗。六月十日，義廣被迫逃向白川，投靠來晚了的父親佐竹義重。六月十一日，政宗在不流血的情況下占領黑川城，蘆名領有的會津、大沼、河沼及耶麻四郡的大部分地區都成為伊達政宗的領土。

就在摺上原之戰前後，政宗與大崎義隆之間達成和議。雖說是和議，但大崎方同意以後領內兵力可為伊達家差遣，換言之，政宗已把中奧州名門大崎氏收為伊達家的旗下，就此北面領邊的問題已一應解決。

之後政宗於十月向會津南方的二階堂家進攻，政宗再一次成功策動二階堂家的重臣倒戈，在各屬城都開城後，二階堂家的須賀川城（今・福島縣須賀川市）終於也開城投降。須賀川以南的石川家以及白川家等親蘆名、佐竹的勢力也選擇投降伊達家。因此，周邊除了佐竹家以及宿敵相馬家之外，南奧地區幾乎所有勢力全面加盟到政宗及伊達家的旗下，伊達家成為了當時奧州南部的真正霸者，而當時的政宗只不過是二十三歲。

關白來襲

正當伊達家享受着制霸南奧的勝利果實時，本州正醞釀一場驚世大變，已然影響著伊達家。在本能寺之變後，豐臣秀吉以迅雷不及掩耳之勢先後在山崎合戰痛擊殺害信長的主謀明智光秀；再於天正十一年（一五八三）的賤岳之戰大破織田家的舊同僚・柴田勝家，取得織田家實權。

然後，秀吉立即開展橫掃本州、四國及九州的征伐，先後降服德川家康及織田信雄，然後迫使四國霸主長宗我部元親及九州的島津家四兄弟降服。至此，西日本已盡入秀吉的掌上，全日本只欠箱根以東的關東及奧羽未被平定。

秀吉早在天正十五年（一五八七）向關東、奧羽領主下達停戰令，做為預先警報，又命令上杉景勝以及德川家康協調奧羽諸侯歸順的事宜。秀吉對奧州事務的干預，早在天正十六年（一五八八）就開始，當時正值伊達家與最上、佐竹、蘆名關係最為緊張之時，秀吉立即把握機會，派遣使者到奧羽斡旋伊達家與最上家的關係，同時又呼籲伊達、佐竹、最上、蘆名四家議和。

秀吉的動機十分明顯，就是想否定奧羽大名自決糾紛的權利。但是，早在室町時代，奧羽地方的鬥爭已恆常化，秀吉希望早日平定奧州之時，政宗卻不以為然。但是，當天正十七年（一五八九）蘆名家滅亡後，由於蘆名家於摺上原之戰前一年便跟佐竹家一起向秀吉表示臣服，以此來引秀吉之兵牽制政宗。

如此一來，政宗的戰爭不但違反了秀吉的停戰令，更是攻擊關白秀吉旗下的諸侯，間接向關白挑戰，這令政宗的前景開始出現陰暗。從前的態度瞬即完全扭轉，秀吉派來的再不是普通的使者，而是問責的使者，以關白名義要求政宗立即上京解釋。

另一方面，在上杉景勝的協助下，蘆名義廣及佐竹義重在秀吉面對力數政宗違反惣無事令等罪狀，並要求回復蘆名領。秀吉知悉後再派使者向政宗問責，同時秀吉透過石田三成向蘆名的遺臣提供資金，更命上杉景勝、佐竹義重及蘆名義廣組織討伐軍，準備隨時向政宗發動攻勢。

不過，剛好踏入天正十七年（一五八九）底，政宗的盟友北條家因為與秀吉鬧翻，秀吉帶著二十二萬大軍兵分四路，從海、陸兩面包圍北條家的大本營・小田原城，這是日本古代史上最大的一次軍事動員，即使是在關東稱王稱霸近百年的北條家也無可奈何，於七月開城投降。

此時，政宗面前已無退路，還是要面對現實情況，拖延、討價還價的技倆在二十二萬的海陸大軍面前是毫無意義的。於是，政宗在小田原之戰開打之前，立即帶上最信賴的家臣們出發南下，去拜會秀吉，而且為了在最後關頭仍然能夠隨時應對，政宗一行人沒有直線南下，而是迂迴行軍，盡量收取情報，確認北條家已經無力翻身後，再火速南下。

秀吉接見政宗後，不只沒有責罰，秀吉還任命政宗成為征服奧羽地區的先鋒，事成後再讓他成為陸奧國的代表領袖。其他的奧羽諸侯也先後設法向秀吉表示臣服，也有諸侯因為各種理由，沒有前往，就在這個人生抉擇上，各家的命運以及奧羽地區的戰亂結局已經底定了。

第四章

天下統一

中——聚樂

慶長二十年五月，在大坂之陣戰敗的豐臣秀賴及其母親淀殿無法得到江戶幕府的大御所德川家康以及幕府將軍德川秀忠的諒解，而被迫於大坂城內的山里丸自殺。盛極一時的豐臣家滅亡。從一介百姓成為天下人的豐臣秀吉所創立的政權，為什麼在他死後十七年便被消滅？說起來，他又是怎樣由織田信長的重臣，搖身一變成為完全統一戰國日本的天下人呢？是什麼毀滅了這個人人稱奇的傳奇？

天下統一區域地圖

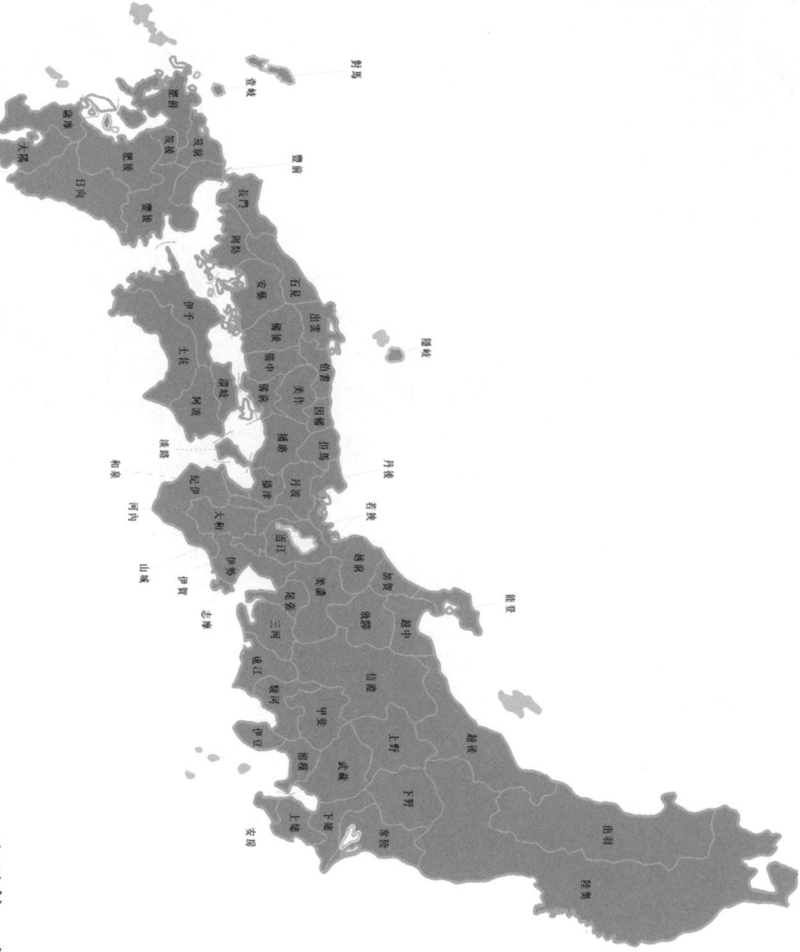
對馬
壹岐
肥前
筑前
豐前
肥後
筑後
薩摩
大隅
日向
豐後
長門
周防
安藝
石見
伊予
出雲
備後
備中
土佐
讚岐
阿波
伯耆
美作
備前
因幡
播磨
但馬
隱岐
淡路
丹後
和泉
紀伊
攝津
丹波
河內
大和
若狹
近江
山城
伊勢
越前
伊賀
加賀
美濃
尾張
志摩
能登
飛驒
越中
三河
遠江
信濃
駿河
甲斐
伊豆
上野
越後
相模
武藏
下野
安房
上總
下總
常陸
出羽
陸奧

繼承大志

新天下人

天正十年（一五八二）六月二日本能寺之變發生的時候，羽柴秀吉正在攻擊備中高松城（今・岡山縣岡山市），柴田勝家率領的北陸軍團則在越中國與上杉景勝的守軍展開血戰；丹羽長秀、織田信孝正在大坂準備渡海，前往四國攻擊長宗我部元親。另一方面，結束安土訪問的德川家康與穴山信君（梅雪）轉到堺港遊玩。

光秀在六月二日消滅了織田信長及織田信忠後，立即跟反信長陣營的毛利輝元及上杉景勝聯絡，要求他們立即出動牽制各前線的織田軍，而自己則利用這時間火速控制安土城、長濱城以及佐和山城等近江南部主要據點。另一方面，驚聞信長父子死訊的天皇及朝廷貴族在六月七日派人前往安土，與光秀會面。同月九日，光秀上京後，以比照信長規格的方式迎接光秀，準備好讓光秀取代信長，作為京都的保護人。

然而，順風順水的時光已到盡頭，快速佔領近江的計劃被日野城主蒲生賢秀、氏鄉父子所阻，姻親細川藤孝與筒井順慶又沒有跟光秀同調行動，光秀的計劃開始出現破綻。另一方面，光秀派到毛利家的使者在六月三日被包含高松城的秀吉軍捕獲，信長已死的消息也因此被秀吉察知。秀吉立即決定秘不發喪，急忙與毛利家決定高松城開城的事宜。六月四日，秀吉與毛利家達成了和解協議，城主清水宗治自殺，高松城開城交予秀吉，另外毛利家將備中、美作、伯耆三國割讓給秀吉，作為和解停戰的條件。

事成後，秀吉在六月六日立即小心翼翼地離開高松，全速趕路之下，在十二日到達了攝津國富田（今・大阪府高槻市），與當地的織田軍將領池田恆興等人商討對策。翌十三日，受到本能寺之變影響，無法出發前往四國的丹羽長秀及織田信孝到達富田會師，準備與光秀進行決戰。

秀吉的火速回軍大出光秀的意料，在沒有足夠支援的劣勢下，與秀吉、恆興等織田軍於六月十三日在黃昏，在京都西南的山崎（今・京都府乙訓郡）展開決戰。受到兵力佔優的織田軍壓制，光秀軍很快便支撐不住，被迫敗退到後方的勝龍寺城（今・京都府長岡京市）。織田軍立即趕到包圍之下，光秀趁夜逃出城外，在通過山科的小栗栖（今・京都府京都市伏見區）時被當地的村民襲擊，身受重傷下自殺而死，首級被割下送到秀吉的軍帳，再在京都示眾。光秀的黨羽如齋藤利三等也先後被捕，然後在京都被處斬。光秀從殺害主君到身首異處，僅十二天的時間。

光秀戰死的消息傳出後，守衛安土城的重臣兼女婿．明智秀滿逃回坂本城（今．滋賀縣大津市）後放火與光秀一族一起與城共亡，而人去樓空的安土城也在六月十五日遭到附近村民的洗劫，天主閣（城樓）及本丸御殿被火燒燬，但其他部分的建築大致安好。六月十六日，擊敗光秀的秀吉進入安土，平定近江國南部的光秀殘黨後，暫時恢復了織田政權的安寧。

另一方面，當時在堺地遊玩的家康及信君收到本能寺之變的消息後慌忙逃生，家康成功到達伊勢國的白子（今．三重縣鈴鹿市），再經海路回到三河，而穴山信君則在逃生的路上被土民襲擊而死。

家康回到三河岡崎城之後，立即打算出兵為信長報仇，但得知光秀已在山崎之戰大敗，不久死亡後，家康便率兵轉向到甲斐國，接收了無主的穴山領，以及討平了早前殺害織田守將河尻秀隆的地方武裝，將甲斐國據為已有。另外，北陸的柴田勝家、北信濃的森長可、金森長近等將收到消息後都暫時撤兵，停止對上杉景勝的攻擊。至於守衛上野國（今．群馬縣）的重臣瀧川一益則在神流川之戰中被得知信長死訊的北條軍打敗，上野國成為了北條家的囊中物。

六月二十七日，齊集尾張國清洲城的織田重臣羽柴秀吉、柴田勝家、丹羽長秀及池田恆興，以及信長的二子信雄及三子信孝舉行會議，各方為了繼承人問題爭持不下。柴田勝家因為在討滅光秀沒有立功，結果由報仇成功的羽柴秀吉獲得最大的發言權，決定由信長嫡孫秀信（信忠之子）為繼承人，二子信雄及三子信孝為監護人，再由各重臣守護成長。這決議決定後四重臣再跟信長生前最為信賴的盟友・德川家康作出確認，獲得家康的支持。

決定繼承人後，重臣們再決定領土劃分，以及信長死後由四重臣（羽柴秀吉、柴田勝家、丹羽長秀及池田恆興）建立臨時統治體制，但事實上沒有成事，反而是各自為政，各拉幫派。這次事件史稱「清洲會議」，事實上便是標誌著織田政權沒落以及分裂的分水嶺。秀吉在「清洲會議」中獲得了京都及山城國（今・京都府南半部）後，積極與朝廷及西國的毛利家打好關係，又在十月十五日於京都的大德寺為信長舉行盛大隆重的葬禮。事後，秀吉為信長建立了寺廟，名為「總見院」，向內外宣示自己繼承信長遺志的姿態。這些舉動都招致織田家第一重臣・柴田勝家的不滿。

勝家在「清洲會議」後回到領地北庄城（今・福井縣福井市），不忿秀吉的種種行徑，認為他有篡奪織田政權之兆，遂準備出兵與秀吉決戰。然而，由於被困於北陸的隆冬，勝家無法出兵，反而有利了南方的秀吉。察覺到勝家對自己有敵意後，秀吉與織田信雄結盟，並出兵攻打岐阜城，迫使守在那裡，已經與勝家同盟的織田信孝開城投降（圖3-12　賤岳之戰秀吉行軍圖）。

天正十一年（一五八三）二月，秀吉繼續利用勝家困在越前的空隙，繼續攻打勝家的

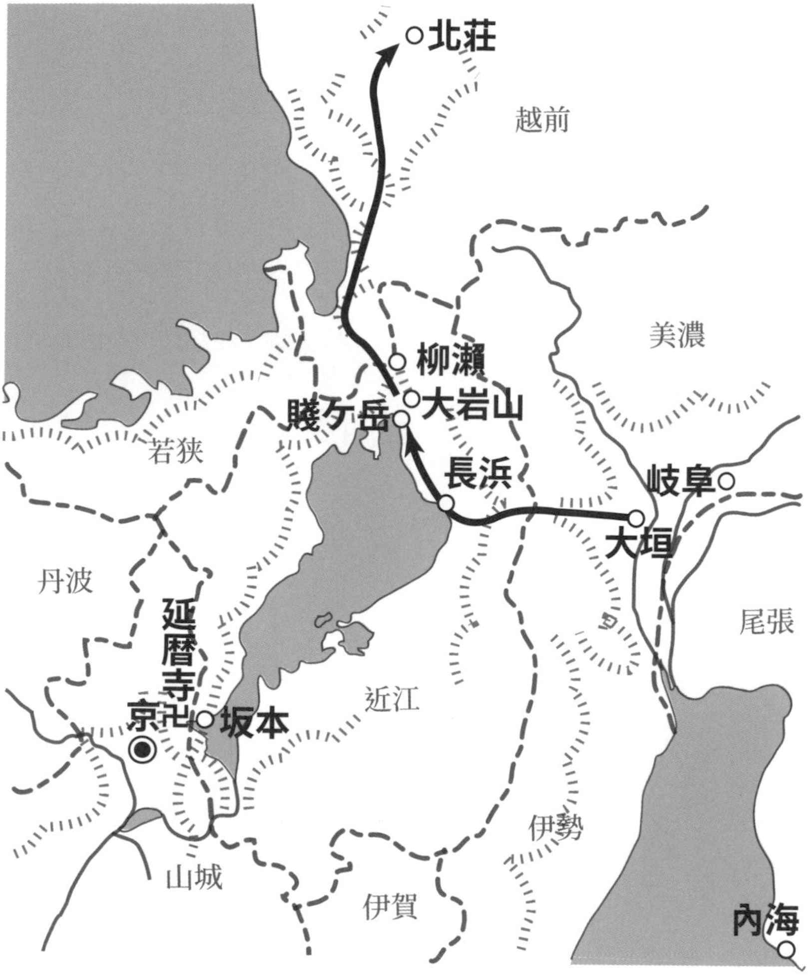

圖 3-12　賤岳之戰秀吉行軍圖

另一個盟友．瀧川一益。勝家等待融雪後，遂與佐久間盛政及前田利家火速南下近江，在北近江的柳瀨（今．滋賀縣余吳町）與秀吉的守軍對峙。為了與秀吉對抗，勝家陣營聯絡了德川家康，還有足利義昭、毛利輝元以及長宗我部元親，希望他們一同包圍秀吉。

然而，當勝家仍在進行聯絡時，秀吉便從伊勢回到美濃的大垣城（今．岐阜縣大垣市，又稱大柿城）備戰。四月二十日，勝家陣營的佐久間盛政趁秀吉不在的空隙，急攻秀吉守軍，斬獲首場勝仗。消息傳到秀吉本營後，秀吉快速從大垣回到近江，更直接出擊追截佐久間軍，原本屬於勝家陣營的前田利家不戰而降，促使了勝家陣營全面的崩潰，柴田勝家被迫敗退回北庄城。這場狂風掃落葉的反擊戰，史稱「賤岳之戰」。

四月二十四日，倒戈的前田利家率領羽柴軍圍攻北庄城，勝家將妻子阿市（信長妹，清洲會議前後結婚）的三名女兒（淺井長政之女）送出城外後，與阿市以及一族在城上放火自殺，北庄城化為灰燼。北庄城之戰後，秀吉與利家繼續北上平定加賀、能登及越中，各地原織田家將領歸順秀吉。完成北陸平定戰後，秀吉回到尾張，要求信雄下令處死仍想反抗的信孝。之後在七月攻擊瀧川一益，迫使一益投降，從此淡出政治圈子。

根除了舊同僚柴田勝家，迫降了瀧川一益、佐佐成政及前田利家，再迫死有力爭奪織田家當家之位的織田信孝後，秀吉控制織田政權的工作大致完成。接下來便是以信長繼承者的身份，繼承信長的遺志，統一日本。

早在天正十一年（一五八三）五月，從北陸回到尾張的秀吉向毛利家的重臣小早川隆景表示將會降服關東北條家及越後上杉家，完成源賴朝以來的霸業。這時候的秀吉已經不再視自己是信長的繼承人，而是以自己的方式繼續信長未完成的事業。到了六月，秀吉選擇大坂作為自己霸業的根據地、出發點，命令家臣在當地建造比安土城更大更雄偉的居城——大坂城。另外，連戰連勝的秀吉也開始論功行賞，以及攏絡一直支持自己的前織田家同僚。

奠定霸業基礎，安定內部人心之後，秀吉的下一階段工作便是落實統一日本的計劃，但在這之前，還有一個懸而未決的課題急需解決，那就是織田信長的盟友．德川家康的處置。

天正十一年六月以後，秀吉已經完全接收了織田家的所有資產，將織田家時代的同僚一步一步轉化為自己的家臣。外交方面，西國的毛利家自從天正十年六月在高松城建立和約以來，大致保持良好的關係，東部的上杉景勝及北條氏政則各有內憂，並未對秀吉構成即時威脅。然而，信長的盟友．德川家康處於織田領國東鄰，在秀吉忙於討平柴田勝家的時候，已經親手拿下了甲斐、信濃南半部，又在天正十年底與北條氏政、氏直父子締結政治婚姻的盟約，雙方劃分各自的地盤後，德川家康的領國已增加為三河、遠江、駿河、甲斐、信濃五國。秀吉與家康的關係表面雖然友好，但如何解決兩者的相互關係，卻仍然是沒有定案。

這時候被秀吉扶植為織田家暫代當家的織田信雄深感秀吉過於強大，於是聯絡了亡父的盟友德川家康，共同牽制。天正十二年（一五八四）三月，信雄與秀吉正式決裂後，家康立刻出兵到尾張清洲城，與信雄會面，家康又與越中的佐佐成政合作，從三方面攻擊秀吉陣營。另外，家康又聯絡了紀伊的根來寺出兵，向大坂城推進。

相反，秀吉則讓北陸的前田利家、丹羽長秀合作牽制佐佐成政，又要求越後的上杉景勝攻擊佐佐成政，使其無法擾局。待織田信雄在四月正式出兵後，秀吉命令池田恆興、森長可等進攻尾張犬山城（今．愛知縣犬山市），下一步攻擊清洲城，而家康與信雄則守在小牧山城，與秀吉軍呈對峙局面。

三月二十八日，秀吉軍的池田恆興、森長可自犬山城出擊，在四月六日與秀吉外甥．三好秀次一起出擊，試圖切斷家康的後路。然而，計劃被家康方察知，在四月九日於長久手（愛知縣長久手町）被追隨的家康軍突襲而大敗，池田恆興、森長可等戰死。史稱長久手之戰，也是秀吉自山崎之戰以來首次大敗。

雖然如此，有壓倒性兵力優勢的羽柴秀吉仍然保住主力兵力，及後與德川．織田聯軍在小牧及長久手附近展開一年的小戰鬥，始終勝負難分。同年十一月中，秀吉改變策略，主攻信雄一方，迫使信雄接受和解，使家康失去作戰的大義名分後，再迫使家康交出人質，與秀吉停戰講和。然而，家康雖然交出了次子秀康作為人質，但仍然沒有主動臣從秀吉。秀吉在這次後世稱為「小牧．長久手之戰」中未能成功地像從前的山崎之戰、賤岳之戰那樣用武力迫使信雄及家康屈服，對秀吉的武威造成極大的損害。

為此，秀吉在「小牧．長久手之戰」快將完結之時，便著手向朝廷要求為自己加官晉爵，提升自己的身份地位。是年十月，正親町天皇提議任命秀吉為將軍，但是秀吉沒有興趣，秀吉想要得到的是比將軍更高的地位，以及與從前的制度都不同的新地位。因此，秀吉婉拒了天皇的美意，只接受繼續晉升官位。到了十一月與信雄單方面和解之時，秀吉已經一口氣晉升為從三位權大納言，成為了殿上人兼高級公卿，身份完全凌駕信雄及家康，加上強大的軍力下，更使秀吉與二人相較之下佔盡上風。

秀吉接受家康送出的人質秀康，意味著形式上德川家與羽柴家已經暫時和平。秀吉在同年底又提議讓西國的毛利輝元之女嫁與秀吉養子秀勝（信長四子）為妻，同時劃定了毛利與羽柴的邊界。這實際上便是要求毛利輝元交出人質，秀吉以此機會，在一年內促成東西兩大勢力與羽柴家結成親密關係，向世人誇示新生的秀吉政權的力量。

大致平定毛利家與德川家之後，秀吉的下一階段的目標便是討平仍未降服的勢力——紀伊、四國及越中。

平民關白

天正十三年（一五八五）三月，秀吉繼續步步高陞，已經位列正二位內大臣。同時間秀吉率兵親征紀伊國。當時的紀伊國雖然在信長生前受到了一定的打擊，有名的雜賀眾也幾近瓦解，但一直沒有被織田政權征服，仍然處於小領主各自為政的狀態。當地的領主與本願寺及根來寺建立密切的關係，在紀伊國以及北鄰的和泉國南部（今・大阪府岸和田市、堺市）一帶有影響力，成為威脅秀吉主城大坂城南方的隱患。在之前的「小牧長久手之戰」中，紀伊國的領主們更暗通家康及信雄，從紀伊北上入侵和泉國，但因為信雄及家康與秀吉和解而退兵，因此留下了被秀吉攻打的藉口。

三月二十一日，秀吉從大坂城出兵後，一直南下到和泉南部，一舉掃蕩、火燒了當地親紀伊方的村落。兩日後，秀吉已經兵臨紀伊的根來寺，同樣進行放火作戰，將根來寺內大部分建築都燒成灰燼。秀吉軍入侵紀伊後，領主之中有部分逃到四國，投靠長宗我部元親，剩下來的則死守在該國太田城（今・和歌山縣和歌山市），對秀吉作最後的抵抗。

然而，秀吉即刻重施當年水攻備中高松城的故技，在四月修築堤堰後再引太田城附近的紀川河水，淹沒太田城。同月二十二日，太田城放棄抵抗，開城投降後，秀吉下令處斬領導守城抗戰的領主們，但赦免了參戰的當地百姓，只要求他們全數交出武器，事後更讓百姓取回守城時帶來的糧食、農具，放百姓回村。

這是秀吉自開始平定日本以來，首次要求百姓交出武器，作為赦免的條件，雖然這個命令不是徹底地奪去了百姓的武裝及武器，但秀吉的作戰只針對領導抗戰的半農半武士的地方領主，與信長以格殺勿論方式討滅長島、越前的地下武裝以及百姓的方式極為不同。

秀吉自從太田城之戰後，開始著手推行新的統治國家政策，即下令敵我雙方的百姓要放棄武裝，阻止他們獲得武器，改為專心農耕，推出「百姓＝務農」的概念，也就是後世所謂的「兵農分離」政策的原型。

另一方面，攻下太田城後，秀吉再用外交手段迫使同國的宗教重鎮高野山的僧兵解除武裝，又禁止高野山收留任何犯下大奸大惡行為之人，要聽從秀吉政權的指揮及指令等。高野山在主和派的僧徒木食應其的斡旋下，為保高野山免受戰火摧殘，接受了秀吉的要求。木食應其也在之後成為了秀吉的左右手。

收服紀伊及和泉後，秀吉將之連同大和國一起交由胞弟羽柴秀長統治，接著又命令秀長在同年六月代自己出兵入侵四國，降伏長宗我部元親。由於元親早早投降，秀吉按先前的計劃，保留元親在土佐國的所有領地，其餘的三國方面，伊予留給了毛利家的重臣小早川隆景、安國寺惠瓊等，剩下的讚岐及阿波則分賜給自己的家臣。至此，毛利家已經完全接受了秀吉的分封及軍令指令，成為了秀吉政權下的從屬諸侯。

平定紀伊及四國後，秀吉終於想定了自己想要的權位。在天正十三年（一五八五）七月，秀吉唆使朝廷封自己為位極人臣的關白，成為史上唯一一個百姓出身的關白，打破了千年來名門貴族藤原攝關五家（二條、一條、九條、鷹司、近衛）壟斷該職的傳統。

事緣同年初，近衛信尹向時任關白的二條昭實提出想接任關白一職，要求昭實讓出，但被拒絕，兩家繼而發生衝突。由於兩家都有資格成為關白，也沒有壓倒對方的絕對實力，雙方爭持不下之下，要求當時官拜內大臣的秀吉出面仲裁。於是，本來也想要關白一職的秀吉便以二條、近衛兩家相爭，誰贏都沒有好處，反而大傷元氣為理由，提議自己出任關白。雖然近衛、二條兩家明白了秀吉的底牌，一度提出反對，但秀吉提議自己暫時充任關白，日後將會還給攝關家為回應，迫使兩家同意。

秀吉為了讓兩家軟化，大打經濟牌，對有資格能夠成為關白的攝關五家進獻領地，為了賠償本應任職關白的近衛家，秀吉賜予一千石的領地作為補償，其餘四家則各自收到五百石。面對秀吉慷慨解囊的誠意，一直經濟拮据又無實力阻止秀吉的五攝關家也只能勉強接受了秀吉的提議。

成為關白的秀吉再在天正十四年（一五八六）底獲朝廷封為太政大臣。不久後，要求天皇賜予自己在源、平、橘、藤四氏姓以外，創立一個新的氏姓——豐臣的特權。「豐臣」意味著「天長地久，萬民快樂」之意。秀吉在著手統一四海的同時，也積極利用朝廷及天皇的傳統力量，形式上在天皇授權之下，自己以新的氏姓以及位極人臣的地位，為自己「裝飾」美化，手握僅次於天皇的權威。

成為史上第一個平民關白後，秀吉的「裝飾」計劃只是完成了一半，接著，他便命令身邊的秘書大村由己為自己撰寫一部自彈自讚的傳記《天正記》，向世人誇示自己消滅明智光秀，為織田信長報仇，更平定四方的才幹及功德。另外，在傳記裡又改寫自己的身世，自稱為天皇的私生子，因為母親被奸人所害，流落到尾張國，後來輾轉成為了信長的家臣。秀吉的這些努力便是為了讓世人認為自己是「名正言順」的新時代關白，使天下群雄都聽命歸順。

不過，即使已經位極人臣，天下仍然有大半未被統一，秀吉要成為名符其實的天下霸主、統領日本的新關白，依然需要以實力去壓伏各地的割據勢力。天正十四年（一五八六）春，秀吉接下來的目標便轉到仍未心悅誠服的德川家康身上。

跟其他對手不同，秀吉面對這個自己未嘗一勝的對手，改以外交手段力圖制勝，同時向世人彰顯關白的威德。同年五月，秀吉主動將自己的妹妹旭日姬嫁給家康為後妻，意圖換取家康上京向天下人宣布歸順，但未能成功。接著，意在必得的秀吉使出最終手段，送自己的母親去岡崎城作為人質，終於迫使家康答應上京臣服。

同年十月二十六日，德川家康放大坂城在眾大名及秀吉家臣面前，向秀吉行臣服之禮，正式成為豐臣政權的新成員。為了感謝家康的到來，秀吉外交戰的最後一環便是讓家康與自己的弟弟秀長同官同位，在同年十一月一同晉身為正三位權中納言，成為僅次於秀吉及織田信雄的大名。

另一方面，在同年八月，秀吉設法迫使家康上京之時，又出兵迫使同樣仍未完全心服的佐佐成政認輸。豐臣大軍攻入越中後，孤掌難鳴的佐佐成政被迫開城投降，後來獲秀吉轉封到肥後。與此同時，秀吉更順便將山中小國飛驒國的姊小路自綱也招攬過來。讓前同僚金森長近入主飛驒。同年更招待越後的上杉景勝到京都，正式接受景勝的臣從。至天正十四年為止，本州除了北條家，以及遠在東北的奧羽地區外，大多歸順了關白秀吉的政權，而西邊便剩下當時席捲九州全土的島津家。

征服鎮西

天正十四年（一五八六）時，九州的大部分地區已成為了薩摩島津家的囊中物，只剩下豐後的大友家以及筑前國部分地區仍與之對抗。早在前一年的天正十三年十月的時候，秀吉已經以關白的身份，以及天皇的名義，要求島津義久與大友宗麟、義統父子，還有九州諸侯停止戰爭，並且下達立即歸順豐臣政權的命令。這是秀吉平定日本以來，第一次積極利用天皇作為大義名分，並且以自己獲天皇授權為名去降服對手，與以往只靠一己軍事能力，用硬實力去打敗對手的手法截然不同。可以說，九州征伐體現了豐臣政權的權力來源以及正當性，甚至說秀吉是利用了九州征伐來彰示豐臣政權的「軟硬實力」。

秀吉的停戰令發出後，被島津家猛打的大友家當然立即附和，但島津家沒有正面回應，在天正十四年（一五八七）正月，島津義久一方面派家臣到京都及大坂，向秀吉辯稱攻打大友家是出於自我防衛，不是侵略，另一方面則繼續向筑前、筑後（今．福岡縣）進攻，在豐臣秀吉表明行動前盡快作出最大戰果，再伺機而動。

面對島津家首鼠兩端的行徑，正好要「磨刀」的秀吉在同年七月決定出兵，高舉「討逆」的旗號，指令毛利家與小早川家、吉川家，以及四國的諸侯出動到九州討伐島津家。同年初冬，毛利三家登陸北九州，迫退了那裡的島津軍，但在十二月，登陸豐後的四國軍隊則在戶次川之戰大敗給那邊的島津軍，使豐後幾乎一度反被島津軍攻佔，使戰況依然膠著。

到了天正十五年（一五八七）三月一日，秀吉與胞弟秀長率領主力部隊向九州進發。四月十七日豐臣秀長率領的軍隊在日向國根白坂之戰（今．宮崎縣兒湯郡）大敗島津義久的守軍，各地島津軍陸續敗退，原本從屬島津家的九州諸侯也紛紛表示效忠豐臣政權，一同追擊正在向南撤退的島津軍。

根白坂之戰後，秀長請求將軍足利義昭及高野山的名僧木食應其為使者，說服島津義久盡快投降，獲得義久同意，並且自行剃髮出家以示謝罪之意，在五月八日，身穿僧袍，隻身一人在薩摩國川內的泰平寺（今・鹿兒島縣薩摩川內市）晉見到達的秀吉，正式表示投降。秀吉接受義久（當時出家，法名「龍伯」）的投降，保留了薩摩、大隅及日向南部作為島津家的領地，結束了九州征伐戰爭。

六月七日，秀吉從薩摩回到筑前的筥崎（今・福岡縣福岡市），對外宣布九州的領地分配方案。島津家之外，大友家保住了豐後國，小早川隆景則獲得了筑前國，黑田孝高（官兵衛）等豐臣家臣則受封到豐前，而秀吉的前同僚・佐佐成政則被起用到肥後統馭該國的領主。另外，秀吉又發布了三項重要的命令：第一是發布了海賊禁止令，禁止九州以及瀨戶內海的水軍勢力的自由行動，要求他們服屬豐臣政權旗下的大名領主之下（後來禁止令範圍適用至全國）；第二是命令對馬島（今・長崎縣）的宗義調向朝鮮王國通報，要求其國王親自來日本覲見，表示歸順。第三則是在六月十八及十九日宣布禁止天主教傳教，只許可傳教士進行商貿活動。

天正十五年九月，回到京都的秀吉正式入住了新建成的府第——聚樂第（今・京都市上京區），意為「凝聚長生不老的歡樂」之地。聚樂第選址在昔日平安時代皇宮的舊址興建，秀吉的用意不言而喻。秀吉為了繼續強化自身的權勢以及攏絡朝廷，天正十六年

（一五八八）四月十四日，力邀新登基的後陽成天皇以及皇室來到聚樂第作客遊玩，顯示天皇與關白秀吉打成一片的效果。

受到秀吉盛大宴請歡待的天皇一連在聚樂第玩樂了五天，其間，秀吉利用天皇御駕親臨的機會，要求出席的各大名諸侯向天皇交出誓書，內容包括保證會效忠天皇及關白，還有保護朝廷及公卿貴族的權益等。秀吉借助天皇之名，讓諸大名一起向自己宣誓效忠的目的顯而易見。

為了進一步強化對大名的控制，秀吉創立了獨自的官制，簡單來說就是讓諸大名按地位以及跟秀吉的關係賜予相應的虛名官位，實現以秀吉為首的武士政權政治秩序。同時，秀吉又賜姓「豐臣」予最高級以及跟秀吉個人關係親密的大名共二十多人，加強他們的團結以及對政權的向心力。

收服關東

完成了九州征服，以及為政權安定草創了政治秩序後，秀吉繼續進行他的統一日本計劃，下一個目標便是剩下來仍未歸順的關東及奧羽地區。天正十二年（一五八四），秀吉與家康、信雄在「小牧長久手之戰」初次交鋒之時，已經聯絡關東諸侯，期望他們能夠歸順豐臣政權，給予家康以及關東的北條家政治壓力。另外，秀吉也在天正十四年前後跟奧羽南部的伊達、山形（最上）、大崎等家通訊，向他們表示自己統一日本的決心及計劃，要求他們盡快表明態度。

天正十四年（一五八六），越後的上杉景勝及德川家康先後服屬豐臣政權後，秀吉命令兩人作為仲介，催促關東、奧、羽三地的諸侯們親自上京表明臣服的意志，停止一切戰事以及接受秀吉的裁決和政令。然而，這些要求只是秀吉一廂情願的片面要求，在關東及奧羽的諸侯中除了處於劣勢的領主希望借助秀吉的力量保命外，佔上風的如北條家、伊達家，乃至勢均力敵的領主都沒辦法立即接受秀吉的要求。加上秀吉當時正要出兵九州，秀吉的預告仍然「只聽樓梯響」，沒有即時的效果，致使各地的戰爭依然繼續。

平定九州之後，秀吉舊事重提，要求關東、奧羽領主落實臣服的決定。其中，關東最強大的領主北條家與豐臣政權之間，就臣服的問題爭議不斷。與島津家一樣，北條家採取兩面措施，一方面派員與秀吉談判，磋商臣服的安排及條件，另一方面又動員領內軍民，準備應戰，以防萬一。

北條家開出的要求是希望自家能獲得與德川家康當年同等的待遇，即在秀吉派出人質作為保證下，由北條家的前當家北條氏政上京，代表北條家宣布臣服豐臣政權。雙方在天正十六年（一五八八）的第一階段談判取得了一定的進展，除了豐臣政權交出人質一事仍然沒有定案外，北條家與各關東領主的領地劃分已有初步定案。

其中的焦點之一，即北條家與上野國的大名真田家在沼田領（今·群馬縣沼田市）的領土劃分上，豐臣政權提出北條家獲得沼田的三分之二，真田取得剩餘的三分之一，由北條家的姻親，真田家的上屬領主德川家康負責執行。北條家答應了秀吉的提案，並實行了割讓後三個月，即天正十七年（一五八九）十月發生了著名的「名胡桃城事件」，北條家的軍隊奪取了已屬於真田領地的名胡桃城（今·群馬縣月夜野町），意味著豐臣政權提出的和解方案被否定。

北條家雖然嘗試作出辯解，但為時已晚。在辯解使者之前已收到消息的秀吉大發雷霆，十一月二十四日向北條家發出五條內容的最後通牒，當中指責北條家蔑視代理天皇管治日本的豐臣政權的決定，又在最後一條揚言「背逆天理」的北條家對天皇不忠，必遭天譴，預告在第二年發兵討伐。

受到秀吉強力指責的北條家除了繼續嘗試辯解外，眼看與豐臣政權一戰的可能性越來越大，於是加緊在領國內徵召百姓及從屬領主動員備戰，以及調達軍糧入城，準備固城死守。天正十八年（一五九〇）三月，豐臣與北條之間的談判宣布破裂，秀吉率領大軍從京都出發，又指示在北條家鄰邊的德川家康、上杉景勝、前田利家為先鋒。三月二十九日，合共二十二萬的諸侯聯軍從三方面入侵北條家的領地，其中，北條家重點防守的山中城

（今・靜岡縣三島市）在數萬大軍的狂攻下一天陷落，各地的防禦也在接下來的三個月內相繼被突破後，豐臣大軍從海陸兩方面包圍小田原城四周，迫使北條家徹底投降。

七月底，當家北條氏直與老父・北條氏政及家臣等開城投降。氏直被流放到高野山，北條氏政、其弟北條氏照以及部分家臣被指為「主戰派」，負上戰爭責任，被勒令切腹謝罪，事後首級被送到京都示眾。關東地區的其他領主大多向豐臣政權表示臣服，獲得秀吉保證領地完好。

八月，秀吉在小田原城之戰後宣布德川家康入主關東北條家的舊領地，原本的三河、遠江、信濃、甲斐、駿河五國則交由已成為秀吉臣下的織田信雄（但後來信雄拒絕改封而被沒收領地）。小田原之戰以及家康入主關東之後，意味著關東的戰國時代已經完全結束，豐臣政權剩下要平定的就是東北的奧羽地區。

平定奧羽

在「名胡桃城事件」發生前後，奧羽地區各自出現了重大的戰況突破。首先，當時的南奥地區（今・福島縣）北方最大的領主伊達家在當家伊達政宗的率領下，與南方的蘆名家及在背後支持蘆名家的常陸佐竹家對抗。蘆名家自從天正九年（一五八一）中興之主蘆名盛氏病死後，養子蘆名義隆被家臣暗殺，義隆之子又夭折後，引發政治危機，伊達家與佐竹家爭相希望派子弟入主蘆名家，最終以佐竹家的勝利告終。佐竹家的當主佐竹義重將次子義廣送入蘆名家，間接控制了蘆名家的指揮權。自此，南奧地區形成了「伊達家對蘆名家・佐竹家」的爭霸局面。

然而，到了天正十七年（一五八九）六月，伊達家的當家・伊達政宗在摺上原之戰（今・福島縣豬苗代町）打敗了蘆名家的領主・蘆名義廣，佔領了蘆名家的領地。伊達家創造了其家族史上最大的版圖，更與北條家合作，一起壓迫共同敵人佐竹家。

伊達家雖然成功擊破蘆名家，扭轉戰局，可是，由於蘆名家在佐竹家的安排下，已經在摺上原之戰前臣服在秀吉腳下，政宗的勝利站在秀吉的角度而言，就是赤裸裸的侵犯豐臣政權尊嚴的入侵行動。當初，仍然忙於對付北條家的秀吉只是派員向政宗要求退還蘆名領地，以及親自到京都覲見秀吉，向秀吉謝罪。

政宗一直拖到天正十八年，豐臣軍出動攻打北條家的時候才決定歸順秀吉，並且在小田原之戰快將結束的六月五日順利到達了小田原，四日後穿著壽衣，向秀吉謝罪。秀吉接受了政宗的投降，只沒收了政宗侵吞的蘆名領地，准許他成為豐臣政權下的領主。

伊達政宗的投降意味著秀吉在小田原之戰結束後，同時解決了征服奧羽地區的最大障礙。接著在八月，秀吉宣布了關東以及奧羽地區的領地配置方針。織田信雄因為拒絕改封，被秀吉沒收所有領地，流放下野國（今・櫪木縣）；德川家康入主關東八州後，原本信雄的尾張、伊勢以及家康的三河、遠江、駿河、甲斐及信濃悉數分配給秀吉的家臣，旨在更有效地控制東海道地區，以及把可靠的親信分布在入主關東的家康以及奧羽領主的周圍，以便監察。

奧羽地區方面，秀吉在八月九日到達會津黑川城（今・福島縣會津若松市），公布了奧羽領主的處分方案。沒有到小田原覲見秀吉的大崎、葛西等家被沒收領地，伊達、最上、南部、津輕、下國安藤等家則獲得領地安全的保障。秀吉從政宗手上收取會津郡後，安排了重臣蒲生氏鄉入主會津，另外被秀吉沒收領地的大崎（今・宮城縣大崎市等）、葛西（今・岩手縣一關市等）十二郡則交付給另一名重臣木村吉清、清久父子，與蒲生氏鄉南北牽制伊達政宗，並且監視其他奧羽領主。

其他的奧羽大名多數都獲得了領地安全的保證。其中在戰國末期積極爭取脫離北部南部家的大浦為信因為在較早的時期向秀吉效忠，獲得秀吉許可獨立，成為津輕地區（今・青森縣中、西部）的獨立勢力。

得到秀吉保證領地安全的奧羽大名被勒令將妻兒送到京都常住，作為人質。另外，為了防止家臣造反叛變，強化大名的集權，豐臣政權指示各大名倣效豐臣政權的做法，各自要求自己的家臣也交出妻子，到大名居城的城下居住，又要求大名們拆毀主城以外的領內各城堡，以免被有叛意的家臣或反亂分子佔用作為抵抗的據點，最終促使大名的統治更為集中。

此外，各大名也必須在豐臣政權的指導及標準下進行丈量土地（「檢地」），以清查土地生產力，強化諸大名的財政收入，以便為豐臣政權提供人力、物力，以及支持大名在京都生活、值勤的生活開支。檢地的執行權因家而異，但最後都必須上報給豐臣政權，作為政權徵召兵力、夫役的根據。豐臣政權在完成關東及奧羽的軍事征服後，通過推出統一的做法及標準，以效忠的名義，強制各大名執行，形成了一套規範及「臣服」的思想價值，從制度上及精神上也達成了「統一」。

豐臣政權要求的各種措施在秀吉離開會津，啟程回到京都後便陸續開始執行。秀吉在離開前向負責執行、指揮奧羽新支配政策的重臣淺野長政指示，既要盡力說明新措施的內容，同時也要嚴厲消滅反抗分子，揚言即使亡村亡莊也在所不惜。然而，雷厲風行的沒收領地處分，以及要求以統一標準丈量土地和計算土地面積與稅額比例的政策，使得被征服地區民眾的恐懼、不滿也急速積累。奧羽地區裡有很多被秀吉沒收土地的領主，他們的家臣看準了民眾不願在嚴格、統一的標準下繳交更多貢稅的不滿。在豐臣主力軍陸續離開後，失去領地的領主、他們的家臣與各地百姓開始舉旗起事，爆發了大規模的武裝騷亂。

同年九月下旬，陸奧國的大崎五郡（今・宮城縣大崎市）、葛西七郡（今・宮城縣氣仙沼市、石巻市、岩手縣一關市）、出羽的庄內地區（今．山形縣鶴岡市、庄內町、酒田市一帶）、仙北地區（今．秋田縣橫手市、湯澤市）等先後出現地下武裝，反抗領主的檢地，也就是不滿豐臣政權的各種措施。然而，由於兵力差距懸殊，大部分的騷亂在一個月內便被留守當地的豐臣軍及當地領主平息，但是大崎、葛西十二郡以及北方的九戶地區的騷亂卻持續蔓延。其中，大崎、葛西十二郡的武裝力量更一度包圍新入主領地的木村父子居城，大大傷害了豐臣政權的統治。十二月，秀吉命令奧羽各地的諸侯出兵平亂，又在翌年天正十九年（一五九一）的六月增派德川家康及豐臣秀次等前赴奧羽地區協助鎮壓。

經過一年的擾攘，各地的騷亂在豐臣政權的增援下陸續被平定，最後仍在抵抗的九戶城（今．岩手縣二戶市）也在天正十九年（一五九一）九月被攻陷。這場被稱為「奧羽一揆」的事件終於落幕。事後，無力平亂的木村吉清父子被沒收領地，伊達政宗也因為在鎮壓騷亂時被懷疑與騷亂有關，被豐臣政權命令改遷到騷亂的爆發地大崎．葛西十二郡，變相讓伊達政宗自食其果。

反抗豐臣政權政策的奧羽騷亂得以平定，意味著豐臣政權徹底地完成了日本的統一，成為日本史上劃時代的創舉，極具歷史、政治意義。然而，對於秀吉來說，統一日本並不代表其大業已成，而是另一個目標的前提。天正十九年（一五九一）十月，秀吉在平定奧羽地區後，已經馬不停蹄的開始實行他的終極目標——借道攻明（「假途入明」）。

慾望之戰

日輪與神國

天正十九年（一五九一）十月，秀吉下令在肥前國面向玄界灘的名護屋（今・佐賀縣唐津市）修建名護屋城，以及供日本各地諸侯使用的屋舍，準備在第二年出兵經朝鮮半島，入侵明帝國。於是歷時七年的「壬辰丁酉戰爭」就此開展（又稱「文祿慶長之役」、「萬曆援朝戰爭」）。

前文所述，天正十五年（一五八七）六月，秀吉命令對馬島主宗義調向朝鮮王國發出要求，指示國王來日本覲見，以示效忠。理由是秀吉以為朝鮮王國一直聽從對馬宗家的號令，義調雖然無法當面解誤，但當然也沒法請求朝鮮王國的國王來日本覲見秀吉。然而，秀吉的目標不止於要征服朝鮮，他的真正目的是要穿過朝鮮，征服朝鮮的宗主國明帝國。因此，在秀吉的認識裡，既然朝鮮王國「從屬」於對馬宗家，而宗家又已經臣服於秀吉之下的話，那麼，由宗家來命令朝鮮王國來服從豐臣政權，並協助完成秀吉征服明帝國的計劃也是理所當然的。

夾在中間的宗義調固然不可能要求世代與自家通商交好的朝鮮王國的國王來日本朝覲，更何況宗家其實早已私下向朝鮮王國行臣下之禮，這無疑是直接挑起戰爭，夾在中間的對馬必然大禍臨頭。於是，義調便派家臣柚谷康廣到朝鮮王國，自稱是日本派來的國使，藉口日本的新國王（意指秀吉）登基，要求朝鮮王國派使者（「通信使」）到日本覲見致意，但朝鮮方沒有理會。

到了天正十七年（一五八九）三月，秀吉嚴命宗義智（義調之子）向朝鮮王國施壓，這次義智與親交的臨濟宗僧侶・景轍玄蘇一起到朝鮮，再次要求朝鮮派國使到日本面見秀吉。宗家的做法當然與秀吉的要求完全不同，但也是無奈之下的折衷方法。

朝鮮王國收到宗家的要求後，以逮捕及遣送在南方全羅道作亂的倭寇首領到朝鮮為交換條件，答應宗義智的要求。天正十八年（一五九〇）三月六日，以朝鮮國王宣祖的名義派出的國使黃允吉從漢城（今・大韓民國首爾市）出發前往日本，七月到達京都。

知道朝鮮來使到達京都，以朝鮮國王的名義，向「日本國王」秀吉呈交了國書後，秀吉沒有隆重其事，反而故意延遲回覆國書，又讓黃允吉等人在堺港等待秀吉的指示。十一月七日，已經完成關東及奧羽戰事凱旋的秀吉在聚樂第接見了朝鮮正使黃允吉。一直以為朝鮮來日是宣誓效忠的秀吉後來在回覆朝鮮國王的國書中，明記朝鮮「先驅入朝」等侮辱朝鮮的字眼，又要求朝方作為「征明嚮導」。

朝鮮正使黃允吉向一直隱瞞內情的宗義智及景轍玄蘇要求更改及說明情況，但有苦難言的兩人只將「征明嚮導」改為「假途入明」，要求黃允吉回國通告朝鮮宣祖，被黃允吉嚴詞拒絕。

然而，對朝鮮的傲慢只是秀吉思想上的一部分。在秀吉的眼裡，紛亂不休的日本都已在他的帶領下以少數兵力便完成統一，那麼對付國土較大的「長袖之國」（不善武備、軍事之意）明帝國，只需多派兵力前往征服便可。而且，不止招降朝鮮輕而易舉，秀吉更向臣下揚言征服明帝國，甚至天竺（印度）、南蠻（歐洲）也只在指掌之間。

接著，秀吉除了要求朝鮮服從外，秀吉也向南方的琉球王國要求臣從，另外更向琉球南方的高山國（台灣）和西屬呂宋（菲律賓）發出國書，要求兩國派使到日本朝貢，加入豐臣政權的旗下。從當時的東亞政治來說，這等同否定明帝國構築的朝貢體制，另外建立一個由豐臣政權控制的日本為中心的朝貢體制，與明帝國的體制形成對抗關係。

其中，琉球王國因為有島津家做中間人的關係，秀吉命令島津義久代為向琉球國王要求派使前來日本表示臣服之意，以及在侵略朝鮮及明帝國時提供一切的支援。這種日本對琉球王國的理解同樣建立在與之有親交關係的大名（島津家）對兩者關係的錯誤描述所致。然而，這個錯誤對於自信能稱霸四方的秀吉來說則是無關痛癢的問題。

至於更遙遠的高山國以及呂宋，秀吉則以相對對等的立場呼籲兩地的領導人來貢。為此，秀吉特意命令擅於文筆的京都相國寺之僧西笑承兌撰寫國書，裡面訴說自己一生的奇遇（同樣的書信也發送給朝鮮王國）：

「予當于托胎之時，慈母夢日輪入懷中，相士曰日光之所及，無不照臨。壯年必八表聞仁風，四海蒙威名者，其何疑乎，依有此奇異。作敵心者，自然摧滅。戰則無不勝，攻則無不取。既天下大治，撫育百姓，憐愍孤獨，故民富財足，土貢萬倍千古矣」（注：國書文字在日、朝史料裡用字有出入，但大意相同）

秀吉誇示自己是母親授胎自「日輪」（太陽）而生的人，依相士之言，定必「八表聞仁風，四海蒙威名」，暗示自己到哪裡都所向無敵。秀吉使用這樣的表達方式，是認為朝鮮、琉球、高山國及呂宋乃擁有共通文化及精神價值的區域，能夠理解秀吉的「神話」。放眼一看，秀吉的這種為自己的出生加添神秘色彩和怪奇傳說的行為，與當時東亞地區尤其是中國大陸的統治者製造出生神話其實如出一轍，無可厚非。

在另一方面，秀吉自己曾提到要在征服明帝國後，還要征服天竺（印度）、南蠻（歐洲）。跟寫信給高山國及琉球王國一樣，秀吉也先禮後兵，向駐在印度果亞的葡萄牙印度副王遞送國書。但不同的是，寫給葡萄牙人的國書上沒有用到上述的「日輪之子」傳說，而是搬出了「神國日本」的理論：

「夫吾朝者神國也，神者心也。森羅萬象不出一心，非神其靈不生，非神其道不成。況幼時此神不增，減劫時此神不滅。陰陽不測之謂神，故以神為萬物根源矣。此神在竺土，喚之為佛法，在震旦，以之為儒道，在日域謂諸神道。知神道，則知佛法，又知儒道。凡人處世也，以仁為本，非仁義，則君不君，臣不臣。施仁義，則君臣父子夫婦之大觀其道成立矣。若是欲知神佛深理，隨懇求而可解說之也」

秀吉深知印度、南洋等地不少地區為天主教國家控制，對天主教甚為警戒的秀吉搬出了自認為與天主教教義相等，甚至淩駕在上的「神道」、「佛法」、「儒道」，與天主教的教義對抗。秀吉強調日本是神國，不容外國勢力傷害日本篤信的「神道」、「佛法」、「儒道」。在秀吉的眼裡，「南蠻」（歐洲）以及其統治的南洋地區不是秀吉征討降服的優先對象，但一旦自己順利拿下「震旦」（中國大陸）之後，天竺和南蠻也將進入秀吉無邊的征服計劃之中，現在只是先跟葡萄牙人打招呼而已。

從以上的國書可以看到，秀吉的世界觀裡是將日本定位為神國，與中國大陸、歐洲同等，但卻高於其他周邊國家。因此，自己受命於天，成功平定「神國」日本後，下一步必然繼續通過征伐日本周邊的國家，樹立「神國」的地位。在他眼裡，世界理所當然地將由他一手建立出一個以日本為中心的新秩序及新景象。

文祿之戰

在不知就裡的情況下，對世界擁有無邊憧憬的秀吉以朝鮮沒有順應自己的命令為理由，在天正十九年（一五九一）八月宣布，將於翌年三月出征朝鮮，然後進攻明帝國，又命令全國大名準備動員，務求必須確保各家按照檢地帳顯示的兵力要求，調動足夠的兵員。

同年八月，秀吉之子鶴松夭折，痛心喪子的秀吉了無牽掛，專心主理侵略朝鮮的工作。於是，他便突然將關白之位讓給他的外甥豐臣秀次，自稱「太閤」（關白、攝政大臣退休後的尊稱）。

然後，秀吉在天正二十年（文祿元年＝一五九二）正月向秀次發布指令，要求以關白的名義下令五條指令，其中重點為：（一）各家大名徵集的兵卒、人夫中逃亡後，一旦發現就地處決，（二）大名必須提供軍糧給人夫，要求被徵集為人夫的百姓所屬的鄉村另外調撥人手從事耕作，（三）如鄉村未能適當地調撥耕作，或棄耕，以鄉村全體責任論處。

文祿元年（一五九二）三月，秀吉下令各大名清查領內人口，並製成帳本，如有發現不事生產，不行耕種的人，必須找出來充當夫役或兵士，嚴禁鄉村收留這類人等。進行這些安排後，秀吉在名護屋集結了三十萬軍隊，主力由九州、四國、山陰、山陽的諸侯，以及活躍於西日本的水軍領主如九鬼、忽那等家擔任，東日本的大名則為後備，在名護屋待機。

三月十三日，秀吉正式發表了入侵朝鮮的軍隊陣容。四月十二日早上，以宗義智（義調養子）及小西行長為先鋒的侵朝軍從對馬島的大浦（今．長崎縣對馬市）出發，十三日登陸朝鮮釜山（今．韓國釜山市），開始侵略朝鮮（圖3-13 文祿（壬辰）之戰）。

日本軍登陸釜山後，立即攻陷了釜山城及東萊城等東南沿岸城池，到了四月二十七日已經進入忠州（今．忠州市），其他的日本軍各部隊陸續向朝鮮半島進發。忠州被攻陷後，朝鮮國王宣祖在四月底宣布棄京城北走，逃到平壤城（今．朝鮮人民共和國平壤市）。到了五月三日，一路北上的小西行長、宗義智先鋒部隊以及加藤清正、鍋島直茂等率領的第二部隊成功佔領朝鮮王城．漢城，其餘的侵略軍也陸續入城，再決定北上戰略。

日本軍佔領漢城後，立即派人回報秀吉。秀吉在名護屋收到消息後，喜出望外。從出兵渡海到佔領敵方的王都，只用了兩個月的時間，看似比之前日本本土的九州征服、關東、奧羽的平定戰都更加順利，使秀吉覺得征服朝鮮已經成功在望，接著便打算自己親自出馬，完成壯舉。

在這之前，秀吉嚴令駐守漢城的日本軍管束士兵，促使都民回來耕作，又命令侵略部隊撤出漢城，只讓秀吉率先派出的親兵留守漢城，其他部隊在城外收集軍糧，以及準備秀吉來到時使用的行所及道路。在秀吉的眼裡，入侵朝鮮與他在日本征服四國、九州、奧羽沒有分別，所行的戰後措施也毫無差異。發布了漢城的暫管方針後，秀吉又向國內發布了

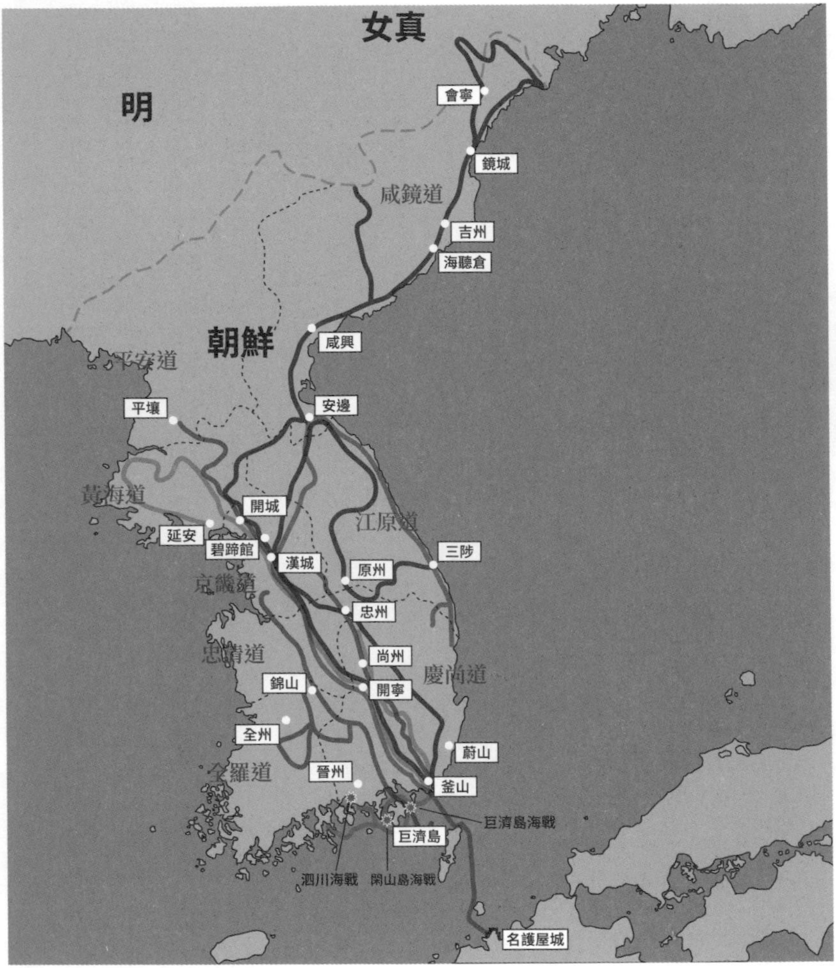
女真
明
會寧
鏡城
咸鏡道
吉州
海聽倉
朝鮮
咸興
平安道
安邊
平壤
黃海道
開城
江原道
延安
碧蹄館
漢城
三陟
原州
京畿道
忠州
忠清道
尚州
慶尚道
錦山
開寧
全州
蔚山
全羅道
晉州
釜山
巨濟島海戰
巨濟島
泗川海戰
閑山島海戰
名護屋城

圖 3-13　文祿(壬辰)之戰

自己的征服明帝國後的統治大綱：

一、委任外甥豐臣秀次為中國大陸的關白，賜予北京城附近的土地為食邑。

二、奏請後陽成天皇在兩年後在公卿貴族陪同下移駕北京，成為中國大陸的天子，再贈予北京城周邊的土地為皇家御領。隨行的貴族也將獲得分配食邑。

三、後陽成天皇移駕北京後，由皇太子或天皇的皇弟就任日本的天皇，由秀吉的外甥豐臣秀保或養子宇喜多秀家為日本本土的關白。

四、征服明帝國後，秀吉指定曾經是室町幕府與明帝國交易地浙江的寧波（今・中國浙江省寧波市）為自己的新居所，到時候再謀劃進攻「天竺」（印度）的大計。

五月中，佔領漢城後，先鋒部隊的小西行長軍繼續向平安道推進，追捕朝鮮宣祖一行；第二軍的加藤清正則往東北的咸鏡道，追截逃到當地招兵的朝鮮王子。六月十一日，在朝鮮的北部重鎮・平壤（今・朝鮮人民共和國平壤市）暫避的朝鮮宣祖在日本軍攻來之前及時逃出，奔赴接近明帝國邊境的義州（今・朝鮮人民共和國義州郡），等待明帝國的援軍。四日後的六月十五日，日本軍順利攻陷平壤城，除了平安道北部以及咸鏡道外，朝鮮半島內陸地區的大部分已被日本軍佔領。

當初，不少苦於朝鮮王國統治的低下階層及邊陲國民都配合或歡迎日本軍的到來，甚至擔任嚮導。不過，隨著日本軍深入，軍糧開始不繼，轉為在朝鮮當地強制徵集糧食後，朝鮮國民的期待開始落空。而在祖國存亡告急的情況下，各地開始出現自稱為「義民」、「義兵」的地方武裝起來反抗日本軍的侵略，更利用游擊戰術偷襲各地的日本佔領軍。

另一方面，朝鮮王國的全羅左道（今．大韓民國全羅北道、南道一帶）水軍節度使．李舜臣糾集一度敗退的朝鮮水師，在五月份的玉浦之戰及泗川之戰，六月初的唐浦之戰，還有七月的閑山島之戰裡，連續大敗全羅道的日本水軍。當中，五月底的泗川海戰，李舜臣利用朝鮮水軍研發的龜甲船以及熟知水道地理的優勢，大敗日本水軍。

日本水軍敗退後，與日本本土的聯絡及補給也被迫中斷，在朝鮮半島內的日本佔領軍慢慢陷入缺糧的困境，被迫在朝鮮半島內繼續強徵強搶朝鮮人的糧食。被壓迫的朝鮮人大多逃到山區內，作消極的抵抗，因此導致日本軍陷入惡性循環之中。

雖然如此，率領日本軍第二軍的加藤清正及鍋島直茂等人仍然向東北的咸鏡道推進，在七月二十三日成功在咸鏡道城津附近（今．朝鮮人民共和國金策市）擊敗了當地的駐軍，再在會寧捕獲了兩位朝鮮王子（臨海君及順和君）。更一度翻越朝鮮的東北邊界，進入女真族居住的兀良哈地區。至此，第二軍在朝鮮半島東北的征服暫時順利完成。

然而，在朝鮮王國多番請求下，宗主國明帝國終於決定派兵支援。先鋒祖承訓的軍隊於同年七月渡過鴨綠江，南下攻擊平壤，但被佔領平壤的小西行長軍擊退，祖承訓僅以身免。同月底，朝鮮將領金命元再攻平壤，也被日本守軍擊敗。平壤城久久未能收復的消息傳到北京後，明帝國決定加派增援部隊入朝。八月，軍務經略宋應昌指令拜任防海禦倭總兵的李如松，連同自稱「通倭事」而獲任命為遊擊的沈惟敬率軍進入朝鮮半島，首要務必收復平壤城。

至於在日本的佔領軍方面，他們也在八月左右收到明帝國增援軍前來朝鮮半島的情報，漢城及平壤守軍出現軍心動搖的狀態。到了八月二十九日，率先到達朝鮮的沈惟敬與小西行長在平壤城進行第一次談判，但沒有達成任何結果，只同意雙方停戰五十日。

同年十二月底，李如松的部隊開進朝鮮半島，進入義州覲見朝鮮宣祖後，在翌年的文祿二年（一五九三）正月五日聯同朝鮮官軍及義兵合共近五萬，開始圍攻平壤城。以小西行長及宗義智為首的守軍不敵後，在李如松的許可下向南部的開城（今・朝鮮人民共和國開城市）撤退，與屯駐在當地的黑田長政及小早川隆景會合。

不久後，開城守軍在會議後決定撤退到漢城，並在一月底的碧蹄館之戰中，擊敗了輕率冒進的李如松先頭部隊，暫緩了李如松向漢城進逼的步伐。然而，戰況繼續對日本軍不利，加上連場海戰大敗，補給線已完全被切斷，加上朝鮮官軍在三月偷襲，並燒燬了各地的官倉後，日本軍陷入後路被阻，糧食不繼的打擊之中，士氣萎靡不振。

在這狀況下，日本軍中陸續出現將士脫逃的情況，為此秀吉嚴命各大名嚴加管束，以及防止將士役夫擅自離隊。這些逃走的將士除了設法回到日本外，也有不少選擇留在朝鮮，向朝鮮投降。朝鮮軍便吸收了部分真心歸降的日本將士，稱之為「降倭」，讓他們指導朝鮮官軍使用火繩槍，同時也嚴厲甄審「降倭」的真偽，防犯詐降的日本間諜魚目混珠。

這時候，一直主張與明帝國和解的小西行長再次向諸將提議跟明帝國代表沈惟敬和談，以圖突破困境。李如松自碧蹄館之戰的敗戰後，也轉為支持和談，可是受到朝鮮王國的強烈反對，交涉一度受阻。到了四月中，在朝明軍私自委派經略宋應昌的幕僚參將謝用梓及遊擊徐一貫為日朝「使節」，以和談為名，實際是偵察日本虛實為目的，與小西行長、石田三成以及被加藤清正抓獲的朝鮮王子等一同從朝鮮出發，前往名護屋與秀吉會面。

虛假和平

五月二十三日，以為明帝國前來乞和的秀吉在名護屋城接見謝用梓及徐一貫的同時，又命令在朝鮮半島的日本軍繼續攻打全羅道的水道要塞．晉州城，以確保日本守軍能確實地控制朝鮮半島南部，使日本佔領當地成為既成事實，以有利談判。最終晉州城在六月二十九日被日本軍攻陷，完成了秀吉的戰略目標。在前一日的六月二十八日，秀吉以勝利者的姿態對謝、徐兩人開出了和解條件。

一、明神宗的公主嫁給後陽成天皇為妃

二、勘合貿易重開，准許日、明兩國商船、官船互市
三、日、明兩國的和解誓書由兩國大臣負責交收
四、朝鮮八道之中，北方四道（咸鏡、平安、京畿、黃海）以及王都漢城歸還給朝鮮
五、朝鮮派出一名王子及大臣到日本作為人質
六、送還朝鮮兩名王子（臨海君及順和君）
七、朝鮮王國交出誓詞，保證不再背叛日本

第二條的勘合貿易重開被視為秀吉與明帝國開戰的最大誘因之一，即利用武力威嚇，迫使明帝國政府放棄對應倭寇而強化的海禁政策，此一政策導致日、明之間的官方貿易中斷。至於其他的條件則事實上是基於完全誤解及消息隱瞞下作出的要求，另外，秀吉又對謝用梓及徐一貫說明出兵朝鮮的原因：

一、自己是日輪之子，在天命之下靠一己之力統一神國日本
二、為了明帝國禁止、取締倭寇，但沒有得到明帝國的致謝，是欺人太甚
三、朝鮮早前派使，表示願意協助日本進攻明帝國，又答應會在日、明兩國之間居中調停，最後沒有下文。

這些說明當然也是基於宗義調早年的雙重隱瞞下造成的誤會，但秀吉已經信以為真，並將此作為入侵的理由。謝用梓及徐一貫在第二日的六月二十九日與臨海君及順和君等人

出發回到朝鮮。小西行長會見謝用梓及徐一貫後，竄改了秀吉發出的書信，改為秀吉向明帝國降服的降表，並派出家臣內藤如安為「請降使節」，與謝用梓及徐一貫到北京向明神宗呈送降表。

至於秀吉，樂觀地認為和談會順利發展後，為表和解的誠意，以及慰勞在朝將士的辛苦，下令確保留守兵員下，部分大名可回到日本。在差不多時間，秀吉在八月九日收到兒子秀賴出生的消息後，便先行離開名護屋，回到大坂。

另一邊，李如松等明帝國援軍也撤走約三萬左右的兵士離開朝鮮半島。朝鮮國王宣祖也在十月初回到已經滿目瘡痍的漢城，同時各地卻爆發大規模的飢荒及民亂，盜賊橫行，遍地白骨的慘象。這時候，日本軍在和議期間攻陷了晉州城的消息傳到漢城後，明帝國兩度要求日本軍全面退出朝鮮半島，以及交還臨海君及順和君，小西行長只答應將王子歸還，但南方四道（江原、忠清、慶尚及全羅）中，日軍仍然控制著慶尚及全羅兩道，沒有交還之意。

文祿二年（一五九三）的和談初步進行後，到了文祿三年兩軍除了朝鮮義兵繼續作抵抗，暫時沒有爆發大規模的軍事行動，一切等待明帝國朝廷的決定結果。

文祿三年底，明帝國接納內藤如安的「請降」後，在翌年文祿四年（一五九五）一月，正式派遣封倭使節李宗城及副使楊方亨從北京出發，經朝鮮前往日本。到了第二年的慶長元年（一五九六）九月一日，兩使終於到達大坂城覲見秀吉。秀吉滿心期待自己提出的和談條件獲得明帝國理解以及接受，但是，一直以為秀吉打算投降，並且以此為前提，從北京來到日本的明帝國使節只代表明帝國，答應冊封秀吉為日本國王。

得知明帝國的真意後，秀吉順利地完成接見，更派員送明使到堺港，再厚重地款待。然而，明使回到堺港後，秀吉立即命僧侶將親筆信交給明使。明使寫信回覆時，要求秀吉念在朝鮮人民遭遇的慘情，下令毀棄日本軍在朝鮮南部沿海地區建設的城塞（「倭城」），然後退出朝鮮半島。秀吉收到明使的回信以及上述要求後勃然大怒，認為來「乞和」的明帝國反過來要求日本退出朝鮮是不合理的。

可是，明帝國拒和一事一旦公開，秀吉的威勢及顏面也將受到打擊，於是秀吉對外便將矛頭指向了朝鮮王國，指責朝方在日、明和談時的種種不合作及無禮舉動，包括沒有按秀吉要求遣送王子前來日本等，導致日、明和談最終失敗收場。

慶長再征

勉強地以此為藉口的秀吉立即在慶長元年（一五九六）九月，下令剛回國不久的西國大名準備再征朝鮮，史稱「慶長之役」或「丁酉再亂」。這次目的與上一次不同之處，在於日方這次是以懲罰不合作的朝鮮為名目，實際上以武力實現完全佔取朝鮮南部四道土地為目的，不再是以借道為前提。在這基礎下，秀吉於慶長二年（一五九七）二月以外甥小早川秀秋（隆景養子）為統帥，下令再征朝鮮，各軍合共十二萬人，連同留守在朝鮮釜山等地的守軍總共十四萬人，於朝鮮南部繼續侵略。

努力締結和談的小西行長及宗義智表面接受秀吉的命令，實際上尋求再次和談及停戰的可能性。另一方面，忠實地執行秀吉指令的加藤清正在慶長元年底率先到達朝鮮後，與義兵的其中一個代表惟政（或稱「松雲大師」）舉行談判，要求惟政向朝鮮王廷請求盡快向日本投降及臣服。小西行長及加藤清正的行動都以失敗告終，但兩人繼續尋求在談判上要求朝鮮請降，同時又繼續與其他日本軍通過武力鞏固日本在朝鮮半島南部的控制（圖3-14慶長（丁酉）之戰）。

第二次征服戰當初也是十分順利，日本軍到達朝鮮後，在七月的巨濟島之戰中，打敗了代替被罷官下獄的李舜臣，出任水軍節度使的元均，接著急速向漢城方向推進。這次以「懲罰」朝鮮為名的日本軍，在推進的過程中跟上次完全不同，沿途燒殺搶略，不再似上次入侵一樣努力招民歸住。

殺氣騰騰的日本軍在接著八月爆發的南原城之戰以及黃石山城之戰中連破明、朝聯軍。同時為了取悅秀吉，日本軍大量斬割明、朝兩國守兵的鼻，作為己軍破敵的成績，送

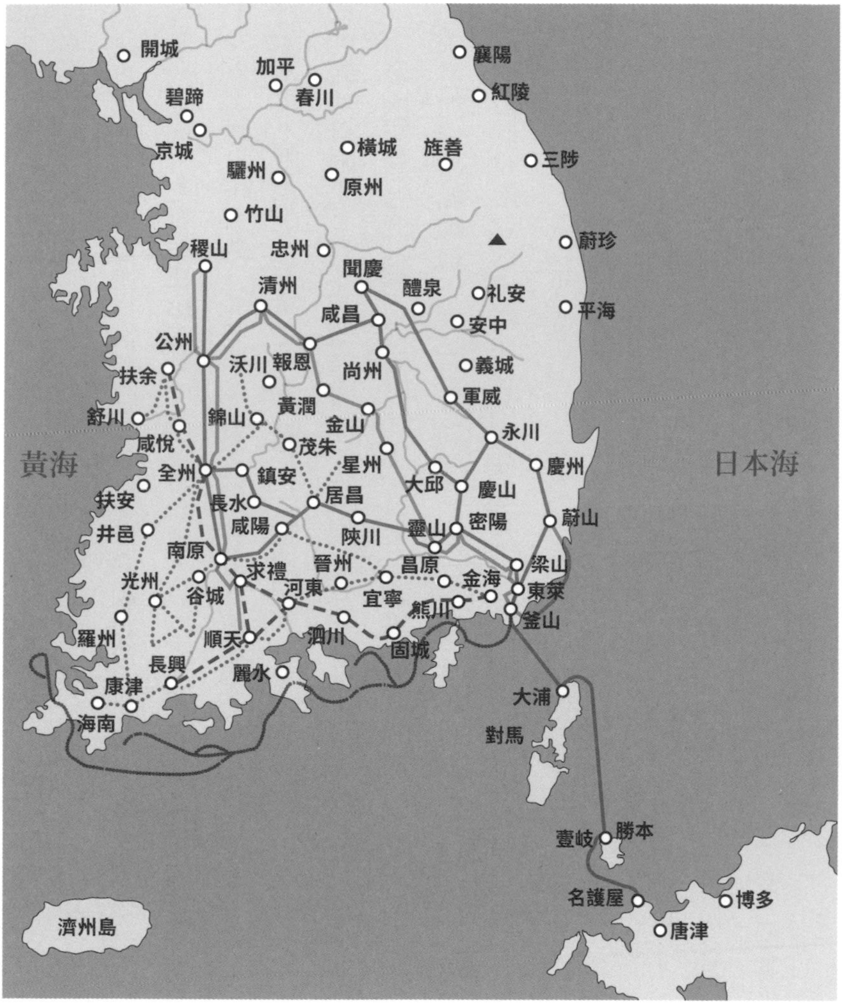

開城
加平
春川
襄陽
紅陵
碧蹄
京城
橫城
旌善
三陟
驪州
原州
竹山
蔚珍
稷山
忠州
聞慶
清州
醴泉
礼安
平海
咸昌
安中
公州
沃川
報恩
尚州
義城
扶余
軍威
舒川
錦山
黃澗
金山
咸悅
茂朱
永川
黃海
全州
鎮安
星州
慶州
日本海
大邱
慶山
扶安
長水
居昌
蔚山
井邑
咸陽
陝川
靈山
密陽
南原
求禮
晉州
昌原
梁山
光州
谷城
河東
宜寧
金海
東萊
熊川
釜山
羅州
順天
泗川
固城
長興
麗水
康津
海南
大浦
對馬
壹岐
勝本
名護屋
博多
唐津
濟州島

圖 3-14　慶長(丁酉)之戰

回日本向秀吉邀功。

日本軍沿途一邊全力攻城，一邊盡情殺戮的推進到了後來便開始遇到逆轉。九月，鎮守平壤城的經理朝鮮軍務提督楊鎬命令總兵麻貴率軍到南方的稷山阻截北上的黑田長政、毛利秀元，在同月七日的稷山之戰中不分勝負下，日本軍北上快速作戰也被迫受阻。同月十六日，代替戰死的元均，重新獲朝鮮王廷委任為水軍統制使的李舜臣率兵在鳴梁之戰中大破日本水軍，阻止了日本軍在全羅道的集結及控制。

攻勢開始被阻下，日本軍改為重點守住朝鮮半島南部的全羅道及慶尚道的控制權。不久後，明帝國與朝鮮的反擊正式展開。十一月底，聯軍向宇喜多秀家、加藤清正等日本軍把守的兩道海邊諸城推進。十二月下旬，明、朝鮮聯軍攻打日本軍修建的蔚山城。缺乏糧、水的守軍聯絡附近的水軍侵擾明、朝鮮聯軍，試圖阻慢聯軍的攻擊。到了慶長三年（一五九八）正月四日，明、朝鮮聯軍實施總攻擊，但在日本守軍死守下，聯軍久攻不下，被迫後退。

死裡逃生的日本守軍將領聯名透過秀吉指派的三名軍監（石田三成的家臣），向秀吉要求批准棄守蔚山城及順天城，但將領的要求立即被秀吉拒絕，並且嚴厲指責及處罰。與此同時負責上報的三名軍監則獲得秀吉嘉許，這個決定為日後豐臣政權的滅亡埋下禍根。

榮華暗影

面對前方戰況艱辛，秀吉指責守將失責的同時，自己則在同年三月十五日在京都醍醐舉行盛大的賞花活動，以顯現豐臣政權的繁榮昌盛，並宣揚自己的治政。不過，醍醐賞花之會結束後不久，秀吉便身陷重疾，一直在伏見城臥病不起。到同年八月十八日，這位平民出身，統一日本，同時染指他國的老英雄終於一命嗚呼，享年六十二歲。

秀吉死後，留守在秀吉身旁，以德川家康、前田利家為首的重臣決定秘不發喪，密令駐守朝鮮的將領全數撤退。但是紙包不住火，秀吉病死的消息很快便廣傳出去，一個月後已為明、朝鮮聯軍掌握。隨著同類線報相繼傳來，聯軍決定加緊追擊，分三方面殲滅死守蔚山城、泗川城及順天城等地的日本軍。

島津義弘等死守的泗川城在十月一日與董一元率領的明、朝鮮聯軍展開攻防戰，島津軍利用突襲勉強擊退了聯軍。泗川城之戰的戰果傳出後，使攻擊蔚山、順天兩地的聯軍也先後退兵。朝鮮王國的救國英雄李舜臣與明帝國將領陳璘率領的水師在順天城之戰中迫使守城的小西行長陷入苦戰，在十一月十八日爆發的露梁之戰中，明、朝聯軍再次圍困正想從順天城撤退回日本的小西行長，但是受到前來支援的島津義弘所阻，未能大敗小西軍，李舜臣自己也在戰事中命中流彈而戰死。李舜臣戰死後，明帝國聯軍暫緩追擊，明軍將領轉為接收日軍棄守的城池，以及爭奪軍功，沒有再追擊日本軍。同年十二月，剩餘的駐朝日本守軍終於陸續抵達筑前博多，歷時七年的侵略朝鮮戰爭在沒有得到任何成果下，隨著主張者豐臣秀吉之死，便倉猝地結束了。

長達七年的侵略戰爭，最終寸功無獲，而帶來的後遺症及問題卻十分深重。出兵朝鮮時，各大名按照提交給豐臣政權的檢地為基礎，扣除獲秀吉免除的「無役」後，按比例以及秀吉的要求徵召兵役，另外再自行召集人夫。然而，為了對秀吉表示忠誠，不少大名都私下超出比例地召集兵力，或要求家臣提供超額的人力。這使得各大名的家臣的生計大受影響，最終超額的兵役大多轉駕給農民、城下居民及漁民來充數，至於無法提供兵力及人夫的家臣則因此被沒收俸給及土地。另外，為了應付出征所需的軍糧，除了靠侵略軍在朝鮮半島當地徵搶外，各大名仍然需要從各自的領地裡抽調穀糧，變相要提高農民的貢稅比率來充當。

不過，對於要到外國出戰一事，百姓（農民、漁民）也不是任人魚肉的。為了逃避夫役，以及抗議過高的貢稅，不少農民索性放棄耕地，逃到山間躲避。各大名雖然嚴命領內各鄉村防止村民百姓逃亡，以及確保有剩餘人手替代耕作，但現實上往往無法做到。除了百姓外，下級家臣的逃亡問題也十分嚴重，加上風土病及糧食不足下，不少家臣千方百計逃避出征，或在戰場上藉機逃脫。

明顯地對遠征他國作出反抗的事件，發生在出征朝鮮剛開始的文祿元年（一五九二）六月，剛被秀吉征服的薩摩島津家因為九州之戰以來沒有恢復元氣，又再次被徵召出征，於是以梅北、東鄉、伊集院等為首的島津家臣以及各階層百姓群起舉旗抵制，史稱「梅北一揆」。雖然亂事很快便被平息，但島津家也因此一直沒法按照檢地所定的兵役集合兵力，險些被豐臣政權重罰。

除了顯示忠誠以外，並無任何收穫的侵略戰爭除了使朝、日兩地的民眾大受其害外，這場幾乎沒有實際意義的戰爭也開始積累眾多的不滿及埋怨，進一步引起政治矛盾及內訌。其中一個關鍵事件便是文祿四年（一五九五）的「豐臣秀次事件」。

天正十九年底，秀吉為了全心全意完成他的「假途入明」大計，加上當時已近花甲之年，自己卻仍然一直沒有子嗣，唯一的希望長子鶴松在文祿元年（一五九二）夭折後，心灰意冷的秀吉任命外甥秀次接任關白，自己則親赴名護屋督戰。

然而，原本只想著戰爭，忘記喪子之痛的秀吉在翌年文祿二年（一五九三）再獲麟兒秀賴，使得秀吉與秀次的關係變得十分微妙與尷尬。重拾希望的秀吉在督戰的同時，又下令在京都聚樂第附近修建伏見城（今·京都市伏見區），完成後讓仍在襁褓的秀賴入住，更向朝廷為其加官晉爵，剛成為關白的秀次的地位進一步受到動搖。

到了文祿四年（一五九五），秀吉曾嘗試尋找折衷方案，包括讓秀次先暫任關白至秀賴成人，再讓秀賴娶秀次之女為妻，又提議將日本分為五份，分配給秀次和秀賴統治。然而，不久之後，秀吉又改變主意，同年七月中，秀吉突然以秀次有意叛亂為理由，褫奪秀次所有的權位，流放高野山。秀次到達高野山之後不久離奇自殺，秀吉便藉機再下令殺害秀次的妻兒家眷，消除了對秀賴不利的所有障礙。

秀次事件後，原本豐臣政權由太閤秀吉與關白秀次兩大核心組成的統治架構也轉變為下面配置石田三成等能吏，完全聽從秀吉一人意志的獨裁政治體制。聽命於秀吉的石田三成、前田玄以等「奉行」在秀次事件發生前已經開始著手協助秀吉加強豐臣政權的支配力度。例如在侵略朝鮮期間，豐後的領主大友吉統（原名義統、大友宗麟之子）因為被指在平壤城之戰後怯戰逃亡，被秀吉下令沒收領地，趕出豐後。其領地改為豐臣家的直轄地，由三成等「奉行眾」管理。另外在慶長三年（一五九八），秀吉將原本領地在筑前國的外甥小早川秀秋改封到越前後，改筑前國為豐臣政權的直轄領，再任命三成的親族作為當地政務官。另外，又任命奉行眾為軍監，到朝鮮半島監督作戰將領的行動。

這些政策一方面協助秀吉手握權力，順利保管這些權力，再移交到秀賴手上，另一方面在結果上也強化了這些奉行眾的權勢，使他們成為豐臣政權以及秀吉的代言人。不過，這種明顯又粗暴的擴權措施也招致了諸大名的不滿及憎恨，在秀吉病死後，終於一一爆發出來，一步一步地斷送了豐臣政權。這些負面後果也逐漸成為有意奪取政權的德川家康的政治資本，新的時代即將到來。

第五章

天下統一

下——偃武

七年的侵略戰爭期間，地方動亂以及中央發生的「秀次事件」相繼發生後，為日本帶來統一的豐臣政權開始出現問題。這些負面後果逐漸成為有意奪取政權的德川家康的政治資本。德川家康自從天正十四年（一五八六）正式加入豐臣政權後，雖然受盡秀吉的攏絡，政治地位也一直位於政權的頂端，但對於政權的運作以及決策上，大多沒有十足的參與空間。然而，隨著豐臣政權在侵略朝鮮期間，爆發了「秀次事件」後，政權的未來已經出現暗湧。伴隨著老年的秀吉，就只有年幼的秀賴，豐臣政權需要一個領航人來渡過難關，但這個領航人——德川家康卻慢慢變成了自行導航，獨自闊步的領導人。

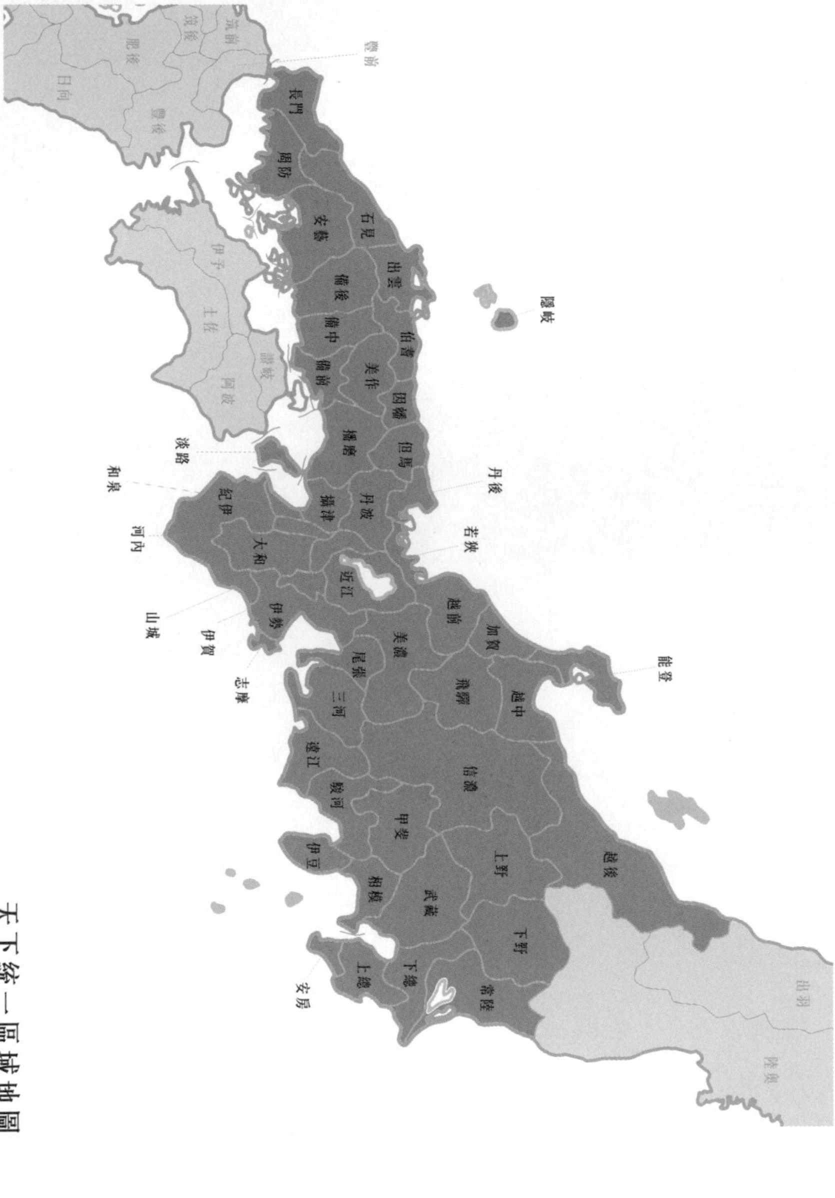
豐前
筑前
筑後
肥後
日向
豐後
長門
周防
石見
安藝
伊予
土佐
出雲
隱岐
備後
備中
伯耆
讚岐
阿波
美作
備前
因幡
播磨
但馬
淡路
丹後
和泉
紀伊
攝津
丹波
河內
若狹
大和
近江
越前
伊勢
山城
伊賀
加賀
美濃
尾張
能登
志摩
飛驒
越中
三河
遠江
信濃
駿河
甲斐
越後
伊豆
上野
相模
武藏
下野
上總
下總
常陸
安房
出羽
陸奧

天下統一區域地圖

決戰關原

收拾殘局

文祿四年（一五九五）七月，關白豐臣秀次自殺而死，他的妻兒家眷也被一一殺害後，秀次生前的官邸聚樂第也被拆毀，與秀次相關的事物完全被剷除。接下來的問題便是怎樣回收秀次的權力及重建以太閤秀吉為核心的權力架構。以石田三成、增田長盛等奉行為首的豐臣政權官僚，在秀次自殺前兩天，帶頭向秀吉呈交了誓書，其他的大名也跟著呈交。誓書內容為發誓今後對秀賴絕無二心，謹守秀吉的法令及規範，以及不結黨營私等。這是由於不少大名在秀次生前，因為各種原因與秀次保持良好關係，加上秀次身為關白，更容易招來各大名的巴結及交流，秀次一家被滅後，不少大名也受到不同程度的刺激，他們害怕會因為與秀次親交，而落得被牽連的厄運，導致事件之後各家大名人心惶惶。

豐臣政權為了安撫人心，同時又要迫使大名向年幼的秀賴表示忠誠，並且對外宣示秀賴已經鐵定是秀吉的繼承人，於是設計了這個政治安排，希望盡早平伏秀次事件帶來的震撼，避免事件的餘波繼續影響到政權的人心安定。

接著，下一個課題便是吸收、轉化秀次以及他的權力。當然，最高權力者仍然是太閤秀吉，而為了輔助秀吉營運政權，以及加強政權的穩定性，秀吉和他的官僚決定改變本來的體制，吸納全日本國內最強大的五個大名家族進入權力核心，讓他們參與政權決策。其中，秀吉的長年好友．前田利家擔任秀賴的監護人及師傅，德川家康負責統轄東日本的事務，再由上杉景勝輔助，西日本則由另一個強大大名毛利輝元負責，再由他的叔父小早川隆景輔助。

八月，秀吉再次整頓政權的架構，由前田利家、德川家康、毛利輝元、小早川隆景、上杉景勝以及秀吉的養子宇喜多秀家（直家之子）六人聯名簽發新的政權法令五條，後來再追加另外九條法規。前面的五條法令主要是用來規範各家大名的行動，包括：

（一）大名之間的婚姻需得到政權（秀吉）的批准
（二）大名之間不可締結聯盟
（三）大名之間出現紛爭，必須等待政權裁決，不可動武
（四）禁止酗酒（註：指的是避免因為醉酒鬧事，引起爭執，甚至流血衝突）
（五）除了前田利家、德川家康、毛利輝元、小早川隆景、上杉景勝，只有老弱病殘可以坐輿

頭兩條是為了防止大名之間結黨營私，第三、四條是強制大名要服從政權的法令及裁判，第五條則是突顯被任命為政權中樞的五人的地位。

另外，追加九條法令的對象更為廣泛，針對公卿貴族、寺社、全體武士。包括公家與寺院的門跡（寺院領導人）要專注於自家的家業；對天皇及秀吉盡忠職守；寺社要遵守各自的寺法、社法，專門鑽研學問及技藝；領主要妥善管理領地，不可荒廢農田等。

這些法規是豐臣政權成立以來唯一成文化的法則，也是將當時的社會習慣及普遍價值觀寫入法令之中，成為了後來江戶時代初期《武家諸法度》及《禁中并公家諸法度》的雛型。

豐臣政權成立近十年後，才首次列出法令，無非就是為了克服秀次事件帶來的問題，以及通過明文法規，保證年幼的秀賴能夠安穩地在將來接掌政權。然而，這個目標要成功達成，必須先考慮到秀吉將不久於人世，在這之後則要依靠被招攬進入政權核心的六個大名維護和支持，才能真正保證秀賴長大成人後能真的承繼秀吉的遺產及權勢。

秀吉在健康急轉直下的情況下，急忙整備這些明文法規，以誓約的方式迫使各家大名去守護及遵守自己的旨意，暴露了豐臣政權過度依靠秀吉一人的意志，也反映了秀次事件的影響何其強大。

慶長三年（一五九八）三月十五日，秀吉在京都醍醐舉行了盛大的賞花會，為自己的人生劃上最後的一筆後，便一直在伏見城臥病不起。八月五日和八月八日，秀吉兩次召集德川家康等重臣，交待遺言，著令各人要守護他最擔心的愛子秀賴，以及妥善處理朝鮮戰爭等國事後，便在八月十八日在伏見城病逝，享年六十二歲。

秀吉死後，豐臣政權秘不發喪，下令朝鮮的部隊陸續退回日本，這不僅是為了安全撤退，也是考慮到防止日本國內出現不穩。朝鮮侵略軍在同年十二月大致回到日本後，豐臣政權在慶長四年（一五九九）正月五日正式公開了秀吉的死訊。秀吉死後的第一個正月一日的禮會上，被任命為秀賴監護人的前田利家在伏見城帶著年幼的秀賴接受一眾大名的正月賀拜。十日後，秀賴與生母・茶茶（一般稱「淀殿」，淺井長政長女）移居大坂城。同年四月，停放在伏見城的秀吉遺體運到京都東山阿彌陀峰（今・京都府京都市東山區）安葬，後陽成天皇贈予秀吉神號「豐國大明神」以及追贈正一位，紀念及祭祀秀吉的豐國社也在四月十八日，即秀吉的忌日舉行祭禮。秀吉死後的豐臣政權在失去了創始人的日子裡，一切都好像秀吉生前那樣的渡過，但事實上，危機已經開始出現。

變數不定

秀吉的死訊公告天下後的同月十九日，政權內部突然出現緊張。德川家康在秀吉死後，公然違反秀吉在文祿四年（一五九五）訂明大名之間不可私下聯姻的禁令，與伊達政宗、福島正則及蜂須賀家政三家互結婚約，被「太傅」前田利家為首的四重臣（其餘三人為上杉景勝、毛利輝元及宇喜多秀家）與石田三成、增田長盛等五位官僚（「奉行」）強烈質問。

家康公然在秀吉死後不久便公然無視秀吉法度，早在石田三成等人的想像之內。現在，秀吉生前苦心想出由五個大名與豐臣政權的五位官僚合作，維持自己死後的政權運作的心思，不出半年已經出現問題。忠於豐臣政權的石田三成等人想藉著私婚問題，與其餘的四位大名合作，以九人之力聯手制裁家康，盡早將這個政權的不安因素排除乾淨。

可是，三成等人的盤算為時已晚，被秀吉委以重任的前田利家於閏三月三日病逝。對豐臣政權來說，前田利家是政權內最為德高望重，又最有實力去牽制德川家康的重鎮，現在在秀吉死後僅半年便隨秀吉而去。失去利家坐陣，要牽制，甚至排擠德川家康，則變得難上加難。

與此同時，在利家死後翌日，另一個導致聯手箝制家康的計劃失敗的事件也突然爆發。閏三月四日，數名對石田三成、增田長盛及前田玄以三名奉行深懷怨恨的武將，包括福島正則、藤堂高虎、黑田長政、細川忠興、加藤清正、加藤嘉明和淺野幸長於當日在大坂率領小隊，企圖攻擊三人。

事緣三位奉行在侵略朝鮮期間，多次與這些武將出現分歧，尤其在慶長三年

（一五九八）的蔚山城之戰後，守城諸將通過奉行懇求秀吉批准棄守，但在報告過程中，卻使秀吉決定嚴厲責備及處分諸將，而三成為首的官僚反而獲得褒獎。這次事件造成了兩派決定性的對立及憎恨。

另外，為了忠實地完成秀吉侵略的戰略，官僚作為監官努力派人到各大名的領地丈量土地，嚴格計算軍役的措施也招致諸將的不滿。還有在朝鮮之役中，武將派的加藤清正在侵略戰略上，跟獲得石田三成等官僚維護的小西行長出現重大分歧及矛盾。這些不滿的矛頭最終都指向了石田、增田及前田三人身上，在秀吉及利家雙雙離世後，忍無可忍的諸將終於作出反撲。

在諸將殺到之前，及早掌握情報的石田三成等人率先逃離大坂，轉到伏見暫避。正當諸將準備追擊的時候，德川家康利用豐臣政權重臣的身份，果斷地站出來進行調停工作。同月十日，在家康的斡旋下，諸將放棄攻擊，三成等人則各自回到居城閉門思過，襲擊事件就此落幕。

襲擊事件雖然告一段落，但其實也是另一個問題的開始。繼前田利家死去，反家康派失去一大支柱後，現在又發生諸將襲擊事件下，反家康派亂成一團，家康的違法聯婚問題自然也不了了之。而反家康派的核心人物石田三成等官僚在事件後被迫一同退出大坂及伏見，等同將反家康的重任留給了態度消極的毛利輝元及上杉景勝，還有年輕又資歷不足的宇喜多秀家。

另一方面，順利調停事件的家康在同月十三日搬進伏見城，協助秀賴主持政務。豐臣政權仰仗的重鎮前田利家死去後，家康不論是權勢、地位以及軍力上都獨佔鰲頭，現在利用秀吉生前的遺命，順理成章地主持政務，恰恰是給予家康進一步的方便。

原本秀吉死後，政權的政令及決策全由五大名及五官僚共同決定執行。利家死去後，由其長子・前田利長補上，但資歷也比不上家康，加上襲擊事件發生後，這個十人體制過半的成員已經不在權力核心，家康獨斷專擅的條件越來越成熟。

到了同年七月，襲擊事件以及朝鮮戰爭後的論功行賞大致完成，政權稍為回復平靜後，除了負責輔助秀賴的家康外，上杉和前田等大名各自回到自己的領地。自朝鮮戰爭打響以來，大名大多留在九州及京都，領地大多由留守的家臣代理，大名久久無法回去打理領地的事宜。現在「政通人和」之下，各大名都獲得批准，暫時回到領地。到了同年底，毛利輝元及宇喜多秀家也回到領地後，京坂之內只有家康一人留守，這個天時地利人和的機會下，讓家康得以堂而皇之地獨斷政事。

在家康獨守政權期間，家康已經明目張膽地向個別大名作出獎賜，以及寄贈土地給寺院。另外慶長四年閏三月，距離京坂千里的島津家爆發了內訌，家臣伊集院忠真與島津家的當家・島津家久兵戎相見，形成一場地方叛亂（史稱「日向庄內之亂」），家康立即利用豐臣政權的代理人身分積極介入了島津家的內亂，又命令九州的大名隨時候命出擊。不久後，島津家也終於平息亂事。家康藉著這事件企圖拉攏島津家，為己所用，同時這事件也是他獨斷專擅以來，首次動用軍事指揮權介入他家內亂，象徵著他已經逐漸掌握了只有天下霸主才能行使的最終權力。

當然，上述家康的行動在表面上仍然是以豐臣政權首席重臣的名義進行的，但這些先例一開，家康獨攬權力的事實也已是眾人皆知，秀吉設計的十人合議體制已經名存實亡。

到了慶長四年中，家康的地位已經與真正的天下霸主沒有很大的分別。同年九月的重陽節慶以及第二年慶長五年（一六〇〇）正月的年賀，各大名都先到大坂城觀見秀賴，再一同到大坂城的西之丸觀見家康行禮。

慶長五年初，家康為了確保自己的權勢，訛稱五官僚中最老資格的淺野長政（秀吉妻舅）以及侍奉秀賴的大野治長對自己有不軌圖謀，另外又以同樣的手段，指責前田利家之子前田利長及利家的姻親細川忠興企圖加害自己。結果，前兩者被暫時軟禁，後兩者則被迫交出人質，再送到家康的主城江戶城（今．東京都千代田區）看管。

合縱連橫

兩宗嫌疑事件後，五重臣中的前田家，五官僚中的長老淺野家被請出了政權核心，向家康屈服。到了慶長五年初，家康坐鎮大坂，控制豐臣政權，已經是鐵一般的事實。可是，在家康面前，仍有需要顧忌的勢力存在，那就是在當時正在領國內靜觀其變的毛利輝元及上杉景勝。兩人都是領地超過百萬石，屬於最強級數的大名，在整體實力上不下於德川家。

不過，毛利、上杉二人各有打算，並沒有立即聯手起來對付家康。一方面，秀吉死前曾一度希望讓德川家與上杉家聯姻，強化兩家的關係，更好地合作去幫助豐臣政權管治東日本。毛利家同樣不願輕率地介入中央政治鬥爭，仍然想以保住眼前利益及地盤為前提，再伺機而動。

相反，家康繼續他的積極攻勢，很快便將矛頭指向了上杉景勝。慶長三年（一五九八）正月，秀吉以鎮守會津的蒲生秀行（氏鄉之子）年輕，不能委以重任，於是命令蒲生家轉封宇都宮（今．櫪木縣宇都宮市），由上杉家從越後轉封到會津，接替蒲生家。同年八月秀吉病死後，上杉景勝在九月再次上京，直至第二年慶長四年閏三月，前田利家病死，加上發生奉行被襲事件，景勝協助家康善後，到了七月終於可以回會津，繼續處理領地事務，同時靜觀中央政局的發展。

景勝回到會津後半年，即慶長五年（一六〇〇）二月，代替景勝入主越後的大名堀秀治在交接上，尤其是貢稅分配上出現了矛盾。於是堀方便向豐臣政權告發景勝在新領地會津內招兵買馬，大興土木，有圖謀不軌之嫌。同年三月，景勝的家臣藤田信吉本為主君上京解釋，但途中又轉為「污點證人」，指證景勝確有不軌圖謀，讓事件突然有意想不到的發展。

家康利用這些機會，欲迫使上杉家跟前田家一樣，向自己屈服，勒令上杉景勝立即到大坂解釋。但是，上杉家方面沒有中計，反而上杉景勝的首席重臣・直江兼續在四月十四日以書信形式一一反駁指控，更拒絕了家康以豐臣政權的名義，要求上洛的指令。於是家康將計就計，向東日本的大名下達動員令，討伐上杉家。

六月，家康得到豐臣秀賴的授權後，在大坂城下令各將出征，自己則在同月十八日經伏見城出發前往會津，出發前將伏見城交給老臣鳥居元忠留守。七月二日，家康到達江戶城，指令諸將出征中的法規及指示，又與會津附近的奧羽大名聯絡，要求各家立即出兵，對上杉家實施包圍。另一邊的上杉景勝則爭取時間，在家康率軍殺到之前，在會津領內佈防。

當家康跟以東日本為主的領主聯軍一同開向會津時，襲擊事件後一直在居城佐和山城

（今・滋賀縣彥根市）閉門思過的石田三成終於看準機會，派使者與上野的真田家聯絡，要求他們向上杉家要求聯手，從東西兩邊夾擊家康，又順利說服了準備隨家康出征的大谷吉繼一起共抗家康。

基本計劃初定後，七月十二日，秀賴的生母茶茶，還有增田長盛、長束正家以及前田玄以感覺事態有異，決定要求正準備接替家康，到大坂城代理政務的毛利輝元盡快出發，同時又將事態報告給家康知道，要求他盡快回大坂善後。

這時候，三成跟吉繼已經策劃拉攏毛利輝元以及毛利家為反家康的統帥，糾集兵力，向家康進行反擊。接著又說服了原本中立的增田長盛、長束正家以及前田玄以參加反家康的計劃，重新掌握住豐臣政權中樞。七月十六日，到達大坂的毛利輝元以及宇喜多秀家、島津義弘等西日本的大名也陸續響應計劃，共推毛利輝元為盟主。

決定起事後，輝元為首的反家康陣營立即行動，在七月十七日以增田長盛、長束正家以及前田玄以的名義向各地大名發布《內府（家康）違規諸條》，藉助列舉家康自秀吉死後的種種違規不法，爭取起事的大義名分，又以忠心守護秀賴的名義，呼籲各大名加入陣營。

接著，反家康陣營派兵到大坂城下，企圖捉拿跟隨家康東征的諸將家眷作為人質，迫使諸將與家康為敵，但其中一個當事人細川忠興夫人（明智光秀之女）以自殺抵抗。為免激起更大的反抗，抓拿人質的計劃被迫中斷，而各東征將領的家眷則趁機逃出大坂，脅持人質計劃最終以失敗告終。

同一時間，七月十九日，反家康陣營派兵驅逐留守在大坂城及伏見城的家康家臣，在伏見城與家康老臣鳥居元忠率領的守軍展開攻防戰，最終伏見城落入反家康陣營之手，鳥居元忠等守城將士全數戰死。一直不知京坂動向的家康在五天後的七月二十四日於下野國小山（今．櫪木縣小山市）終於收到諜報，家康隨即以京坂有叛亂為名義，命令東征諸將轉向京坂平亂。

另一方面，反家康陣營則以大垣城（今．岐阜縣大垣市）及岐阜城（今．岐阜縣岐阜市）為前沿防戰，準備在岐阜城以南的木曾川，即尾張國及美濃國的國境與回師的家康陣營進行決戰。

七月底，東征諸將出發沿東海道向西挺進。一如所料，諸將在福島正則的清洲城稍作休息後，便向岐阜城推進。但出乎三成等人意料的是，福島正則等人分兩路在八月二十三日當日便攻陷了岐阜城，城主織田秀信（信長嫡孫）被俘。岐阜城之戰後，家康陣營的諸將再向美濃赤坂（今．岐阜縣大垣市）推進，直指石田三成的居城．佐和山城。

西上的諸將勢如破竹之際，家康為了看清諸將底細，從小山南下後，停留在江戶城靜觀其變，又指令次子結城秀康留守宇都宮，防止上杉景勝南下，另外又聯絡北方的伊達政宗、最上義光等奧羽大名加緊對上杉領地的包圍。此外又指令繼承人德川秀忠領兵從中山道西上，攻打與石田、上杉有聯絡的上野沼田城主．真田昌幸。

岐阜城被攻陷的消息在九月一日傳到江戶城後，家康立即出兵，在九月十四日到達赤坂，準備與諸將一起向京坂反攻。另一邊廂的石田三成則在一個月前的八月中到達赤坂附近的大垣城，連同宇喜多秀家、大谷吉繼、小西行長等反家康陣營諸將與家康陣營對峙。九月十四日，家康到達赤坂後，為免家康陣營直取佐和山城，三成等人在當晚撤出大垣城，到關原一帶以及周邊的山頭佈陣阻截。家康陣營收到消息後，立即進入關原佈陣，再次形成對峙局面，大戰一觸即發。

戰亂處處

另一方面，日本各地的大名也因為這次政治鬥爭，再摻雜服從豐臣政權之前，在戰國時代殘留的新仇舊恨，各自分成兩派陣營，在關原主戰場外，各自展開攻防戰。以下簡單說一下各地的戰況。

丹後國田邊城（今．京都府舞鶴市）丹後國田邊城主細川藤孝（當時出家，號「幽齋」）沒有響應石田三成等人的加盟呼籲，很快便遭到三成方面派出約一萬五千人的軍隊前來攻打。由於細川家大部分的主力都跟隨兒子細川忠興攻打會津，田邊城內只有不足五百的兵力防守。藤孝依然堅持死守，在敵軍到來之前，動員軍民做好防禦工事迎敵。雙方在七月二十日爆發激烈的攻防戰，一直爭持不下，眼看就要進入長期的持久戰。對於想用最快時間掃蕩京坂附近家康陣營勢力的反家康陣營而言，田邊城的拉鋸戰顯然是一個打擊。

不過，田邊城的戰鬥卻很快出現轉機。由於困城死守的細川藤孝是當時文化界的領導者，深得王朝文化的精髓及真傳，朝廷貴族及文化人士聽到田邊城被圍攻後，擔心藤孝會連同他的造詣和知識一起化為烏有，從此絕學失傳，對於他們而言自是無比重大的損失。於是，曾經師從藤孝的八條宮智仁親王（後陽成天皇皇弟）立即派人到大坂，希望毛利輝元等人能保證藤孝的安全，同時又另外派人到田邊城，勸說藤孝棄城出走。

可是，經歷過各種大風大浪的藤孝謝絕了親王的好意，改為拜託使者將自己編寫的歌集等分別贈給親王及朝廷，以此彰示自己與田邊城共存亡的決心。智仁親王得知結果後仍然不放棄，轉為向皇兄後陽成天皇求助，要求天皇下旨迫令藤孝棄城投降。天皇答應智仁親王的要求，立刻派敕使下令，最終在九月中，藤孝服從天皇旨令開城投降，田邊城也一時落入反家康陣營手中，歷時兩個月的田邊城之戰也就此結束。

近江國大津城（今・滋賀縣大津市） 大津城主京極高次是北近江的名門京極家的子孫，其姊京極龍子是秀吉的寵妻之一。因此，京極高次憑姐姐的幫助，成為了大津城主。

同時高次之妻乃淺井長政次女常高院（阿初），即秀吉另一個愛妻茶茶的二妹。換言之，京極高次與豐臣政權關係非常密切。

高次在慶長五年初，京坂出現不穩之前，已經跟弟弟京極高知一起與家康建立合作關係，本來打算隨家康出征會津。然而，較遲出發的高次受到反家康陣營在大坂舉兵的影響，一時按兵不動，採取較為中立的立場。七月，反家康陣營的統帥毛利輝元派員要求高次加入陣營時，高次本來答應跟從。但到了後來，高次收到弟弟高知的通知，得知家康陣營從小山回師，並且在八月底攻陷岐阜城之後，高次便中途放棄出兵，改為留守大津城，等待與家康陣營會合。

九月十二日，反家康陣營得知大津城有變後，立即派出立花宗茂、毛利元康為首的毛利軍及九州大名全力攻打大津城，但同樣遭到高次強勁的反抗，於是攻城軍改用大砲轟炸大津城，以削弱高知的守城意志。

大津城被攻擊的消息傳到大坂後，茶茶擔心胞妹以及京極龍子的安全，要求反家康陣營保證兩人的安全。九月十四日，反家康陣營派與京極家及豐臣家深有交情的高野山高僧・木食應其到大津城與京極高次交涉，要求他開城投降。深陷包圍的高次因為無法與家康陣營取得聯繫，加上茶茶出面的關係，於是他在九月十五日，也就是關原主戰爆發的差不多同一時間選擇開城投降，退出大津城。然而，京極高次引誘反家康陣營分兵攻打大津城，間接削減其兵力，使反家康陣營不能以更佳的兵力優勢與家康陣營決戰，影響之大不言而喻。

伊勢國安濃津（今・三重縣津市）・松坂（今・三重縣松阪市）大津城南方的伊勢國也爆發激戰。當初反家康陣營以尾張、美濃國境為決戰地界，控制伊勢國顯得尤為重要。於是在七月決定起兵討伐家康後，便派出長宗我部盛親（元親第四子）、鍋島勝茂（直茂之子）及九鬼嘉隆等九州、四國、伊勢的盟軍共三萬人進軍伊勢國。

然而，當他們開展行動時，從屬家康陣營的領主已從小山趕回來固守。其中，守備較強的安濃津城於八月二十四日被反家康陣營攻擊，在三萬敵軍的圍攻下，城主富田信高為首的共一千七百餘人拚命防守了整整一天後，由於兵力懸殊，最終接受了勸說，安濃津城開城投降。接著，攻擊軍轉到松坂城繼續掃蕩，松坂城主古田重勝自知不敵，但利用拖延戰術，遲遲不完成投降開城的準備，最終成功將攻擊軍拖住，直到關原主戰結束為止。

比起丹後、近江及伊勢的支戰，遠方的九州以及南奧羽的戰況更為激烈。

南出羽（今・山形縣）家康在小山決定取消北上征伐上杉景勝後，要求奧羽諸將只需繼續包圍上杉領，又命令伊達政宗及最上義光為主要負責人，再由其餘奧羽大名配合。然而，家康離開小山後，奧羽大名除了最上及伊達外，大多決定退回領地，靜觀其變。包圍網出現破綻後，領地被上杉家包圍的最上義光隨即被上杉家從西北及南方圍攻，到九月中，最上領只剩下主城山形城一帶。最上義光之子最上義康向鄰國的伊達政宗請求支援後，伊達政宗派兵救援，雙方初步交戰之後，十月初關原主戰的結果傳到當地，上杉軍撤退。

奧州白石城（今・宮城縣白石市）支援最上義光的同時，伊達政宗的主力則在全力攻打上杉家控制的白石城。伊達政宗自大崎・葛西十二郡騷亂後，被迫離開出生地米澤（今・山形縣米澤市），該地輾轉之下最後由上杉景勝控制。慶長五年的政治鬥爭下，政宗借支持家康陣營，欲趁機奪回故地。家康大軍向會津方向推進時，政宗立即在七月二十一日從領地南端的北目城（今・宮城縣仙台市）出兵攻打白石城，以便打開入侵上杉家的缺口。白石城之戰自七月二十四日開始，一天後便被伊達軍攻破。伊達政宗將白石城交給重臣片倉景綱後，便退回北目城等待家康的指示。

九州　慶長五年的政治鬥爭中，九州地區的情況可謂十分混亂。區內明確支持家康陣營的，只有豐前中津城（今・大分縣中津市）的黑田如水以及肥後熊本城（今・熊本縣熊本市）的加藤清正，其他的領主大多是反家康陣營，又或者處於中立狀態。為了制衡黑田如水及加藤清正的行動，反家康陣營起用了在侵略朝鮮期間，被秀吉沒收領地的前豐後國領主・大友吉統，利用他想恢復故國、家族名譽的心理，讓他召集舊臣與黑田如水對抗。大友家的舊臣紛紛響應吉統的號召，在豐後與同屬反家康陣營的領主一起，跟黑田如水的軍隊在該國的軍事重鎮．杵築城（今．大分縣杵築市）對戰。

杵築城是屬於細川家的飛地，當時由細川家臣留守。黑田如水與細川守軍裡應外合之下，在九月十五日的石垣原之戰中擊敗了大友吉統的軍隊，迫使吉統投降。之後如水繼續攻陷豐後國內敵對陣營的諸城。

另一方面，加藤清正在石垣原之戰後，轉而攻打鄰國小西行長的主城．宇土城（今．熊本縣宇土市）以及立花宗茂的主城．柳川城（今．福岡縣柳川市）。當時小西行長已經盡帶主力到關東作戰，留守的家臣在死守之餘，又向薩摩的島津義久請求支援。島津軍便在肥後水俣城附近與加藤清正的支隊對戰。肥後戰事到了關原主戰結束後仍然持續到十月二十日，宇土城守將開城投降，島津軍也退回薩摩，加藤清正順利接收宇土城，九州地區的戰局最終由家康陣營勝出。

關原主戰　九月十五日早上八點，集結在關原的對戰雙方開始了戰鬥。甫開始，駐紮在關原戰場南方松尾山，態度一直曖昧的小早川秀秋軍立即向反家康陣營的大谷吉繼陣地進攻。而駐紮在東南方南宮山的長宗我部盛親、毛利秀元等友軍也被吉川廣家所阻，無法下山從後衝擊家康陣營的陣地。廣家暗通家康，以求保住公然參與反家康行動的毛利輝元，於是在關原主戰一開始時，除了自軍不出戰外，也努力阻止南宮山上的反家康陣營投入戰鬥（圖3-15　關原之戰（主戰））。

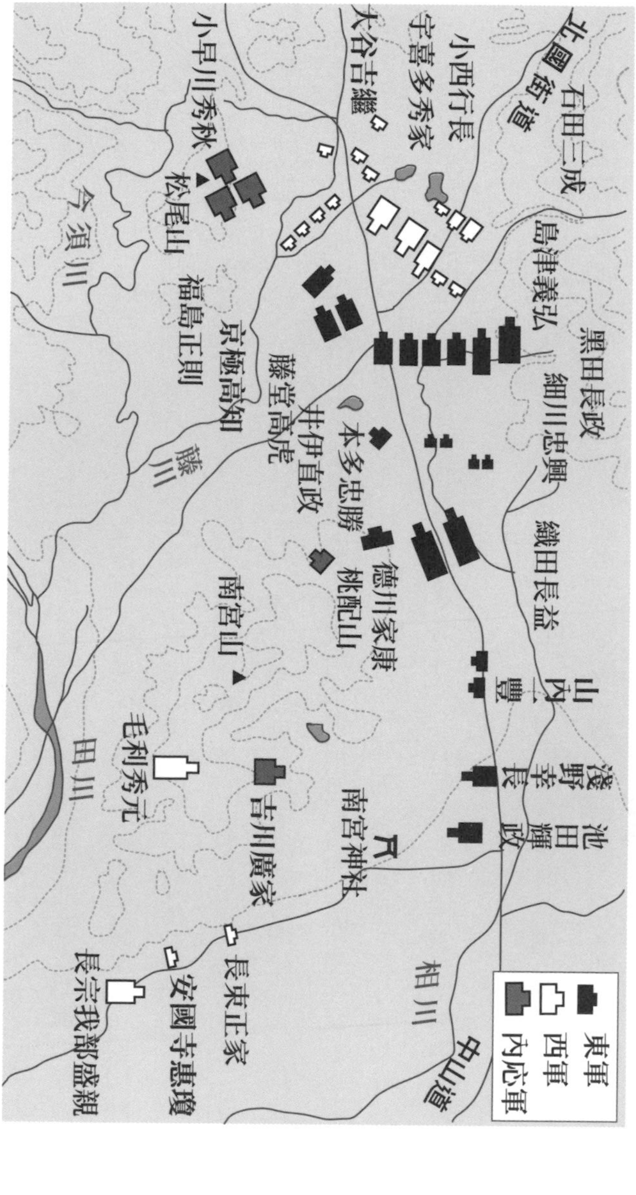
北國街道
石田三成
島津義弘
黑田長政
細川忠興
織田長益
山內一豐
淺野幸長
池田輝政
中山道
相川
小西行長
宇喜多秀家
大谷吉繼
小早川秀秋
松尾山
今須川
福島正則
京極高知
藤堂高虎
井伊直政
本多忠勝
德川家康
桃配山
南宮山
藤川
田川
毛利秀元
吉川廣家
南宮神社
長束正家
安國寺惠瓊
長宗我部盛親
東軍
西軍
內応軍

圖 3-15 關原之戰(主戰)

不久後，受到小早川秀秋表明立場的影響，反家康陣營內的脇坂安治、朽木元綱等相繼倒戈，使反家康陣營陷入苦戰。到中午一點至兩點左右，反家康陣營裡，實際投入戰鬥的石田三成、小西行長、大谷吉繼以及宇喜多秀家無力支撐之下陸續潰敗，相繼逃離戰場。家康陣營轉入追擊戰之時，一直沒有支援反家康軍的島津義弘軍試圖突破德川家康陣地後再逃走，但在德川軍阻止之下，被迫轉向，在損失近半兵力之下勉強逃離戰場。

當天下午，主戰結束之後，取得勝利的家康陣營決議，隨即攻擊石田三成的主城．佐和山城。翌日，家康陣營成功攻陷佐和山城。九月二十二日，反家康陣營的統帥，坐鎮大坂城西之丸的毛利輝元通過吉川廣家與家康陣營談判，力稱自己沒有主動參與反家康陣營的行動，獲得家康保證領地無恙。於是，輝元安心交出西之丸的控制權，退出大坂。二十四日，家康陣營以勝利者的姿態進入大坂城，同月二十七日，家康率領諸將向豐臣秀賴報告戰果。

與此同時，在關原主戰大敗的石田三成、小西行長及安國寺惠瓊先後在戰後數日被捕，十月一日在京都被問斬（大谷吉繼在戰事當日兵敗自殺）。宇喜多秀家則輾轉逃到薩摩國，投靠島津義久，三年後（慶長八年＝一六〇三）被島津家作為與德川家康和解談判的籌碼，被送到京都問罪。家康以秀家身為豐臣秀吉的女婿，加上前田家與島津家求情，在慶長十一年（一六〇六）下令將他流放到太平洋的孤島．八丈島（今．東京都八丈島），了結餘生。

幕府草創

關原主戰結束後約半個月，各地戰事也陸續結束，家康陣營相繼獲得了勝利。到了十月初，所有戰事已經完全終結，接下來的便是由家康代表豐臣政權主持論功行賞。除了前田家外，其餘與德川家平起平坐的三家大名——毛利、宇喜多及上杉一律被列為反賊，與其他反家康陣營一起面臨被廢或減封的處分。

原先獲家康陣營保證領地完好的毛利輝元，被揭發積極參與反家康陣營的行動，更以統帥的身份下令各地諸侯加入，成為家康牢握的致命把柄。結果，石田三成、增田長盛、長束正家、宇喜多秀家、小西行長等「主謀」以及各地的同夥共八十多家領主被全數沒收領地；而毛利輝元、上杉景勝以及被指暗通上杉景勝的佐竹義宣三人則被大幅削減領地，再轉封到不同地方。

相反，在關原及各地奮戰的家康陣營諸將合共一百多家領主則悉數獲得增加領地作為獎賞。其中，屬於豐臣秀吉培養，或者關係至深的福島正則、細川忠興、黑田長政等領主都大致獲得翻倍的領地加幅，而且他們一律被安排轉封到西日本的九州、四國或山陰．山陽地區，成為統治一國（地方行政單位）的諸侯。

而最終勝利者的家康沒有加封自己領地，轉為增加自己家臣、子弟約四十多人的領地，使他們也成為一方諸侯，由陸奧國南端的平城，到東海道的伊勢國為止，主要分佈在日本中、東部各地，與轉封到西日本的豐臣系領主平分秋色，使德川家在日本全國總領地的所佔比例大幅增加。

另外，家康通過關原之戰的勝利，以勝利者及分配者的身份，將原本屬於豐臣政權控制的山澤、金銀礦區都編入自己的控制當中，例如佐渡金山、石見銀山、生野銀山等，而且還派直臣管理京都、奈良、博多等重要的商貿城市。

上述安排之下，家康的勢力在整體上已經完全凌駕豐臣政權，成為日本最強大的勢力。而且，利用關原之戰的勝利，合理地封賞豐臣派系的領主，減少他們的疑慮之餘，更一步一步削弱「主少國疑」的豐臣政權的實力。

即使如此，家康的步伐沒有就此停下來。站在仍然是代表日本的豐臣政權而言，家康的論功行賞實際上就是赤裸裸的以權謀私，中飽私囊。但是，家康的行動仍然是以豐臣政權的首席重臣的身份名義發出，對於家康來說，這是「這麼近那麼遠」的一步之遙。如今，秀吉生前佈置的「五重臣、五官僚」合議政制已經破產，只剩下豐臣秀賴這個名義上的頂點，維持著豐臣政權的存在感。實際上在關原之戰後的種種安排下，豐臣政權完全被家康拆掉了支柱。因此，家康要完成其政治野心的最後一步，有必要針對秀賴這個象徵下功夫。

首先，家康在慶長七年（一六〇二）正月，讓自己成為了從一位內大臣，與秀賴算是完全平起平坐。翌年慶長八年（一六〇三），已達六十二歲高齡的德川家康果斷地再以行動消除了這個曖昧的狀態。二月十二日，家康在伏見城獲天皇任命為征夷大將軍，三月到內裏（皇宮）向天皇行謝禮，完成了任命及領命的手續，德川家康已經完全有權去自行開創自己的政權。

元和偃武

國無二君

關原之戰是在豐臣秀吉死後，豐臣政權內部出現權力鬥爭，繼而引起的軍事衝突，嚴格上不是德川家康為了推倒豐臣政權而故意製造的內戰，只是結果上成為了他打倒豐臣政權的一個重要契機。德川家康陣營得到勝利後，德川家康奪取天下的決心已定，是時候更進一步。慶長八年（一六〇三）成為將軍之前，家康已經將秀吉賜給他的「豐臣」姓改回「源」，標誌著他脫離豐臣政權的決心。接著，為了打壓豐臣政權的地位，好讓自己的新政權更加順理成章，德川家康於關原之戰後的慶長五年（一六〇〇）十二月十九日主動聯絡朝廷的最高貴族藤原攝關家，提議將秀吉當年奪來的關白之位還給攝關家之一的九條家，讓九條家重新任職關白。這一個決定除了要打壓豐臣家，否定了豐臣家的地位標誌「關白」之職外，也是攏絡朝廷及攝關家的重要一著。

廢了豐臣家的「武功」後，慶長八年（一六〇三）二月再就任征夷大將軍，家康等於得到天皇及朝廷授權去統治日本。不過，年老的家康成為將軍在當時不過是他個人的榮譽，嚴格上不等於他的德川家也同時取代豐臣政權。家康成為將軍之後，下一步便要向世人宣示這個「將軍」是世襲永久的，而不是一代而止的尊貴。

因此，家康在兩年後的慶長十年（一六〇五）四月，將當了兩年多的將軍之位讓給了兒子德川秀忠，完成了這個政治使命。同時，雖然讓出將軍之位，但權力仍然暫時緊握在手裡，家康自稱「大御所」，繼續在秀忠背後指點天下。慶長十一年（一六〇六）三月開始至慶長十二年（一六〇七），家康動用藏在伏見城的金銀，又下令諸侯動員人力為自己修建「大御所」的辦公室——駿府城（今・靜岡縣靜岡市）。這次蓋城的政治意義遠比得到一個雄偉的城郭重大，因為家康成功地以「前將軍＝大御所」的身份命令諸侯為自己效勞，再次確認了跟他們的君臣關係，同時也將伏見城的財源轉到幕府的手裡，進一步削弱豐臣家的力量。

經過這兩年的苦心策劃後，家康明白到豐臣家依然存在之下，諸侯們隨時會面從腹背，一有機會便會反抗德川家。畢竟，即使已經喪失了「政權」，豐臣家依然是一個獨特的存在，尤其是年輕的豐臣秀賴一日健在，光靠這些宣誓是不能解除威脅及隱患的。為了不要使這個隱患變成新生的德川幕府的夢魘，家康在傳位之後，便銳意要處理豐臣家的問題。所以家康依然沒有停下腳步，繼續加強諸侯對他、他兒子將軍秀忠，以及德川幕府的忠誠。家康將這個重要的時機安排在慶長十六年（一六一一）三月，並打算一併處理豐臣秀賴與諸侯忠誠的問題。

這一年三月，後陽成天皇在德川幕府的資金支援下，順利完成了讓位給皇太子的儀式，皇太子登基成為後水尾天皇。家康與秀忠作為前任及現任將軍在三月十七日來到京都參與儀式。但是，這次上京其實不只是為了見證新天皇的誕生，家康還有兩大目標。一個是要求久居大坂城的豐臣秀賴上京與自己見面，意味著要秀賴覲見「前將軍」，解除了豐臣家與德川家的君臣關係，回復到平等關係，甚至朝著日後關係逆轉做準備。為此，家康通過織田有樂、加藤清正等人向秀賴通告見面要求。

秀賴接受了家康的要求，在同月二十七日離開大坂，二十八日到達京都二條城，在秀吉的正室高台院（寧寧）的陪同下，與家康進行會面，同日傍晚回到大坂。德川家與豐臣家順利進行會面的消息傳出後，大坂、京都兩地的百姓，還有上京參與天皇登基儀式的諸侯、貴族都預想兩家能夠暫時和平共處。

另一方面，與秀賴見面的計畫完成後，家康終於將他另一個目的展顯出來。四月十二日，後水尾天皇登基儀式順利完成後，家康召集參加典禮的諸侯到二條城，要求諸侯發誓不違反三個條規。第一是謹遵德川幕府的法規以及將軍家的命令，不可有私心。第二是如發現他國有謀逆犯上的人逃到自己的領地，一律不得窩藏。第三是自己家臣、領民之中有謀反者和殺人犯的話，必須通報，不可招攬這些人為家臣。

三條之中，第一條要求在場的諸侯發誓遵循將軍及幕府的指令，意味著各諸侯正式服從德川幕府的指揮及號令。當年，秀吉通過邀請後陽成天皇駕臨聚樂第御遊，利用天皇這個國家象徵來為自己加冕，讓諸侯們宣誓忠誠。這個手法完美地在家康手上被「循環再利用」，自此，德川家官方上從「將軍家康」的家，正式變成了「德川將軍家」了。

將軍之治

從秀吉身上學習駕馭諸侯的方法後，家康的下一步棋就是加強對豐臣家的箝制。慶長十三年（一六〇八）開始，家康開始將德川家臣及一族轉封到近畿、西國一帶，安插在不同大名領地之間，使幕府的勢力得以在西日本立足。

關原之戰後，德川家康以豐臣政權的首席重臣的身份封賞那些支持自己的諸侯，為免引起他們的猜疑，家康當時並沒有給予自己的家臣很多的賞賜，以及封他們到西日本，依然以東日本為根基。現在，天皇、朝廷認證下，幕府已經成立，諸侯們也已經轉為效忠德川家，幕府可以隨心所欲地利用機會去實踐自己的戰略及佈署。當然，幕府的焦點自然落在豐臣家身上。

天時、地利、人和都已在幕府一邊之下，家康及秀忠開始落實計劃。慶長十三年（一六〇八）六月，伊賀國上野藩（今・三重縣伊賀市）的筒井家因為發生內訌，幕府立即利用這機會，以不善治政為由，沒收了筒井家的領地，改由親幕府的諸侯・藤堂高虎（伊予今治藩）轉到伊賀，接收筒井家的封地。同年，丹波國八上藩（今・兵庫縣篠山市）的前田家則因為當家前田茂勝（前田玄以之子）得了癲狂病，不能治國，被幕府沒收了領地，改派了德川家的譜代家臣松平康重從常陸國轉封過來，成為第一個在西日本立藩的德川家臣，對幕府統治西日本而言，意義重大。

接著，慶長十四年（一六〇九），幕府又將家臣岡部長盛從關東轉封到丹波國龜山（今・京都府龜岡市）。翌年慶長十五年（一六一〇）再安排家康的外孫・松平忠明從三河轉封到伊勢國龜山（今・三重縣龜山市），以上四個重要轉封地點都分佈在大坂的北、東兩面，連同一早安插在近江國彥根（今・滋賀縣彥根市）的井伊家和伊勢國桑名（今・三重縣桑名市）的本多家，形成了一條橫跨東海至近畿的防衛線，隔離了豐臣家與東日本；反過來說，這意味著豐臣家已被德川家派來的家臣和親密諸侯盯住，無法輕舉妄動。

兩年內進行數次的轉封還有兩個更重要的目的：測試各諸侯的忠誠和削弱他們的財力。上述的丹波八上藩及丹波龜山藩實現改封之後，幕府下令西國的諸侯動員人手及建材，為兩藩改建新城，即後來的篠山城（八上藩也因此被改稱為「篠山藩」）以及新的龜山城。由於要向幕府表示效忠，以免招來橫禍，諸侯們都積極配合，出錢，出人，出力。

幕府下令諸侯幫忙修建丹波八上城及丹波龜山城，既測出諸侯的忠誠，又可讓他們破費，實在是一舉兩得。自慶長五年的關原之戰後，不少諸侯轉封到新領地之後百廢待興，大量地投放資源進行基礎建設及民生工程，早已花錢不少，幕府順手牽羊，再要求他們出心出力，更是讓他們百上加斤，再有不滿，也難有反抗的餘力。

另外，幕府在草創之後，也不忘強化對朝廷的控制。家康讓位給秀忠後，代表幕府與朝廷進行洽商，包括要求朝廷不可在沒有幕府的同意下，私自給予諸侯官位，又限制朝廷與諸侯們的往來，以免兩者勾結。

慶長十四年（一六〇九）九月，朝廷爆出了數名貴族與後陽成天皇的宮嬪有染的醜聞（史稱「豬熊事件」），家康獲天皇尋求協助後，立即指令京都所司代介入調查，不久後便順利將肇事貴族及宮嬪歸案、處刑。事後，幕府利用介入豬熊事件的機會，在朝廷裡安插了耳目，也開啟了幕府干預朝廷內部事務的缺口。

另一方面，後陽成天皇對豬熊事件惱羞成怒，不久後向幕府透露想提早讓位的想法，希望幕府早日配合。但是，家康代表幕府呼籲天皇及朝廷不要擅作主張，並且要求此後天皇的讓位、退位也必須事先知會幕府，以及得到幕府的同意才可行事。天皇及朝廷雖然十分不滿幕府的專橫，但最終也被迫接受家康的要求。

除了在內政上加緊防制豐臣家，以及與天皇加強關係外，幕府在外交上也有重要的任務需要解決，那就是與鄰國朝鮮恢復外交關係。

早在慶長九年（一六〇四），家康便通過對馬島的宗義智向朝鮮王國聯絡，就和解一事進行談判。慶長十年（一六〇五），朝鮮方答應後，兩國開始進行談判，家康委託宗義智代表日本談判。經過宗家的努力下，日、朝兩國終於在慶長十二年（一六〇七）恢復外交關係。當然，代表日本的是德川幕府，已經不是當初的起事者豐臣家了。

另一方面，幕府成立初期的外交政策上，南方的琉球王國是另一個重要一環。慶長七年（一六〇二）琉球商船受颱風影響，飄流到陸奧國仙台藩的領海，家康想利用這個機會，通過琉球王國向明帝國提出恢復邦交，於是積極介入事件，要求與琉球有邦交的薩摩島津家代為護送商船回到琉球，並將家康的心意知會琉球國王。可是，琉球方沒有作出回應，於是家康改為命令島津家出兵討伐琉球王國。慶長十四年（一六〇九）五月，島津家攻陷琉球，更在慶長十五年（一六一〇）帶著琉球國王等一行人到駿府城覲見家康，家康便指示幕府將琉球王國交予島津家管治，但形式上仍然保住琉球王國的獨立，以免觸怒琉球的宗主國明帝國，阻礙日本與明的復交計劃。自此之後，琉球王國實際上便跟中國（明、清）及日本建立雙重的宗藩關係。

至於天主教方面，家康以及幕府承襲豐臣政權的路線，只許可貿易，不許可傳教，但沒有完全禁止日本人信奉天主教。到了慶長十七年(一六一二)開始,受到朱印船(幕府官方商船)在澳門遇襲的事件影響,家康陸續禁止日本人信奉天主教,先由幕府領地開始,後來慢慢推行至全國。與此同時,家康在不傳教的前提下,積極與屬於新教的英國及荷蘭加強貿易關係,進一步延續了豐臣時代的禁天主教政策。

以上的外交事件除了顯示家康的外交觀外,更重要的是德川幕府已經通過與周邊鄰國重新建交和鐵腕禁教,對這些國家強調德川幕府才是代表日本的唯一政權。在外交層面上,豐臣「政權」已經不復存在。

陽謀陰謀

取得了諸侯們的誓詞,建設好防備豐臣家再起的包圍網,又向外國宣示統治權,為草創的德川幕府打好基礎後,家康剩下的問題便是完全消除豐臣家這個夢魘。後水尾天皇登基大典結束後,家康一直找尋可以向豐臣家動手的機會。在家康眼裡,豐臣家只有兩條路可以走,一是甘心成為德川幕府體制下的一個諸侯,放棄對重新成為天下霸主的奢望;二是不放棄這個奢望,被德川幕府消滅。三年後,家康終於找到了這個攤牌的時機。

慶長十九年(一六一五),豐臣秀賴為了重建亡父秀吉一手建立的豐臣家家廟・京都方廣寺（今．京都府京都市東山區），投放了豐臣家的積蓄，希望藉此作為重振豐臣家的一個象徵。秀吉為了象徵統一天下，在京都建造了一個凌駕奈良大佛的木造大佛像，方廣寺便是安放這京都大佛的寺廟，代表著豐臣家的權威。

可是，方廣寺以及京都大佛連年遭逢厄運，拖了近十年在文祿四年（一五九五）才竣工。但一年後的慶長元年（一五九六），京坂地區發生地震，大佛以及方廣寺受災倒塌，一直到秀吉死去之前都沒法完成修建工程。慶長七年（一六〇二），在茶茶和秀賴的努力下，用青銅鑄造了新的大佛，但剛完成後又因為大火災而被燒毀。好不容易的到了十二年後的慶長十九年，終於重新鑄造一座高十九米的金銅大佛。接著，秀賴在慶長十九年四月又命人鑄造了一個高三點二米的銅鐘，紀念方廣寺順利重建完成。

滿心歡喜的豐臣家不忘提防德川幕府的反應，於是早早派出秀賴的師傅片桐且元在同年五月到駿府城，向大御所德川家康報備，並要求家康以及幕府批准豐臣家進行開光儀式。家康及幕府爽快答應後不久，卻轉過頭來留難豐臣家，阻延了開光儀式進行。

家康阻撓儀式的原因，是因為家康陣營發現方廣寺銅鐘上的鐘銘文有問題。其中的「國家安康，君臣豐樂」一句中，以「安」分斷了「家康」的名字，有詛咒家康之嫌；而「君臣豐樂」一句則被指是暗示「以豐臣家為君，國家百姓才安樂」之意。幕府及家康明顯地故意製造矛盾，刻意留難豐臣家，目的就是要防止豐臣家借助慶祝方廣寺完成重建，再次獲得凝聚力的可能（圖3-16　大坂冬之陣）。

受到幕府刁難的豐臣家立刻派片桐且元以及撰寫鐘銘的臨濟宗僧侶．文英清韓到駿府城向家康解釋，但無法得到家康的接見，以及幕府的理解。但在同一時間，豐臣秀賴生母茶茶授權侍女長大藏卿局趕到駿府城，希望盡早知道交涉情況。結果，大藏卿局甫到達駿府城便立即得到家康的接見，更得到家康保證不會加害豐臣家。大藏卿局立即趕回大坂，沒有跟一直吃閉門羹的片桐且元見面。

與此同時，家康將片桐且元留在駿府，只命令且元自己想辦法解決事件，待大藏卿局離開駿府後，便讓不知情的且元回大坂。家康刻意對且元及大藏卿局展現不同的態度，目的就是要分化豐臣家內部的關係，使大坂城內的豐臣家臣、豐臣秀賴和茶茶都懷疑片桐且元的忠誠。

憂心忡忡的且元回到大坂後，以為豐臣家大禍臨頭，必須想辦法阻止危機惡化，於是提議讓秀賴或茶茶到江戶城與家康、秀忠見面，或者退出大坂城，以示沒有反抗之心。果然，且元的「杞人憂天」完全中了家康的圈套。早一步回大坂的大藏卿局力斥且元無事生非，提議也遭到了豐臣家的否決，且元本人也被排擠。九月，豐臣家內的主戰派認為且元已經倒戈到幕府陣營，準備對且元發動偷襲，再向幕府宣戰。提前收到消息後，片桐且元在十月一日逃出大坂，逃向京都，向駐在京都的幕府京都所司代板倉勝重求助。

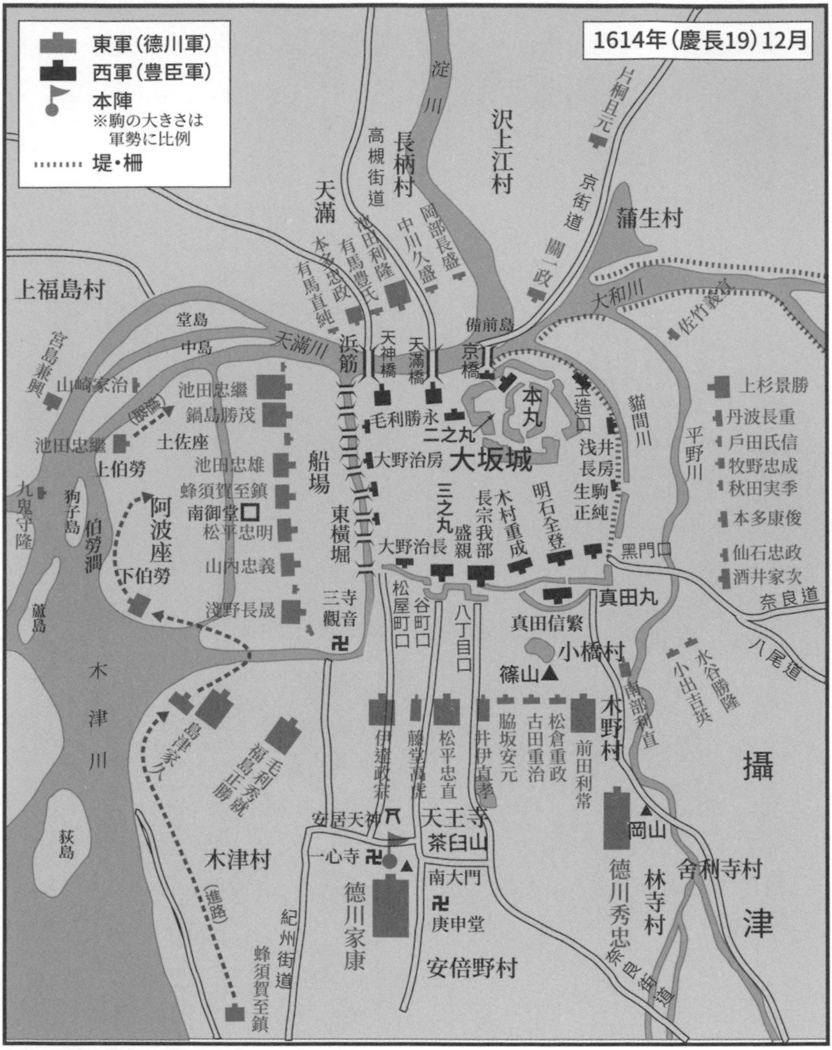

東軍（德川軍）
西軍（豊臣軍）
本陣
※駒の大きさは軍勢に比例
堤・柵
1614年（慶長19）12月
淀川
沢上江村
長柄村
高槻街道
天滿
片桐且元
京街道
蒲生村
岡部長盛
中川久盛
池田利隆
有馬豊氏
本多忠政
有馬直純
關一政
大和川
佐竹義宣
上福島村
備前島
堂島
中島
天滿川
浜筋
天神橋
天滿橋
京橋
宮島兼興
山崎家治
池田忠繼
鍋島勝茂
毛利勝永
二之丸
本丸
土造口
貓間川
上杉景勝
丹波長重
戸田氏信
牧野忠成
秋田実季
本多康俊
仙石忠政
酒井家次
平野川
池田忠繼
土佐座
上伯勞
池田忠雄
蜂須賀至鎮
南御堂
松平忠明
山內忠義
淺野長晟
船場
大野治房
大坂城
浅井長房
生駒正純
九鬼守隆
狗子島
伯勞淵
阿波座
下伯勞
東橫堀
三之丸
盛親
長宗我部
木村重成
明石全登
大野治長
黒門口
真田丸
奈良道
三寺
觀音
松屋町口
谷町口
八丁目口
真田信繁
小橋村
篠山
八尾道
水谷勝隆
小出吉英
蘆島
木津川
島津家久
毛利秀就
福島正勝
伊達政宗
藤堂高虎
松平忠直
井伊直孝
脇坂安元
古田重治
松倉重政
前田利常
木野村
南部利直
攝
荻島
安居天神
天王寺
茶臼山
岡山
一心寺
徳川家康
南大門
庚申堂
木津村
進路
紀州街道
蜂須賀至鎮
安倍野村
德川秀忠
林寺村
舍利寺村
津
奈良街道

圖 3-16　大坂冬之陣

消息傳到江戶及駿府後，得知計劃得逞的家康與秀忠立即下令兵圍大坂城，向尾張國以西的諸侯發出動員令。家康率先從駿府出發，在十月二十三日到達二條城，又指示幕府命令跟豐臣家有淵源的黑田長政、福島正則等人留在江戶，不可離開，避免他們干涉。

同月二十三日，將軍秀忠下令東日本的諸侯動員出兵後，從江戶向京都伏見城進發。另一方面，家康又命令幕府軍調動早年向英、荷商人購買的佛朗機大砲，準備必要時對堅固的大坂城進行致命的砲擊。

豐臣家當然也沒有坐以待斃，早在片桐且元出走時，便已經動用儲蓄大量採購物資應戰，又獲得有親交的黑田長政、加藤忠廣及福島正則送出糧食，作為無法出兵支援下的心意。另外，豐臣家又廣招各地的牢人到大坂城，讓他們為豐臣家一戰，補充兵員。其中，長宗我部盛親、後藤基次、真田信繁、毛利勝永及明石全登等有力武將也先後加入，與大野治長、木村重成等率領的豐臣家直轄軍共同擔當防守工作。

由大坂城城內到城下町的百姓總共約有十萬人，與包圍的幕府軍約二十萬的大軍對峙。雖然兵力少一半，但大坂城有賴秀吉生前加建的外城牆，成為大坂方可以堅持一時的重要防禦工事。反觀幕府軍雖說有多於大坂方兩倍的兵力，但除了指揮層之外，兵卒大多是沒有戰鬥經驗的新手，面對大坂方的牢人，未能輕言穩操勝券。

慶長十九年（一六一五）十一月，幕府軍開始發動攻擊，但面對早已以逸待勞的大坂城，以及堅固的城牆，幕府軍一開始的攻擊並不順利。進攻斷斷續續地進行近一個月後，十二月，幕府方與豐臣家進行首次的停戰談判，幕府要求豐臣家讓秀賴生母茶茶到江戶城做人質，以及要求秀賴退出大坂城，但遭到了豐臣方的拒絕，未能成功達成協議。十二月十七日，深受豐臣、德川兩家照顧的朝廷在後水尾天皇的授權下派出敕使到達家康軍營，希望居中調解，化解兩家對戰的危機。然而，朝廷的好意卻引起了家康的不滿及反對，一心要靠幕府力量讓豐臣家屈服的家康趕走敕使後，加緊向大坂方進攻（圖3-17　大坂夏之陣）。

另一邊廂的大坂城內，除了主帥秀賴外，生母茶茶也穿上甲冑督戰，展示了與幕府決戰到底的決心。不過，焦急的家康很快便使出了殺手鐧，利用早已準備好的大砲，瞄準大坂城的天守閣進行砲轟。其中一個砲彈成功擊中了天守閣頂層，使豐臣軍陷入混亂，軍心極為不穩。致命的砲擊瞬間動搖了豐臣家決戰的意志。十二月十八日，豐臣家派出常高院（茶茶次妹，京極高次未亡人）作為代表，向幕府要求和談。同月二十一日，雙方終於達成共識，幕府方取消茶茶到江戶城的要求，改為要求填埋大坂城主郭以外的所有護城河，

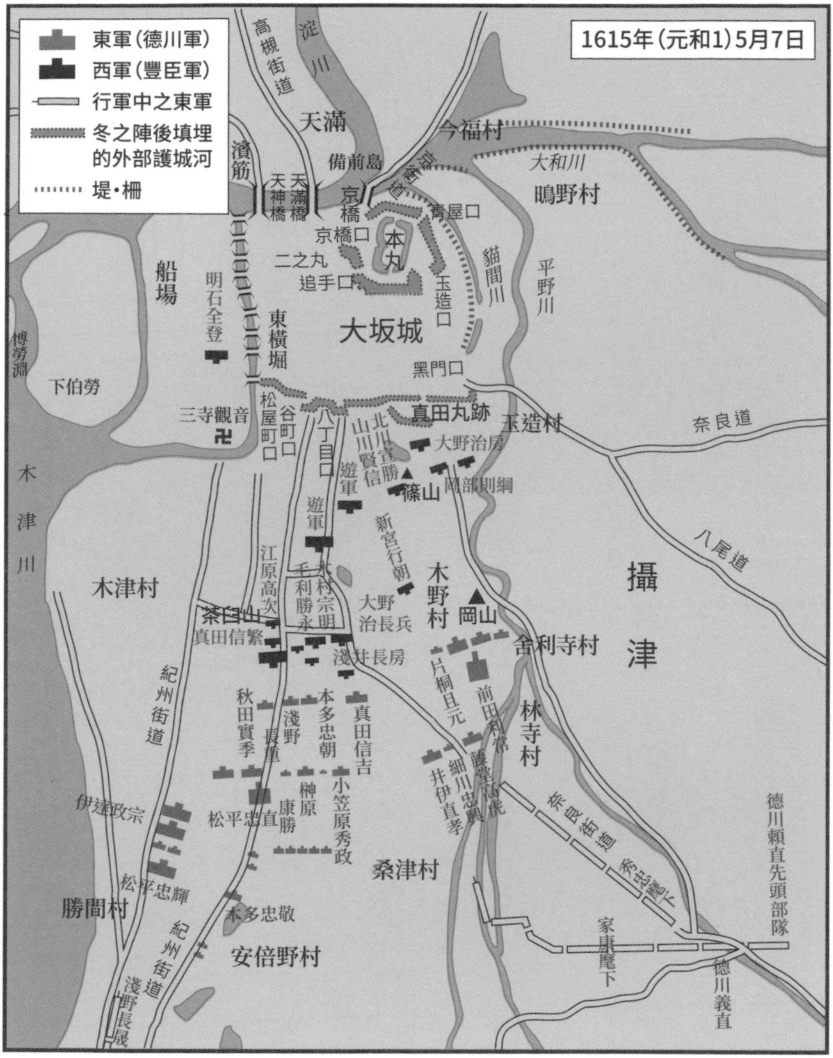
東軍（德川軍）
西軍（豐臣軍）
行軍中之東軍
冬之陣後填埋的外部護城河
堤•柵
1615年（元和1）5月7日
淀川
高槻街道
天滿
濱筋
天神橋
天滿橋
備前島
京橋
今福村
京街道
大和川
鴫野村
青屋口
京橋口
本丸
二之丸
追手口
玉造口
貓間川
平野川
船場
明石全登
東橫堀
大坂城
博勞淵
下伯勞
黑門口
三寺觀音
松屋町口
谷町口
八丁目口
北川宣勝
山川賢信
真田丸跡
玉造村
奈良道
大野治房
篠山
岡部則綱
遊軍
新宮行朝
木津川
八尾道
攝津
江原高次
毛利勝永
木村宗明
木野村
岡山
木津村
茶臼山
真田信繁
大野治長兵
淺井長房
舍利寺村
片桐且元
前田利常
秋田實季
淺野長重
本多忠朝
真田信吉
紀州街道
林寺村
細川忠興
藤堂高虎
井伊直孝
伊達政宗
松平忠直
榊原康勝
小笠原秀政
奈良街道
秀忠麾下
德川賴直先頭部隊
桑津村
松平忠輝
勝間村
本多忠敬
家康麾下
安倍野村
紀州街道
淺野長晟
德川義直

圖 3-17　大坂夏之陣

以及破壞外圍的城牆，作為沒有「謀反之意」的象徵，豐臣家最終也同意了這個要求。

不過，二十一日的和談完成後，幕府方立刻要求履行承諾，不待豐臣家動手，已經動員大量人手填埋護城河，一個月內便完成了填埋工作，幕府軍也下令退兵，撤出大坂。然而，幕府粗暴地剝奪大坂城的防禦工事，使豐臣家內的主戰派，和一心只想解除即時危機的主和派都十分不滿。到了慶長二十年（同年改元「元和」）三月，豐臣家默許主戰派重新挖空大坂城內部分剛被填埋的護城河，又重新召集一度離開的牢人回到大坂城，甚至招來更多的牢人入城，意味著豐臣家已經決意要與幕府再戰一場。

同年四月，幕府再次動員諸侯出兵，第二次包圍大坂城。由於大坂城只剩下主郭，其他部分都喪失了防衛能力，豐臣軍只能主動出擊，向幕府軍發動攻勢。指揮牢人軍團的長宗我部盛親、後藤基次、真田信繁、毛利勝永及明石全登，還有豐臣家直轄軍的木村重成等在道明寺（今．大阪府藤井寺市）、八尾（今．大阪府八尾市）、若江（今．大阪府東大阪市）等地與在當地駐防的幕府軍、諸侯軍對戰。

五月六至七日的兩日間，殊死一搏，奮戰出擊的豐臣軍雖然讓幕府軍遭受了不少的損傷，但在兵力差距明顯之下，豐臣軍不久後便節節敗退。五月六日，後藤基次在道明寺之戰中戰死。同日，豐臣家家臣木村重成也在若江之戰中陣亡。作戰最為順利的長宗我部盛親也受到木村重成的潰敗影響，最終功敗垂成，被迫敗逃。

另一方面，大野治長、毛利勝永及真田信繁在天王寺口之戰中，利用最後的機會，拚死衝擊德川家康的大本營，雖然成功製造混亂，迫使德川家康逃跑，但已經筋疲力盡的毛利隊及真田隊被趕來支援的幕府軍一一殲滅，毛利勝永及真田信繁也力戰而死。另一方面，向將軍德川秀忠發動衝擊的大野治房隊也被前田利常（前田利家之子，加賀藩主）阻擋，在多番嘗試之下依然無法攻進秀忠本營，結果大野治房無功而回，豐臣軍的最後反撲也只能就此告終。幕府軍作出反擊後，一舉攻入大坂城內，將豐臣方的敗軍士兵一一殺死。

五月七日下午四時，豐臣秀賴命令大野治長護送正室德川千姬離開大坂城。大野治長嘗試藉此向幕府提出最後的交涉，希望幕府能讓秀賴及茶茶活命，但被德川秀忠拒絕。五月八日，豐臣秀賴、茶茶以及大野治長等近臣一起在大坂城內的山里丸內自殺，與大坂城共存亡。豐臣秀賴享年二十三歲，生母茶茶四十九歲（一說五十歲）。

豐臣家的悲劇還沒結束，秀賴等人自殺之前，秀賴之子國松在家臣護送下秘密地逃出城外，在前往京都伏見的途中被幕府軍擒獲後，被送到京都六條河原斬首示眾。至於秀賴的女兒則獲得幕府饒命，被送到鎌倉的東慶寺出家為尼，改名「天秀尼」。她與置身於大坂之戰之外，獨力為亡夫秀吉靈位的高台院（寧寧）和一起，成為豐臣家直系家族裡極少數的倖存者。

慶長二十年（一六一五）五月，曾經代表著豐臣家豪華輝煌、強大無邊的豐臣大坂城化為一片頹垣敗瓦，豐臣家在大坂夏之陣中幾乎被滅族而亡。然而，在歷史發展上看，德川幕府經過大坂之陣後，終於除去了威脅其統治權威的最大隱患，完全終結了百多年的戰亂歲月。

既然最大威脅已除，德川幕府便再無後顧之憂，可以全力加強對全日本的控制。同年閏六月，幕府以和平已經到來為由，指令全國諸侯除了少數被認可的城郭以及諸侯居城外，各領內的其他城郭都必須拆毀。事實上此規定是要限制諸侯的軍事建設，保證一旦起亂時，幕府能快速平亂，這就是後世所謂的「一國一城令」。

接著在一個月後的七月七日，德川幕府又在天皇授權之下，公布了「武家諸法度」，同月三十日發布了「禁中并公中家諸法度」和「諸宗本山本寺法度」。幕府利用法規去規範同屬統治階級的武士領主、朝廷貴族，以及各地的大小佛寺及神社的行動，並通過這些法規加以管束，杜絕了再生亂事的可能，也給予了幕府干預上至朝廷，下至寺社的權限。可以說，以上的三大法規便是德川幕府為江戶日本制定的「國法」。

當家康以為已經完成一切部署，準備安享晚年的時候，兒子兼將軍秀忠與媳婦阿江（淺井長政三女）鬧出冷待嫡孫竹千代（後來的德川家光），寵愛次子國松（後來的德川忠長）的問題。家康立即出手干預，指定竹千代為第三代將軍，避免將來幕府出現爭奪將軍之位的問題。

關係到將來幕府安定的家事得以解決之後，家康在元和二年（一六一六）正月一次打獵期間突然痰結喉中，不能進食。雖然到了二月一度好轉，但到了三月初，病情一再反覆，而且急轉直下。

家康病重的消息傳出後，將軍秀忠以及地位較高的諸侯先後趕到駿府城看病慰問，京都的後水尾天皇也命人在皇宮內作法祈禱，希望為家康延命，又贈予家康太政大臣之職。

可是，到了四月，家康病情依然沒有好轉。自知命不久矣的家康在駿府城內交待遺言，指示近臣本多正純，以及宗教顧問南光坊天海及金地院崇傳三人，在自己死後，遺體停放在駿河國久能山（今·靜岡縣靜岡市），葬禮在江戶的增上寺（今·東京都港區）舉行，一年之後再在下野國日光山（今·櫪木縣日光市）建立寺廟，作為自己守護關東的陣地，即後來的日光東照宮。

內外問題都一應解決，也交待了自己身後事後，家康在元和二年（一六一六）四月十七日早上十時逝世，享年七十五歲。死後，天皇跟當年的秀吉一樣，授予家康神號，以及贈送悼念和歌以彰顯其功德。經過幕府內部的討論後，在朝廷提議的四個神號（東照大權現、日本大權現、威靈大權現及東光大權現）之中，挑選了「東照大權現」作為家康的神號，寓意家康威德照耀東日本，與在西日本的天皇共同守護日本。

德川家康的去世，象徵日本的戰國時代及短暫的豐臣政權時代已經終結。經過近一百二十五年的戰亂，各地領主有興有亡，有盛有衰，飽歷戰亂之苦的天皇、朝廷以至町民、百姓終於獲得了喘息的機會。武士的首都也從京都轉變為東方的江戶，在德川幕府的統治下，日本從此進入近二百七十年的和平時代。

別錄　日本戰國織豐時代小講座

特種部隊篇：忍者、雜賀與水軍

1、戰國忍者的真面目

說到「忍者」（NINJA），相信大部分朋友都會立即想到「忍術」、「變身」、「易容」。隨著日本近年提出「COOL JAPAN」國家戰略，著眼於軟實力的輸出，各種各樣的日本文化都慢慢走向商業化，「忍者」便是其中一個例子。配合被稱為「忍者之里」的三重縣伊賀市和甲賀市發展當地旅遊業的需要，原本只是漫畫迷及部分日本國外「日本迷」的幻想，如今已經變成日本強力推動的一個觀光產品及文化符號之一。

然而，大概沒有現代人會相信忍者真的能飛天遁地，隱身變型。這些都是後來和平的江戶時代及明治時代的人通過小說、戲劇鋪陳出來的幻想，再配合現代的漫畫、電影推動到新的境界，可稱之為「科幻的」忍者。那麼，真正的「忍者」（忍び-SHINOBI）又是怎麼樣的？真實的忍者又是怎樣的一群人呢？既然忍者是活於戰爭亂世的產物，自然以戰國時代的忍者來做例子是最好的。

首先，忍者的語源「忍び（SHINOBI）」就是隱藏、掩人耳目的意思，因此，「忍者」的原本稱呼「忍びの者（SHINOBI-NO-MONO）就是進行隱密工作之人的意思。戰國時代來到日本的耶穌會傳教士也是這樣理解忍者的，他們眼中的忍者就是「間諜」之意，沒有所謂的忍術忍法，也沒有三頭六臂。但這些人為了完成任務，的確是當時的物理、化學、家政專家，甚至是國家級運動員，只是他們的能力被誇大到，讓他們本來的真面目都已經被掩埋了。

忍者的來源最早可追溯到南北朝時代（雖然江戶時代的忍法書聲稱可追溯到奈良時代，但沒有明證），傳說中的名將楠木正成所率領的軍團便以善於進行騷擾搞亂、放火、搶奪、打游擊戰著稱。這些兵士原本大多是不務正業、居無定所的流民，他們接受一定的訓練後，成為一種獨特的集團。當時還沒有「忍び」這樣的稱呼，但已經具有「忍者」的元素。

到了戰國時代，戰國大名之間僱用這些忍者進行的工作，主要是跟蹤、潛伏、放火、間諜為主。換言之，戰爭時代的忍者就是現今的CIA、FBI、MI6那樣的情報人員。他們為了完成任務，大多被訓練出不動聲色、不張揚的行動模式，在一些史料中也能看到一些戰國武將提到了忍者的行動。這些忍者既有分開行動，也有聯群結隊出動，多至數百人，足以用計奪下一個小城堡。當然，戰國時代所謂的小城堡只是山裡一個小山寨或居館，防禦工事相對簡陋粗糙。有數百人，又具備一定的團隊工作，再配合內應、臥底的話，要奪取這種小城也不是難事。

值得一提的是，戰國時代的忍者有不同的稱呼，除了「忍」之外，還有大家都可能聽過的「透破（SUPPA）」、「亂波（RANBA）」、「草（KUSA）」，都是當時最主要的稱呼。簡單來說，「透破（Suppa）」、「亂波（Ranba）」是關東、甲信、東海地區的稱呼，「草（Kusa）」是東北、北關東的稱呼，而東海以西的地區還是多用「忍」。換言之，這些稱呼是具有地域性的。

至於遊戲、漫畫中最著名的「風摩（或者風間）」則是小田原後北條家的御用忍者。他們不像遊戲、漫畫那樣奇異，說白了，就是一群盜匪、小偷、惡漢等不良份子組成的特種集團（這裡順帶一提的是，「風摩（或者風間）」的日文正確讀音是「KASAMA」，「FUUMA」是誤傳）。另外，德川家康的家臣服部正成（半藏）及織田信長的重臣瀧川一益都被當作忍者，但其實都沒有根據，他們只是手底下曾率領過忍者隊伍而已。

在戰國時代，當時真正最為強大有名的，當然就是「伊賀眾」及「甲賀眾」，也就是後世所謂的「伊賀甲賀忍者」。當然不是所有當地人都是忍者，但伊賀及甲賀的地理環境複雜多險，當時也幾乎沒有任何身份認證及登記制度，於是造就了善於在險所之間行走的當地人進行間諜活動。

最後說一下忍者的忍術書，這些忍術書大部分都是成書於江戶時代，參考了中國宋、明兩代的兵書，以及陰陽學說後而成的理論書，又或者是將一些先祖的記憶匯聚、合輯的事典，實戰性有限，更多是一些哲學、理念的主張，當中記載的忍術也不是一一被實用過。不過也順帶一提，忍者漫畫、影片中常見的結印配合咒語而成的「忍術」雖然都是創作，但結印與咒語相配的部分卻是真實存在的，而且早在中世時代已有記載。那些咒語其實就是真言宗的經文，因為當時人相信唸出真言經文會有神佛保護，名符其實的「如有神助」。

到了江戶時代，不少忍者被稱為「伊賀者」（#不一定是指伊賀國的忍者，當時也有不少是自稱的，也有些是對忍者的別稱），他們還是主要從事監事、跟蹤的諜報工作，但後來也變成當門衛及保安工作為生，忍者的身份漸漸流逝，只留下「忍者」的精神及理念，以及那一套套的忍法書。

2、雜賀眾

有玩過日本戰國相關遊戲的朋友，肯定會聽過那個以鐵炮著名的特別軍團「雜賀眾」，或者聽過他們的代表人物「雜賀（鈴木）孫市」、「鈴木佐太夫」等。傳說中他們曾經讓織田信長都十分頭疼，甚至他們的槍手狙擊過信長，使信長受傷逃跑。但是，遊戲終歸遊戲，究竟這幫名叫「雜賀眾」的人是什麼來歷，又是不是真的那麼厲害呢？

「雜賀」其實有廣義、狹義之分，狹義上是指「雜賀莊」，它位於紀伊國（今．和歌山縣）紀之川出海口附近，部分屬於今天的和歌山市。廣義的「雜賀」則指包括雜賀莊在內的「雜賀五鄉」，即十鄉、雜賀莊、南鄉、中鄉及宮鄉。五鄉內合共住有約二十多家大小的土豪領主，他們平常既是領主也從事各種商業活動，所以用「武士」來定義他們並不十分正確，總之後世指的「雜賀眾」其實就是來自後者的定義。

因此，「雜賀孫市／孫一」其實指的是「（來自）雜賀（的）孫市」。在史料上的確有（雜賀的）鈴木孫市，但史實上的他可知甚少，唯一肯定的是他在本能寺之變以前，一直是雜賀五鄉的領導人物之一。

從中世初期以來，當地倚靠著熊野大社、高野山、當地的在地寺社根來寺，以及後來滲透到當地的本願寺淨土真宗的勢力及宗教活動，慢慢形成一個半自治的地域，以宗教色彩濃厚的佛法之國，而當地的武士很多都是自鎌倉時代便長居於此的御家人，並且與上述的佛教力量結合起來。另一方面，由於位處南海道、瀨戶內海域以及畿內灣區的交界，雜賀莊早已乘著這種優勢發展成一個連歐洲傳教士都讚嘆的富庶之地。

原本紀伊國設有守護，也就是幕府的重鎮畠山家，但由於畠山家身居管領要職，所領之國又不止紀伊一地，加上當地神權強勁，畠山家對於當地的統治可說是捉襟見肘，難以扎根。與此同時，由於靠著地理條件獲得巨大又穩定的收入，以及地形的因素影響，雜賀莊雖仍受守護節制，但自由度較高。他們為了保護自己的權益，各大小領主結成自治共同體「惣（總）國」，內外大事基本上都由「惣（總）國」的領導班子協議決定。這個方式面對一般外敵還好，但面對如信長、秀吉那樣強大又決意來犯的敵人時，則會問題叢生，爆發內訌。

另外說到雜賀，想必大家一定會問「鐵炮眾」又是怎麼一回事呢？其實有關鐵炮傳到日本以及到達紀伊半島的經過都有很多謎團，傳說中的津田監物獲得鐵炮的經過也是半信半疑。

不論如何，鐵炮的流傳及傳播與當時十六世紀初葉的倭寇貿易，以及傳教士來到東北亞地區有著十分密切的關係。就日本國內來說，自平安時代初期以來發達成熟的瀨戶內海水運以及南海道水運都是幫助鐵炮作放射線式流動的主要因素。

那麼，雜賀眾作為「鐵炮軍團」出現在史料之中是什麼時候呢？這跟石山本願寺有莫大關係。簡單來說，早在一五三〇年代雜賀的武士通過宗教信仰的關係，多次應本願寺的要求北上助戰，伴隨著同時期的鐵炮流播，多次的作戰使他們使用鐵炮的經驗豐富起來，慢慢發展出一套熟練的戰術，以二十五人為一個小單位，五十人為一組，各組有兩名指揮。

不過，有關雜賀鐵炮隊的戰法內容，大多來自軍記物及傳說，並沒有確切的良好史料記載，比起鐵炮的戰術，宗教信仰的執著使他們多次奮勇作戰，抵抗危害淨土真宗的敵人。這種熱忱才是雜賀眾屢屢出現在戰場，而且為數不少之主因。

後來信長勢力滲透到畿內，雜賀眾響應本願寺的號召多次參戰助抗，但隨著天正八年（一五八〇）本願寺決定向信長屈服妥協，失去方向的雜賀眾也為了前途及政治立場而分裂，引發了當中兩大領導土橋家及鈴木家的內訌。選擇倒向信長的鈴木家打敗了反信長的土橋家，但本能寺之變後鈴木家失去靠山，為免被復仇而離開了雜賀。

而雜賀五鄉在後來面對豐臣秀吉率大軍來襲時，早已內耗的雜賀眾也無法抵抗，雜賀以及紀伊國成了秀吉之弟秀長的領地，他們在戰國時代的舞台因而默默謝幕。

3、被稱為「賊」的集團：戰國水軍

說到日本戰國，除了各有個性的英雄人物，以及精彩的戰事外，也應該說一下一些「配角」。這也可以說是研究戰國史的一個分水嶺，因為大部分的愛好者還是喜歡看政治得失的部分，對於非主流的部分，例如一群曾在中世日本及戰國發光發亮的專業集團——海賊，還是相對興趣缺缺的。近年日本出版了有關村上水軍的小說：《村上水軍之女》

（和田龍·著），大受好評，一度讓日本人也重新對水軍這集團重燃興趣，但現在又好像回復平靜了……。

說到「水軍」或「海賊」，首先很多愛好者會想到的是中國霸主毛利元就在嚴島之戰中借助來島水軍的支援，打敗了當時西中國地區最強的陶晴賢。撇開元就的機關算盡、虛虛實實的反間離間之計，以及嚴島之戰霧裡雲外的種種傳說，盤踞瀨戶內海的其中一支有力水軍決定靠向毛利家一方，左右了今後西日本地區的戰國局勢，倒是無容置疑的。

可是，有關「海賊」這個集團，其實很多愛好者都不太了解，大多數都是以詞見義，把戰國的「海賊」與一般常識上聽到的「海盜」混為一談，甚至想像成好萊塢電影的那些奇形怪狀、衣衫襤褸的人群。

從結論上來說，「賊」這個元素的確存在，因為從諸多史料中都不難發現他們借助地利之便，在水道上強行收取「過路費」、「保護費」以及「運輸費」，不交錢的船大多都被海賊洗劫，嚴重的還會出人命。這些事件散見於各種中世旅客的日記、紀錄之中，因此，只看這一方面的話，「海賊」，尤其是活躍於西日本瀨戶內海、以至西海道水域的「海賊」，的確有讓人望之膽顫心驚的一面。

不過，另一方面，也是較為鮮有人留意的是，「海賊」在當時其實是泛指這些以海為業的武裝集團，「賊」字本身並不一定帶有貶意。而且，東西日本的「海賊」的存在形態也有些不同，簡單來區分的話，西日本的「海賊」的武力成份更強，以收取上述的費用來自肥，較為獨立，而東日本（主要是太平洋江戶灣至遠州灘一帶）的海賊，則更偏向於海運及經營方面。

當然，不論東西日本，這些「海賊」都是當地海運、海口管理的專才，換言之，他們其實算是一體化服務業，簡單點比喻的話，就是海上的押鏢業＋物流業＋保安警衛業三合一的大企業，同時也是海貿交易的旗手。這些都有賴於古來靠地利之便，成功掌握各水域的地形、水流，以及造船技巧而得來的便利。

在中世日本，造船技術仍然不太發達，加上部分水域的暗潮洶湧（如有機會，讀者可到廣島縣的因島或大三島乘船體驗），遠距離航行還是比較危險的，因此都需要中途換船、補給，再繼續前行。這個客觀條件也有利於水域內的船民及以島嶼為領的武士糾合力量圖利，設關立所，這個生態循環慢慢便形成了「海賊」集團。

再者，從政治層面來說，基於中世日本不行中央集權政治，幕府及地方領主大多選擇與海賊等在地勢力及專業集團合作，結成主從關係，互惠互利，並不會試圖完全收編、取締這些專業人員。說到底，「海賊」們既有「賊」（暴力）的一面，同時也有「商」（經營）的另一面，加上當時的價值觀，海賊自成一體，在領主以至戰國大名之間游走、圖利也是十分容易理解的。

即使是雄霸中國地區的毛利元就也並不能任意指使各水軍，還是需要一步一步滲透、介入，結果到了豐臣政權登場後，毛利家才真的算將瀨戶內海的「海賊」完全收編、吸收成功，可見「海賊」們憑藉他們那種難以取代的專業能力及經驗，仍然能讓戰國大名敬讓三分。

政治篇

一、戰國大名的經營之道

首先要說明一下「戰國大名」這個專有名詞。「戰國大名」的「戰國」來自於武田信玄所說的「如今戰國之世」一句，然後明治時代的史家以那個戰亂不堪的時代，跟中國的戰國時代很相似，於是便稱呼那個時代為「戰國時代」。

因此，「戰國大名」其實只是日本學術界進一步說明「戰國時代」時，稱呼當時的武士統治者的學術用語，那個時代的人們跟大名本身，都沒有「戰國大名」的概念。大名是指「大名主」也就是大領主的意思，「大名」也指高級的武士家族的意思，它的相反詞就是「小名」，即小領主、相對低級一點的武士家族。另外，在一般的理解上，「戰國大名」都要符合以下四個條件，才能算是「典型」的戰國大名：

1. 擺脫昔日室町幕府——守護體制的框架，即不需要，也不等待室町幕府將軍的任命，以自己的能力（軍事力量）形成一個支配圈，而且不從屬於其他領主，為支配圈內至高的支配者。

2. 這個支配圈包含了一定的範圍，形成一個整體的領域，而不是分散零碎的狀態。

3. 支配者（「戰國大名」）利用強制實施軍役統一標準，轉化那些存在於這個領域裡的各級各種的領主成為自己的家臣，為自己效勞。

4. 利用徵收段錢（土地稅）、棟別錢、力役等方式控制人民及掌握土地生產量。

1、大名與百姓

那麼當時的人們是怎樣看待這些領主的呢？戰國大名之中有不少是在當地從小領主慢慢發展成大諸侯的，而且在那個時代，這些領主們通過攻伐、強搶等手法獲得對手的土地，因此當地的百姓對領主的輪替不以為然，但站在戰國大名的角度來說，控制領民是統治的關鍵因素之一。

當時，大名掌控領國的兩大手段，一是檢地（丈量土地），以及在「檢地」的基礎上，明確稅率及稅額，再算出百姓所需提供的力役，以及家臣要提供的軍役；二是開發資源，如金銀銅礦、山澤資源來補貼開支。大名通過這兩種媒介去確保獲得足夠收入，充當戰爭、領內民政建設等費用。在戰國時代，「戰國大名」以從前的室町時代統治模式為基礎，進一步推行改革以強化統治，對領國內各階層的平民百姓以及從屬領主進行更深入的控制與支配，其中一個重要的部分就是稅收制度。當時，戰國大名為了日常備戰，維持日常軍費支出以及行政所需，自然需要從支配區域（稱為「領國」）的村落收取稅金。

當時日本的稅金種類繁多，可謂各式各樣，除上面提到的「年貢」（農作收成）外，還有各式各樣的稅項，包括「棟役」（按建築物數量收取土地稅）、「段錢」（按土地面積比例收取）、「地子錢」（地主向用戶徵收的農地利用稅）。另外，領國內的山澤資源也會被徵收利用稅，還有海港入港稅等，都是在戰國大名與各階層進行協議的前提下決定的。

雖然戰國大名擁有軍事力量，權限也比一般百姓大，管治的滲透力比室町時代的守護大名更強更徹底，但不代表他們便能對百姓予取予求。當時，大名軍隊大部分的士兵還是農民，並且是通過各地小領主，也就是他們的家臣，然後再拜託各地村落應召而集的，因此，大名除了自己的私領外，其他部分只能間接地動員百姓。也就是說，百姓們對大名的效忠只是出於契約關係，即是為大名提供力役、兵役，來換取大名的軍事保護（外敵入侵時）、調停糾紛，以及借貸、借種子（勸農）等等。

這裡要注意的是，所謂通過檢地（丈量土地）去訂明稅額，通常是靠村落自己申報（稱為「指出」），再按領主定的比例換算成銅錢單位「貫」。在戰國時代，除了較為強大的戰國大名，如今川家、北條家等，一般領主們不會，也沒有強大的能力去強制丈量土地，所以要完全掌握土地生產量，還是要等到江戶時代，統治完全穩定之後。

另一方面，當時的村落就是一個個半獨立的自治體，有村規、有自己的營運組織，由長老、老眾（幹部）領導下面的村民以及賤民（奴隸）。村落的百姓們辛勞所得的農作收成一半以上會轉化為「年貢」，先繳交給他們所屬的村落，再以村落的名義交給所屬當地領主的家臣（代官），如果百姓所在的村落是屬於戰國大名的私領的話，收取村落「年貢」的就是大名直派來的家臣了。

另一方面，沒有農地的漁民、商人也會分別由統轄他們的村落及商人司先收取稅款，然後再轉交到負責的代官手上。

這裡比較重要的一點是，他們繳交的「年貢」很多時都是實際的農作物，因為他們身上沒有那麼多銅錢。但是把這些農作品都運到代官那裡也會很麻煩，所以好像後北條家那樣，會讓他們先到市場變賣農作物或收成後，再以錢的方式上交相應的「年貢額」。當然，也有代官自己去「換錢」的情況，這是因為在戰國時代，各戰國大名的統治方式既不一樣，同一個戰國大名內部也包括了家臣（臣屬的領主）的領地，而戰國大名又不會具體地一一規定領主們的行政手法，所以做法便很可能不一樣了。

所以，戰國大名的「領國」內，即使是最重要的農業收成，也不是完全維繫了大名與領民之間的紐帶，除了大名直轄領地外，一般來說關係都很疏離，大名即使被換下場，被消滅，對領民的影響其實很小的。

那麼，各行各業的百姓就一定乖乖的交出年貢，做個好領民嗎？當然也不是了。相反，農民、漁民趁代官換人，領主換人的機會隱瞞收成量，甚至因為不滿領主索要的稅額太高，索性放棄耕作、捕魚，逃亡離村也是經常出現。當時的戶籍制度尚未成型，百姓、漁民離鄉背井也相對後來的江戶時代容易多了（圖 3-18　各稅項收取的方式）。

那麼，領主發現百姓作虛偽聲明、瞞稅、刻意不交稅，又或者故意少交應繳稅額等情況時，一般的做法是會找出這些當事人，然後要求村落將相關人等趕出村

各稅項收取的方式

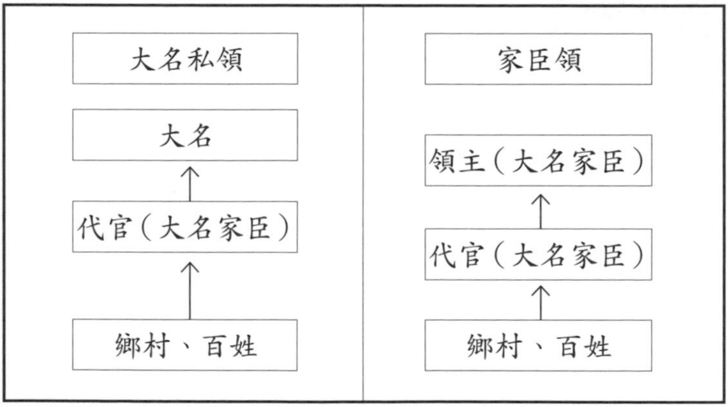

圖 3-18　各稅項收取的方式

落。如果村落反抗不從命的話，有可能面臨大名派小軍隊到村裡強制要人。

話說回來，當時的日本既非處於一個中央集權體制內，比起以前的領主，戰國大名也不過是有更大的軍事力量（暴力）去管治而已，事實上仍然需要村落、城鎮的配合才行，不能每次都硬來，這是因為領主們打仗的主要兵源就是農村的村民。因此，普通領主以至戰國大名也不能過於強勢，必要時還是需要聆聽領民的聲音，否則最終只會兩敗俱傷，經營不善，引來敵人覬覦。

所以，戰國大名以及領主也要顧及形象，在外要能守家衛國，在內要施政合理，否則各階層的領民不堪受壓，紛紛逃亡，或者揭竿起義的話，家臣首先會很頭疼，家臣頭疼的話，那戰國大名就更頭疼了。

2、大名與家臣

比起領民，大名跟家臣的關係是相對緊密的。不過這裡也要說明一下，家臣是分成三種的。一種是代代伺候大名家族的家臣，稱為「譜代」；另一種是剛加入的「新成員」，稱為「新參」，身分地位比較低；還有一種也是新加入，但原來是跟大名差不多地位的領主，現在要借助其保護或支援的，這種稱為「外樣」（圖3-19　將軍——大名——家臣支配）。

外樣和新參是外部的人新加入成為家臣。前者本身可能身分地位跟新老闆差不多，只是現在自己不如新老闆，或者需要他保護才加入，所以本來就是求利為主；後者的新參也是新近才加入主君家，雖然地位低，但由於以前也沒有跟老闆有什麼交結，所以也沒什麼感情，隨時都有來去的自由。

所以，在戰國時代，家臣的忠誠也要看身分的，能夠而且應該為主君拚命的，只有最早伺候的家臣，其他的「菜鳥」則沒有這種強制性。反過來說，這些「菜鳥」想升值，就必須從自己開始一代代子孫去盡忠職守才行。

另一方面，為了讓家臣安心留效，主君們便要努力表現，成為一個有安全感的老闆，值得信賴和跟隨。擴張領土，介入糾紛成為戰國大名的課題，間

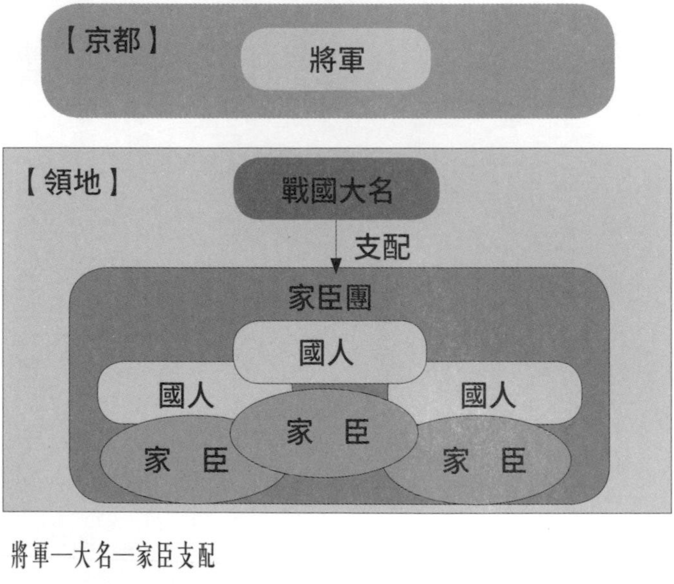

圖 3-19 將軍—大名—家臣支配

接也助長了戰爭走向長期化。同時，大名為了方便管理各級家臣，一般使用了「寄子寄親制」，簡單來說，就是一個群組由高級家臣（「寄親」）帶領及管理中下級家臣（「寄子」），在打仗時屬於一隊，中下級家臣隸屬高級家臣，平日生活諸方面，有任何事情要上報給主君時，也是通過高級家臣來代理（圖3-20寄親寄子制）。

那麼，背叛了的家臣是否都沒有好下場呢？其實不然，背叛者活的好好的大有人在，只是我們問為什麼家臣不離開，而是選擇背叛的時候，要知道家臣的背叛不一定都是深思熟慮，也不一定都是為了取而代之。他們的叛變可能是為了家族利益，為了面子等等，真正想

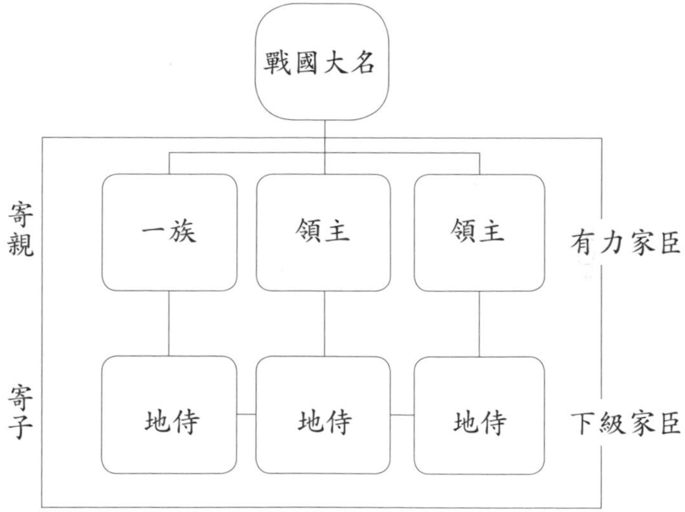

圖3-20　寄親寄子制

取而代之的除了極少數直接弒君外，大部分都是趕走主君，另立新主，自己做幕後操縱者，然後又要努力地扮演好老闆的角色。

因此，戰國時代的忠與叛其實並沒有一個實際的表象，每一個個案都有不同，但唯一肯定的是戰國時代會嘗試利用法制以及關懷、剛柔並濟地減少家臣的反叛，到了戰國時代最後期，即信長快掛了的時候，幾乎沒有再出現什麼大型有名的叛變事件，證明戰國大名已成功地防治了這個「傳統流弊」。到了江戶時代再用身分階級加以鞏固。

3、讓大名焦頭爛額的宗教管理

除了領民和家臣外，戰國大名另一個要小心管理的，就是宗教團體。這不僅是宗教信仰政策問題，還關係到民政及民心。需知道當時的百姓武士大部分都是佛教徒，卻分屬不同宗派，一旦大名在政策上過度向一個宗派傾斜，那麼感到地位及利益受損的其他宗派便會有可能動員教徒群起反抗。

同樣道理，大名的統治未及鞏固而又在民政上做得太高壓、苛刻，導致小領主、寺院等叫苦連天時，也有可能令他們動員百姓反抗，這也就是史稱「一揆」的農民暴動的基本成因。有名的加賀一向一揆的本質就是百姓被捲進大名的戰爭後順勢在宗教勢力的主導下發起了武裝暴動，控制了地區的管治權。

因此，大名在管制宗教勢力，尤其是善於鼓動民眾的宗教派別都會進行徹底的打壓，京都的天文法華一揆，德川家康對三河一揆、信長對長島一揆等都是有這種含義。事實上也證明，成功壓服極端、活躍又會挑戰領主統治的宗教派別對於進一步鞏固領國的支配有著積極作用。

相反，對於一些神聖又廣受尊崇的寺院，大名會大加保護，除了政治目的外，也是要宣示自己有能力保衛、崇敬當時人們（包括大名自身）的精神支柱，作為大興文教的政策之一，對於給予家臣、領民以及宗教界的安全感意義重大。

二、戰國大名的官位戰爭

現時日本本土的戰國史研究的主流之一，就是各地方領主的權力形成的特質。其中的一個焦點就是領主與地方國眾（國人領主）的權力關係。的確，戰國期的領主通過室町時代的各種洗禮，並不像從前的守護領主那樣倚仗中央的幕府或關東的公方的權威及賜予的職權去制衡地方的武士領主。

與此同時，室町時代的地方政治更近似是一種多元非中央集權的模式，各地域的政治情況與京都的政情有著密切的關係，各國守護一旦與京都的將軍或幕臣不咬弦，就會被孤立，然後很有可能失去了所在地域的政治優勢，尤其是足利義滿以後的情況更加明顯，可說是京都箝制各國守護，甚至是三管四職的一個主要方法。缺乏直屬軍隊的將軍，只能通過這樣的「平衡遊戲」，以及「鋤弱扶強」的方法，配合將軍的權威，爭取政治上的優勢。因此，一旦將軍自己捲進了政治鬥爭，這個平衡遊戲便會結束。

所以，一般會提到的應仁之亂，其實它的本質只是幕府內部的派閥之爭，後來引起的東西大戰也只是鬥爭的延長線，對當時的整體政治還沒有做成即時的影響，主要被捲入戰爭的參戰者其實也是兩派系的領主及旗下的勢力。但應仁文明十年間的持續性戰爭下，影響慢慢擴大，戰爭長期化的後遺症也催生出政治、社會的變化，一揆、京都貴族的四散、部分地方勢力的內訌等等都是戰爭爆發後數年才出現的現象，然後積累下來的糾紛、對立也慢慢累積、深種。因此，應仁文明之亂很難稱得上是戰國的開始，嚴格上只能說是關東以外日本走向戰國期的催化劑。

到了戰國時代，一般都認為幕府已淪為京都的地方政權，無法統制各領主，只是一個在等待衰亡的黃昏權力。的確，我們看到上杉謙信與武田信玄的甲越戰爭、毛利元就與大友宗麟的藝豐戰爭等例子都有力地反映出幕府停戰調解的能力顯著低下，也沒法對無視幕府命令的領主作出制裁或討伐，這與從前義滿至義政時代的幕府相比，的確是相形見絀。

不過，這裡我們並不能簡單地因此就連想成幕府無能，因為背後的問題遠比以上的表象來得複雜。幕府弱體化是事實，但這也不過是與幕府全盛時期比較之下的結果。室町前期與後期的地方政治生態既已不能同日而語時，單單將焦點放在幕府身上也不過是抽離現實而已。

戰國大名林立時的幕府早已被人遺忘，在目前的研究上，對於幕府的存在形態也只停留在如何無節操地巴結各有力領主，與此同時新成立的「戰國大名」為了鞏固自身的統治力，於是向朝廷、幕府索取官位、幕職。

這方面的研究早已在研究者間引起廣泛的討論，一方認為官位、幕職只是象徵，並沒有真正帶來效果，畢竟沒有實力的話，多大的官位也是徒然云云。與之相悖，另一方則認為即使官位、幕職只是虛名，但在一些例子上仍然帶來政治上的影響，例如大內義隆的大宰大貳，大友宗麟的九州探題、上杉謙信的關東管領、尼子晴久的數國守護職等。

然而，這裡想提的是，以上的官位、幕職實效的問題固然有爭議，但視角不應只限在官職有沒有效用，領主家或其從屬勢力，發給方的幕府，以及他勢力的意識也必須加以深究。

站在幕府的立場來看，剛才舉的例子中，謙信的關東管領及宗麟的九州探題都是「劍聖將軍」足利義輝期的事。眾所周知，義輝一生都跟畿內霸者三好長慶相鬥，義輝為了強化自身的政治力量，對授予官位、幕職大開綠燈。

即使這些官職只是榮譽性質，但這是幕府規矩上前所未聞的事顯示義輝的政治意識，比他爸義晴，還有他弟弟義昭都更具現實主義。然而總體來看，十代將軍足利義稙以後的幕府將軍授予官位、幕職的意圖都有著現實的利益考量，已經跟以前按規矩、傳統的時代不同，可以說是求變的一個舉措（反而末代將軍義昭卻相對保守）。

至於戰國大名之間的相互認知方面，比如說，謙信取得關東管領，並得到幕府保證可以節制關東、信濃事宜時，北條氏康及武田信玄也並沒有因此而舉手投降。前者強拉足利義氏當女婿以制衡，與謙信之間，直到越相同盟為止都各以對方舊有苗字（伊勢、長尾）對稱；後者向幕府索得信濃國守護職，抵抗「關東管領」的權威，這種為官位、幕職而展開的「外交攻防戰」在同級數的戰國大名間一直持續，也是戰國期延長的一個誘因。

不過，這裡要留意的是，不同地區對於領主官位的敏感度各有不同，不能一概而論。例如越後上杉（長尾）家一直到小田原之戰為止，在關東以至南奧羽，都被稱為「山內殿」，顯示當時人對從前的關東管領山內上杉氏仍舊有一定的意識。

相反，西國的尼子家、毛利家即使曾被任命為山陰、山陽諸國的守護，但在當地的認受性則不見得很高。所以，領主的官位是什麼也好，背後有什麼理由也好，沒有相應的實力（軍事力量），什麼也是徒勞，但反過來說，也不代表只靠軍力便足以成就霸業，那時代還是需要一定程度的「軟實力」，上述的官職便是其中一種。

三、戰國的「下克上」與忠誠

說到戰國時代，大家可能很可能會想到家臣背叛主君，自己稱王，我也相信大家總會在小說、電影或遊戲中聽到三個字：「下克上」。也就是「以下犯上」的意思。作為研究戰國時代的人，其實會覺得這樣的評價不太恰當。為什麼呢？首先嘛，背叛這個行為其實並不是戰國時代才有，會導致大家這樣想的原因，就必須說說這個「下克上」（或者「下剋上」）。

其實這個詞匯早在南北朝時代已經出現，泛指攪亂社會階級秩序的事象，所以原本這個「下克上」並不是用來針對武士謀逆的行為。到了戰國時代，尤其是京都兵荒馬亂，一直盤踞在京都的一幫貴族、僧侶眼看著底下的農民、領民乘亂反抗，不交田稅，還起義反抗，於是他們這些靠人養的貴族就慨嘆農民百姓都反了，不聽話了。所以這個下克上，指的是下面的農民、農奴反抗領主、地主的意思。其實這些貴族、僧侶對武士長年的打打殺殺，早就已經習慣了，麻木了，根本不在乎。但是呢，蟻民竟然反抗了，斷了他們的生活，那就不行了，簡直是不可理喻了。

戰國時代當時的社會問題很多，自十四世紀以來，因為包含戰亂還有氣候異常（當時正好是北半球的小冰河期）的諸多因素，很多農村的收成常常不好，而且往往不是短短一兩年的歉收，而是持續幾十年的長期饑荒。加上社會矛盾及政治對立引發的戰亂，更使得情況雪上加霜。

因此，很多在農村活不下去的農民就乾脆離開農村，出外討生活，不少可能拿把刀，或是些不知是搶來還是檢屍撿到的破爛武器或防具（甚至沒有）就參與武士的戰鬥，擔任他們的雜兵及足輕。而打贏的話，就是足輕的「表演時間」，大將的武士通常會放任足輕搶劫，只要是能搶能搬的東西包含人都可能是這些足輕搶奪的對象，畢竟這也是他們離開出外討生活賣命所求的回饋，初期很多在農村無法過活而出外從事足輕工作的雜兵為的就是這些。

既然是這樣，為什麼「下克上」會變成戰國時代的代名詞呢？其實，隨著近二十年戰國時代史越來越有人氣，日本和中外粉絲都喜歡戰國武士了，誰管農民呢？於是就把這個「下克上」硬套到戰國武士的行為裡面了。雖然不是說戰國時代沒有叛變，但後面我會說到，其實個案數字不足以成為同時代的代名詞了。

那麼，究竟戰國時代的武士們是怎樣看待忠與叛的呢？很顯然的，戰國時代的武士們也是講求忠誠的，那時候也很注重主從關係，所謂「主從乃三世之緣」，戰國時代的武士也憧憬主君與臣下生死與共，然而，這裡的主從卻是有條件的。

在當時的武士觀念來說，家臣分為親族、譜代、外樣及新參，前兩者與主君共患難是義務，也是必須的。所謂譜代就是代代相傳去伺候主君家族的世代老臣子，因為有這種紐帶關係，主與從之間已經密不可分，甚至可以說已成為了傳統。

至於外樣及新參，則是外部的人新加入成為家臣。前者本身可能身分地位跟新老闆差不多，只是現在自己不如新老闆，或者需要他保護才加入的，所以本來就是求利為主；後者的新參也是新近才加入主君家，雖然地位低，但由於以前也沒有跟老闆有什麼交結，所以也沒什麼感情，隨時都有來去的自由。

所以，在戰國時代，家臣的忠誠也要看身分的，能夠而且應該為主君拚命的，只有最早伺候的家臣，其他的「菜鳥」則沒有這種強制性。反過來說，這些「菜鳥」想升值，就必須從自己開始一代代子孫的去盡忠職守才行。

另一方面，為了讓家臣安心留效，主君們便要努力表現，成為一個有安全感的老闆，值得信賴和跟隨，擴張領土，介入糾紛成為戰國大名的課題，間接也助長了戰爭走向長期化。

那麼，背叛了的家臣是否都沒有好下場呢？其實不然，背叛者活的好好的大有人在，只是我們問為什麼家臣不離開，而是選擇背叛的時候，要知道家臣的背叛不一定都是深思熟慮，也不一定都是為了取而代之。他們的叛變可能是為了家族的利益，為了面子等等，真正想取而代之的除了極少數直接弒君外，大部分都是趕走主君，另立新主，自己做幕後操縱者，然後又要努力地扮演好老闆的良臣角色。

四、戰國武士的名諱意義

戰國時代（其實整個中世都是）武家中存在賜諱的習慣，即主君或高上人士將自己的一個名字賜予下級國人或家臣。順帶一提，天皇賜名是最高榮譽，但實例很少，最有名的就有南北朝時代，後醍醐天皇將自己名字「尊治」中的「尊」，賜給了足利尊氏（原名「高氏」），以獎勵他出兵勤皇，打倒鎌倉幕府。

大家都知道，當時武士的名字通常是兩字為主流（例外的有安藝國的渡邊氏及肥前的波多氏等），賜上字跟下字有什麼不同的含義？

例如，毛利元就的家臣中有「兒玉就忠」，也有「國司元相」。解釋之前，先說一下賜名的知識。其實賜名這個行為，當時的稱呼叫「一字御請」，賜與方會發出文書給受賜方，以作證明，那文書稱為「名字狀」，或者「一字書出」，賜受的行為也稱為「一字拜領」。賜名中有一種是賜通字，即賜名者的家族代代相傳的一字，另一種則是諱名，即非通字的另一個字，大家都知道，「元」是毛利家族的通字，而「就」則是元就的名諱。

另外，將軍賜名的情況也有這種差別，例如「劍聖將軍」足利義輝賜名給長尾景虎（謙信）（景虎→政虎→輝虎）、毛利輝元等人的「輝」字，或者義輝父親足利義晴給予大友義鎮（宗麟）、今川義元的「義」字。當然，將軍賜名也不是家家都能有的榮譽，上面的「義」、「輝」以及本文提及的元就的「就」、「元」的差別在於什麼呢？這種分別又有什麼含義呢？

其實，兩者的分別在於家臣與主君的從屬程度，以及關係。一般來說，受賜主君通字的家臣大多是譜代，或者是與領主家關係長久的國人的子孫（長男，次男為主），又或者是主君家族的遠親。將通字賜予他，既是確定他的家臣身分，同時也代表該家臣被確認為「準家族」的成員。

至於賜諱名的一方通常是與主君建立個人的主從關係，換言之，如果說國司元相「先是毛利家家臣，然後是元就的家臣」的話，兒玉就忠則是「先是元就家臣，然後是毛利家家臣」。這種意識在當時的武家是很重要的一個思想及分界線，後者先為「主君」犧牲，後再為「主君家」犧牲，一旦領主家分裂內訌，除了利益外，這種主從關係產生的道義也會左右大局，也影響到家臣們往哪靠。

戰國大名得到將軍賜名是武士的最高榮譽，禮法上將軍之名必須是名諱的前一個字，否則就是不敬及謀反。所以今川「義元」，不能改成「元義」。領主家的通字獲得將軍代代賜名的話，將軍的名諱就很可能變成當家的必然名諱（如大友氏的「義」）。

而且，由於將軍所賜的名諱是身分的象徵，論政治上固不能賜與家臣（將軍自己賜則例外），否則在秩序上兩者便平起平坐了。同時領主家作為受賜者，也沒有權力將將軍的名諱轉賜給別人。所以，領主給予家臣的賜名也只能是自己的諱名。

拿較有名的伊達家的例子來說明，伊達家從十代氏宗以後，直到「獨眼龍」政宗父親輝宗為止，代代受賜將軍名諱（氏宗例外是關東公方），通字的「宗」字沒有影響，所以一貫賜給家臣通字，這樣的處理更加系統、清晰，即領主領將軍的名諱，家臣領領主家的名諱，這樣政治秩序便更明確了。

當然，也有些領主家沒有明確的賜名準則。薩摩島津家雖然跟幕府關係不錯，但在江戶時代之前，島津家的當家及家臣改名大多從「忠」、「久」之中選擇，這是為了強調創家祖宗島津「忠久」的存在（所以沒有成員會叫「忠久」）。但是，直至島津義久為止，宗家與庶家，以至家臣之間，沒有像伊達家那樣嚴格的命名規定。

又如長尾上杉家，除了會賜予長尾一門的「景」字外，家臣不見得習慣性地領取主君的名諱，即使是被稱為重視傳統的謙信，賜名的例子也不多。這一類領主家通常主君家的權力並未穩定，甚至可說是相對鬆弛。

以上看來，在日本的武士社會，尤其是儒家思想還沒深入人心的戰國時代，名字、稱謂也是很重要的政治行為，對現代人來說，並非能夠容易理解。

社會篇

一、亂世女性真悲哀？戰國女性有話兒！

說到室町戰國時代武士女性的婚姻觀及權利，不少讀者可能會以為當時正值亂世，男人在外打仗，女人持家很正常。或者古代的女性都只能當弱者，其實配合當時的文學作品來看，當時的婚姻觀念比較開放，當時的日本女性享受的自主自由及權利，雖然不能與現代相比，但在日本歷史來說，卻是相對多的，比江戶時代的女性更加自由奔放。

例如，當時女性只要符合一定條件，便可以隨時改嫁再嫁，即使是拋夫棄子，也不會受到旁人白眼。而且，這些都受到當時戰國大名的法律保障，是合法合理的正當行為。

那麼，所謂的條件是指什麼呢？例如伊達家的法律規定，婦人希望離婚改嫁，必須通知自己父母、兄弟及丈夫本人，而且理論上不一定需要丈夫同意批准才能離婚，只要通知，對方、對方以外的第三方（證人）知情便可。所以，只要做好聯絡工作，武士家的女性成功離婚的機會是很大的。

當時的觀念上，可以說是追求夫妻相敬如賓，互惠互利。當男人沒有出息、或者不做好丈夫的本份，妻子便隨時可以離開，當然，夫方也可以用同樣理由，用同樣手法進行離婚。反過來說，如果沒有知會對方，又或者知會的一方反悔、否認提出過離婚，一旦被揭發，證據確鑿，那便有可能被罰。

所以，在戰國時代，武士家的女性因為各種理由轉嫁、改嫁的例子十分多，著名的有德川家康的母親阿大、織田信長的族妹（或親妹）阿市等等，不勝枚舉。不過值得留意的是，她們並不只是一個任人擺布的工具，他們在改嫁時可以提出各種條件，作為改嫁的籌碼，這在當時基本上都獲得尊重。

上述規定主要是針對武士家庭，但這種習俗其實在一般農村百姓間也很常見。在當時的民間，勞動女性比男性多，男性除耕作之外，既要負擔領主、村落的夫役，還要當士兵，所以日常生活上的持家操勞，都主要是依靠女性，甚至在城下町、市場出店擺攤的也不乏女性的身影，這種社會環境也成為女性具備自主意志的背景因素。

另外，當時不少地方的風俗存在「打後妻」的做法。「打後妻」就是丈夫因為移情別戀，想休妻再娶，當時的妻子知道後，會向對手下戰書，為面子而戰，有時因為會帶領娘家、好友去上門尋仇，引發群毆，甚至命案也是十分常見。這風俗一直到江戶時代，仍然存在。按照當時的思想，引起事件的丈夫是不能介入干涉的，因為那是女性為了尊嚴及面子拚盡全力的「戰爭」。

可是，這些女性的身影可嚇壞了當時來到日本，將婚姻視為最神聖，離婚是不可理喻的耶穌會傳教士，他們報告給教會時，還專門特寫這個問題：

「日本的女性不重視童貞，即使不是處女，她們不會失去名譽，也不會失去結婚的權利」

「在日本，女性很多時主動向丈夫提出離婚」

當然在那個時代，各地區的戰國大名法規各有參差，不一定寫的那麼清楚，也不一定都管的那麼仔細，很多時還是將處理權限交給夫婦雙方的家族，或者所屬的村落長老自行處理，領主不會主動干涉。這可說是當時日本人的真性情，與現今日本人的形象是有點差異。然而，隨著江戶明治時代以後的思想解放，女權逐漸被重視之下，日本女性對婚姻的觀念也相對自由自主，彷彿又有點「回到原點」的感覺。

二、織田信長的黑人家臣

說到織田信長的小故事，實在是十分多，但很多都不一定有事實基礎。不過，比起不少有名的戰國大名，信長與耶穌會傳教士有比較多的交流（當然九州大名更多更直接），他的權勢及宗教政策也引起了傳教士的注意，因此，我們得以從來自異國的傳教士處，得到相對特別的，有關信長的情報。今次談一下那位被信長收為侍從的黑人奴隸。

有關黑人奴隸的事情，除了後述的傳教士記錄外，我們熟悉的太田牛一《信長公記》中也有記載，而且稱那黑人奴隸為「黑坊主」，所以這事情應該是千真萬確的。現在很多日本的漫畫或小說作品會稱這個黑人奴隸為「彌助」，但其實是沒有史實根據的。他是在天正九年（一五八一）由傳教士引見給信長的。根據後來傳教士寫給耶穌會本部的年報，當時傳教士與黑人奴隸入京，引來京民的圍觀及哄動，不少人還特意跑來觀看黑人奴隸。

傳教士見到信長時，信長也似乎留意到黑人奴隸。據傳教士所說，當時信長「看到後十分驚奇，他（信長）不太相信有天生便是黑色膚色的人，以為是用黑墨水塗成的，還不停的看著」，信長還跟這位略懂日語的黑人奴隸交談，傳教士說信長當時是「聊的停不了」。

由於黑人奴隸「力量強大，而且會一些小技藝」，所以信長很高興，從傳教士那裡領了這個黑人奴隸去當自己的家臣。然後再派人帶著黑人家臣去京內巡遊。傳教士還聽說有人猜測，信長會讓黑人家臣成為領主。按信長喜歡炫耀、向別人耍威風的行事風格，以及提拔了出身低層的秀吉的事蹟來說，也並非完全不可能，但事後看來並沒有發生。

說到這裡，有幾點可以說明。首先，按傳教士所說，黑人奴隸是懂得一點點日語的，相信他在見到信長前，已經在日本待了一段時間。雖然現在已不知道他之前來到日本後，是在九州還是在京都跟著生活，但從一些傳教士的資料，以及傳世的南蠻屏風來看，當時的日本九州博多、豐後府內、周防山口以及京都，都有不同人種走動；而且黑人奴隸也不會只有一兩個。所以，被信長領走的，不過是傳教士手下的其中一個黑人奴隸而已。

當時在日本走動的還有朝鮮人及中國人（唐人），在九州甚至有早在鎌倉時代便來到日本，並保留漢人姓氏的「歸化」唐人。唐人的足跡最遠到後北條氏，甚至南陸奧都看到有唐人活動的記載。也有部分唐人及朝鮮人跟日本人一樣，不少淪為奴隸，被轉賣到不同地方，而傳教士也參與了買賣奴隸的活動。

目前來看，除了信長招攬的黑人外，這些外國人基本上都沒有成為戰國大名的家臣，也似乎沒有成為兵卒，大名們反而把他們當成特別種類，還有不少大名在城下會設有「南蠻町」及「唐人町」，充當外貿上的幫手。但由於那時候的大名統治還沒有十分有系統的人口查緝統制政策，這些外國人也不被當成當地人，因此出入無蹤，很難知道他們的生活情況。

最後，說一下這位被信長要去的黑人家臣的動向，不知是有幸還是悲劇，據傳教士的報告，他也被捲入了本能寺之變。不過，跟很多漫畫、小說不同，他在信長死後，跟隨二條御所的信忠作最後的抗戰。光看傳教士的報告，我們無法想像為什麼他能逃出光秀軍的包圍，而且到了二條御所。很可能他是一直都在信忠身邊，只是傳教士以為他一直在信長身邊而已吧。

據傳教士的說法，黑人家臣在二條御所也奮戰不懈，最後聽從了明智軍士兵的指令，放下了武器後，被士兵帶走。家臣問光秀如何處置黑人家臣時，據說光秀說「這個黑人是動物，不通事理，又不是日本人，不用殺他，讓他回傳教士那裡吧。」是光秀仁慈，還是光秀只是不當黑人家臣是人，又或者是想賣人情給傳教士，我們都不得而知。總之，按照傳教士單方面的記事，起碼我們能確認黑人家臣並沒有戰死，而是回到奴隸的命運當中。

三、戰國時代的「一揆」與「德政」

一般有玩過日本戰國電玩遊戲的朋友對於「一揆」兩字一定不會陌生。配合小說及大河劇的文字、影視效果，不少人對於「一揆」的理解便是「民亂」、「農民武裝」，而且大多數人都會將「一揆」與著名的宗教團體本願寺扯上關係，並稱之為「一向一揆」這種帶有宗教成分的民眾武裝。

然而，中世日本的「一揆」其實不限於農民百姓，他們的「一揆」（武裝行動）也並不單純是要反抗特權、與領主作抗爭。這裡先談一談一些背景。

首先，「一揆」的原意是指「揆於一」，意即一群人同心同意地行動，轉化為群眾行動，而一般來說，當時這種行動並非和平進行，而是通過武力、暴力作為手段，試圖去實現訴求，也就是「一揆」。中世日本的「一揆」參與者其實不只是農民，基本上除了特權階級、貴族、高級武士外，其他的社會各階層都因應情況及需求而結成「一揆」，對當權者表達訴求，包括減免田稅、賦役，或者糾結團伙去劫富自肥。另外最重要的還是通過「一揆」這種群眾壓力去要求當權者利用權力免除這些「一揆」參與者的債務，稱為「德政」。兩者的關係非常密切，因此這裡有必要說明一下。

「德政」這個用語及歷史概念是日本歷史上較為特別和獨有的東西，簡單來說，「德政」的核心就是使欠債者可以少還點、延遲、甚至完全不還本來理應償還的債務，更誇張的是保障債務人可以去債權人處把債約「合理合法」地燒燬，一筆勾銷，取回抵押品，而且不能追究重提。

對於我們現代人來說，這簡直是無法無天，不可理喻的行動，但在當時的日本來說往往是可以被接受的（除了債權人外），這是因為那時候的日本當權者（幕府、朝廷、領主）一方面為了息事寧人，一方面當時人的觀念上存在「物歸原主是大義」的想法，而且基於佛教思想，對於無奈欠債的人都會多施同情，不會「逼人太甚」，換言之當時的債務觀念重於保護債務者，多於債權者。當然現實地說，把債務人逼進絕境，最後也很可能人財兩失，血本無歸，所以債務履行的規定還是相對寬鬆，債務人及債權人同意的話，可以讓債務攤長至數十年才履行（但一般是二十年內）。

「還清債務」是理想，但理想往往不易實現。「一揆」的其中一個原因就是在當時農業發展較差，結合慢性的天災、戰亂，不論是下級武士、農民及商家，大多債台高築，到處欠債，而且債主通常不止一人，即使是拆東牆補西牆，最終在債上加債下，根本無法贖回抵押品或還清債務，於是唯有以武力去迫使這個責任「一筆勾銷」，當沒有發生一樣。

大家可能會問：那債權人還會那麼傻的再去借貸放債嗎？一旦「一揆」發生，迫使「德政」一出，不就血本無歸嗎？是的，這是我們現代人的想法，這種看來是風險極大的生意不應該有人會幹。但是在當時的社會，既非所有債務人都會賴帳，而幕府及朝廷也不會都對「一揆」聽之任之。幕府只會在自己有麻煩，或者一些政治考慮下才會默許「一揆」的訴求，其他情況下，原則上不會認可這種行動。否則作為債權者的上級貴族、大寺社、巨商崩潰的話，整個經濟循環出現問題之餘，幕府這個靠債權人供養的既得利益者，兼最大的債務者也會無債可借，最終還是自己受害。因此，以「欠債不還」為目的之「一揆」有時也會看準時機，趁幕府有危機時才會發動「一揆」去達到目的。

最有名的例子就是一四二八年和一四四一年，前者是室町將軍換代，後者是室町將軍被暗殺，幕府、朝廷正是忙得不可開交，亂成一團，消息傳出之後，便爆發了日本史上有名的「正長一揆」及「嘉吉一揆」。

到了戰國時代，德政的訴求仍然存在，但相對而言，以「一揆」去爭取德政的情況卻大幅減少，這與各地大名加強了支配，以及主動利用頒布「德政」來預防「一揆」爆發，收攬人心。

當然，如果說一揆全都因為想欠債不還，一筆勾銷的話，是不真確和不全面的。因為

「一揆」本身就是中世日本社會裡的非權貴階級通過暴力等實質行動來表達和落實訴求。尤其是那時候的日本沒有完整的、官辦的司法系統，社會內無權無勢的中下階層為了達成各種目的及訴求（不管有理無理），「身體力行」就是最正常又快捷的方法。

這裡有幾點要留意的，第一，「一揆」這個稱呼並非僅是當權者或受害者使用的貶稱，參與起事的人也會自稱「一揆」，所以，「一揆」一詞本身沒有褒貶的意味，是屬於中性詞。

其次，「一揆」的爆發並非純粹是一場「官逼民反」、「自發的民眾運動」。從史料中我們不難發現，絕大部分的「一揆」都有一些下級武士（「被官人」）參與其中，而且扮演著領頭、牽引的作用。這些武士既是兵也是盜，在沒有十分嚴格的社會階層分類下，這些「被官人」武士們夾在社會階層的中間，同樣受累於債務、飢餓之苦，故而藉著諸侯家臣的特殊身分，借助民眾的不滿挑動起事。例如在京都、奈良等富裕地區一帶居住的被官人與一些被壓搾的小商人聯手，引領民眾襲擊倉窖、有錢人家後，自己也混水摸魚。

這種情況在當時其實是明明白白的公開事實，他們的老闆們（大名）很多時名為嚴打，實則默許，即使礙於壓力要嚴打，也不過敷衍了事，並沒有真心打擊。

到了戰國時代，最大的權威——幕府與朝廷都自身難保，飽受戰亂之苦的民眾，不單是村落鄉民，還有都市中的居民在兵荒馬亂的局勢下，都只能更依靠群體活動來互相保障以及求存。當時大小一揆大多集中發生在京畿之地，為的就是爭奪集中在那裡的資源。而在鄉間，村落的民眾則為了爭奪山澤資源而糾結起事，引發群毆，甚至大規模械鬥。

這種情況一直延續到各地區出現更強而有力的暴力裝置才告終——「戰國大名」走出來介入，利用強大的暴力以及法規去阻止「一揆」的發生。因此，結果上很諷刺的是，「一揆」這種象徵著混亂、無法、民粹的社會運動到了戰國時代中期漸漸失去了活力，除了極個別的例子外，「一揆」大抵走進歷史。

最後還有一個問題要說明一下，這就是大家十分熟悉的「一向一揆」。受到遊戲和一些坊間的書籍影響，不少人會將「一向一揆」跟日本著名的佛教淨土真宗教派本願寺扯在一起。

然而，這裡存在不少誤解。首先如上所述，「一揆」本身就是屬於社會中下階層的人為著大同小異的目的，用共通的方式聚集在一起起事。因此裡面集合了不少的人，武士、農民、商人、強盜等，當中就包括了被稱為一向眾徒的人。「一向眾」其實與淨土真宗是兩種不同的群體，也不完全算是佛教徒，因為他們摻和了不少雜亂的思想和神秘主義，只是在不少「一揆」中，他們與有份參與的真宗教徒一同行動，被後來的人以為兩者類同而已。即使我們常聽到的那群對抗織田信長、德川家康的「一向一揆」，他們也不盡是真宗教徒，裡面的參與者也是基於不同原因加入了反抗行列。

更重要的，也是最大的誤解是「一向一揆」這個詞。事實上，當時的史料並沒有「一向一揆」這稱呼。本願寺本身只稱呼他們號召的教徒為「門徒」，「一向一揆」這稱呼其實是江戶時代後的史家製造出來的概念，這裡面就包含了他們對「一揆」的偏見及誤解，這種誤解直至日本戰後才慢慢被改正。（順帶一提的是「石山」本願寺也是江戶時代創的詞）

另外，本願寺與這些一揆的關係也並非那麼牢固，畢竟當時各地信徒甚多，除了部分重點培植的教區外，很多地區的信徒行動是先起事後，再要求本願寺善後或支援。所以，本願寺並非完全是一個反權力的組織，他們本身也是權力者。對抗信長的行動起因於政治因素，然後才發展成大範圍的社會運動。

至於江戶幕府成立後出現的百姓一揆，則變成一種為了請願求助而發生的民眾運動，少了武力衝突，也不再以破壞、賴帳為目的，中世的「一揆」也永遠成為歷史。

經濟篇

一、「風林火山」大戰略的「黃金傳説」

日本的戰國時代在經濟發展上其中一個重要的亮點便是開採礦產。其中一個最常聽到的詞就是金山，但一般對金山以及戰國大名的關係的理解卻不多，下面就以甲斐武田家為例子，說明一下一些誤區。

一般提到戰國大名武田家，一個會被人常常提到的就是他坐擁的金山，以及提鍊出來的「甲州金」。在著名的武田家軍記物《甲陽軍鑑》中便提到了信玄獎賞家臣時，曾許以「一抱金」，即讓當事人在稱為「碁子金」（如圍棋般大小的金塊）的金子堆前，用雙手一次抱抓的金子作為獎賞。隨著《甲陽軍鑑》的流行，以及江戶時代甲斐國（山梨縣）有自己的貨幣政策，信玄的「黃金傳說」廣為傳頌，最終讓很多人相信當時武田家靠著金山配合風林火山戰略來建立大領國。

那麼，從傳說回到現實，究竟是不是這樣呢？首先按照目前的考古學挖掘成果，以及江戶時代留下的實物，甲斐國的產金無容置疑，而且質量非常高，配合不同需要鑄造出不同的形狀。而在歷史文獻裡，我們也不難發現甲斐國的產金遠在信玄以前已開始，在他曾祖父的時代便已經看到「金山」的記錄。

然而，這裡的問題是，我們在龐大的武田家史料中，卻不曾找到或看到武田信玄以及勝賴怎樣管理金山，以及有多少產金，並利用金子作實質具體的經濟用途的記錄。我們能夠確認武田家拿金子作為寄贈給寺院的記錄，但實際上利用金子去振興經濟，甚至投入市場來刺激經濟效益的跡象也是難以在龐大的史料中得到確認。

另外，關於武田家與著名的金山開鑿集團「金山眾」的支配關係也是不太明確。同樣擁有金山的穴山氏派遣專責官員去指揮管理自己領內的金山眾及金山，而武田家則相信是按地區分別進行委託經營及直轄管理，但依然是沒有足夠史料去看清全貌。

故此，我們雖然可以肯定武田領內有數個主要的金山礦場，也存在十分熟練，善於運用技術掘金淘金的專業技術集團，但同時也很難因此便斷定武田家依靠金山來幫助他們擴展勢力，又或者金山的收益有很大的作用。一般相信武田家使用金子是用作軍功獎勵、貢獻給寺廟，以及從外地買入一些特需品，還有外交送禮上，但都只是零星個案而已，不足以看到全面的財務狀況。

至於金山則在武田氏滅亡前後出現產量減少的情況，金山眾也轉而從事一般的的土木工程，或是到外地從事開礦工作來營生。但據上文可知，產金的減少在經濟上財務上對武田家是否有很大的打擊，在歷史學上難以斷定，畢竟當時的主要經濟收益還是田稅、不動產稅、物流業及特產品之稅項，從不是倚靠金山。我們從武田家的法制《甲州法度次第》便可以輕易看到武田家為有效收取田稅等土地相關的課稅，作出了十分多的詳細規定，而關於金山的卻幾乎沒有。

順帶一提，說到武田家真正成功又有實質成果的經濟措施，便是統一了領地內的度量衡標準，其中最大的成果是制定了秤重專用工具「甲州枡」。我們知道實現統一的秤重標準有利於更方便買賣及價格換算。這個標準也一直沿用到江戶時代，成為參考武田家遺制的江戶幕府制定同類標準的雛形。

二、浴血之銀山

戰國時代是日本史上金銀礦產開發的全盛時期，當時傳教士便稱日本為「金銀島」。相比日本全國的金山，相對較少的日本銀山當中，比較有名的便是「石見大森銀山」（今・島根縣大田市）。記錄石見銀山傳說的史書《銀山舊記》說，石見銀山始於公元十三世紀，但此一說法沒有任何其他證據支持。綜合考古挖掘以及文獻史料的記載，石見銀山大約是在公元十六世紀初期正式開始被開採。

時間是大永六年（一五二六），大內家僱用的博多商人・神谷壽禎本是去石見國東鄰的出雲國（今・島根縣東部）的鷺浦銅山（今・島根縣出雲市大社町）採購銅材的，就在乘船前往出雲國途中，在海上發現銀山上有些地方閃閃發光，於是到了鷺浦銅山後，請來那裡的山師（開發礦山、尋找礦脈的專家）一同前往現場，終於發現了石見大森銀山。當時石見銀山所在的石見國（今・島根縣西部）並沒有強大的戰國大名控制，但當銀山被神谷壽禎發現後，不只日本各地的商船，就連國外的朝鮮、明朝的商船都絡繹不絕，慕名前來。

當時以明朝為中心的東亞地區國際貿易，以白銀為主要交易媒介。石見銀山的產銀進一步刺激了當時活躍於該地區的後期倭寇活動（走私貿易、海盜兼行的海上貿易集團），然後通過倭寇傳入當時活躍於東南亞、印度洋的葡萄牙商人及傳教士耳中。他們在天文十一年（一五四二）至天文十二年（一五四三），登陸九州的大隅國種子島（今・鹿兒島縣西之表市），自此開始了定期而且頻繁的交流。

但是，也因為這個原因，石見銀山成為了兵家必爭之地。周邊的強大勢力如大內家、尼子家以及後來的毛利家都為了控制石見大森銀山而大打出手。最終毛利家在弘治二年（一五五六）左右獲得勝利，將石見銀山收為囊中物，而且支撐毛利家在接著的二十年與九州的大友家以及天下人織田信長的戰爭。

根據毛利家在天正九年（一五八一）記錄的銀山產量帳，那一年產銀二六九二枚，比當年神谷壽禎剛發現時開採所得的五百枚多出超過五倍，可見銀山產量之多，以及開發技術的飛快進步。

三、戰國時代的農業

1、室町時代的農業發展

要談戰國時代的農業發展，有必要簡單地概述一下室町時代的農業生產發展。

室町時代的農業生產主要有三大發展：第一是地方領主層推進的水田再開發，第二是集約零星耕地以及施肥技術的進步，第三則是農產品的特產品化。這三個方向的發展在室町時代在不同的地區，按當地的條件形成及發展，並沒造成互相排斥的問題，反而形成了互補不足的效果。

室町幕府成立後，權力階級集中在京都一帶生活，造成大量的糧食需求，京畿地區的米糧消費也隨著政局安定而穩步上升，為後來戰國時代同地區率先推進稻米商品化製造先決條件。同時，伴隨著室町時代的水、陸兩路的物流運輸能力相應提高，除了京都這個最大集散地之外，食糧已經能穩定地通過多條水路及陸運路線將糧食運到日本國內其他的主要港口及陸路要點，再轉運到各個地方支點。

結果在室町晚期（十五世紀中葉），不僅是糧食米，對用作釀酒的米的需求也慢慢增加，間接地加快了各地水田面積的大量擴張。這些水田雖然受到戰國時代的戰亂而大受打擊及破壞，但水田再開發的基礎已經成熟，在戰國時代後期，相對穩定的局勢再次刺激了米糧的生產需要，水田的復興也及時幫助各大戰國大名滿足兵員的糧食需求，為保持戰鬥力提供有效的保障。

至於地方特產商品的發展方面，也是得益於室町中後期的政局穩定，由京都及各地的大城市，如奈良、博多、大坂的都市化發展帶動而來。隨著都市發展及擴張，各都市間的物流網絡也逐漸完備及成熟，有利各地方的商人將商品交易擴展到其他地區。

室町時代晚期的日本以畿內地區為中心，借助上述的人口集中及穩定增長，權力階級以及富裕階層對於生活各類商品的需求猛增，除了米糧外，衣物所用的原料以及燃料等都十分渴市。相關的商工業者在擴展市場的同時，也加快往京畿地區以外的地方尋找更安定地採購原材料的區域。結果上一步一步地帶動了地方中小型都市及農村的農作物商品化，以及栽種技術的提升，進而刺激了農產品質素的提升。當中，例如阿波國（今・德島縣）的染布材料・藍，以及同樣是甲信越地區的製衣原材料・苧麻都在室町中後期成為京畿地區炙手可熱的必需品。

不僅如此，為了更快地將各地的物資及原材料運到各地方的物資集散地，以至最終端的最大消費市場——京畿，中世初期開始緩慢地開發的道路網都為了配合物流需要而得到一定程度的再開發（雖然比戰國時代來說還是屬於局部性的發展）。在這些有利條件帶動下，室町時代中後期的農業商品的需求得以穩定的增長，對質素的要求也越來越高。經過後來的戰國時代的再洗禮後，成為江戶時代各藩推動地方特產專賣的基礎。

另一個重要結果是生產力的擴大。面對如此龐大的需求，理所當然地需要相應的生產力及勞動力才能夠應付。室町時代的生產主體也由從前主導集散農耕的莊園制領主，慢慢變成各地形成的村落（「惣（總）村」）以及地方上半農半地主的土豪。尤其是農作物商品化以及跨地區貿易成形後，各地莊園零散的生產力、低效率及間接式管理，以及人力物力單薄的運輸能力顯然都滿足不了需要。取而代之的就是成功手握運輸能力的個體戶商人（有德人）以及由有力寺社在背後支持的特權商人（座），他們與盤據在地方擔當指導農耕角色的土豪結合，確保了地方商品作物及農作物的穩定供應。這些有德人及特權商人利用在中央政界的人脈關係，以及自身積存的運輸能力，有效地確保地方及中央之間的穩定往來。

這些商人部分慢慢成為了特權階級的官僚，兼帶領主身份，同時又利用較為豐厚的資本到地方大量兼併土地。除了他們以外，各地方的豪強也靠著在當地的威望，藉著用各種方法救助無法交付貢租的農民，把他們轉化為自己的佃農，靠收刮他們的農作物收成作為主要的收入來源。商人或富農豪強（或稱豪農）等囤積大量土地，慢慢成為了地方社會中下階級的領導者，在戰國時代時成為戰國大名動員農兵的主要骨幹以及大名管治地方的下級官僚。

另一方面，受到商人及豪農剝削及控制的地方農民在這種極端苛刻的情況下，卻成為了推進農作技術發展的主角，隨著農業技術及種子改良發展，部分農民在繳納指定額的貢租以後，獲得了剩餘的收成。

2、戰國時代的農業技術

戰國時代的戰火不斷，有關地方村落的農業技術發展也甚少有詳細記載。然而，在這個戰亂時代的日本在農業發展方面絕非一無是處。

繼承著室町時代中後期的農田、水田大開發，農地所需的灌溉水路及堤堰治河的建設工事也應運而生。戰國時代的築堤建堰、治水技術已經十分成熟。著名的甲斐國（今・山梨縣）釜無川流域的「信玄堤」便是由當地農民借助地方豪強的指導下首先發起，及後再借助戰國大名的強大管理能力進行更大規模的增建及加固，到了江戶初期達至最高水平。

從另一個角度而言，在農業相關的土木工事整修上，主體是飽受各種剝削的農民，他們為了更好地確保收成以及裹腹的需求自發推進，戰國大名只是在他們背後幫助、強化而已。然而，戰國大名通過這種助力來換取地方村落及小領主們的支持及效忠，成為戰國大名作為地方大領主的「使命」及立身條件。戰國大名也不單單是一個地方的軍閥，同時也通過這些政策成為實際的地區統治者。

戰國時代的農業中最大的開發突破可說是棉花的引進及栽種了。棉花由於禦寒能力比麻高，也比絹相對便宜，在戰國時代中後期（十六世紀後半）在日本大量傳播後，很快便成為了日本社會必不可少的植物。

本來日本群島內並沒有棉花繁殖，在九世紀的王朝時代曾經一度引進，但卻無以為織，沒有成功在日本落地生根。到了室町時代，棉花主要靠與朝鮮王朝及中國明朝貿易而獲得。但由於當時的對外貿易除了倭寇貿易外，正途的貿易都由幕府及大名壟斷，因此室町時代的朝鮮棉花屬於極罕有的貨品，僅限權力階級所有。

棉花多用作幕布、包裹物以及衣料的原材料。日本國內有關棉花的記載也在十五世紀中期開始大量增加，就連當時的一般書籍都見到棉花的記載，這與日本跟朝鮮王朝進行穩定的貿易有著很大的關係。而且在幕府的主導及支援下，部分具實力的西國大名如大友家、大內家及島津家等都獲得了跟朝鮮貿易通交的機會。在交易、交流的貨物中，棉花也成為了日本方指定、渴求的重點之一，每次有機會都會向朝鮮方要求「賜給」。

那麼，棉花後來是怎樣「落戶」日本的呢？遺憾的是，目前還沒有找到具體記載的史料，但學界普遍相信，日本是在十五世紀末期、十六世紀初左右開始自行種植棉花。估計是從朝鮮貿易中得到了種子以及掌握相關的栽種方法，以及為了應付與日俱增的需要下，提供了量產的必要條件。

在史料上最初看到本土棉花流通的是九州地區，這當然是最正常不過。但幾乎在同一時期，日本棉花也已經在東北以外的大部分地區傳播及栽種，而且成為了部分地方如三河（今·愛知縣東部）、筑後（今·福岡縣南部）的特產品。

雖然如此，棉花的數量仍然未足以滿足需求。在不少時人的日記中，仍然會視棉花為珍貴的貨物。棉花開始大量生產以及恆常買賣，要等到十六世紀末期，即戰國時代快將終結的時候。當時棉花的產地已經擴展到東日本了。

海外貿易篇

1、戰國日本與朝鮮王朝的貿易

日、朝兩國在戰國時代的貿易關係長期受到倭寇的影響，一直處於不冷不熱的狀態。不過，到了室町時代後期，從朝鮮半島獲得的棉花已經在日本成功國產化，對於朝鮮的貿易需求也相對減少。可是，與朝鮮半島一水相隔的對馬島則仍然視朝鮮半島為衣食父母，需要從朝鮮半島買入食米、穀物等，所以宗家事實上跟朝鮮王朝有著隱然的從屬關係。

可是，在永正七年（一五一〇）四月發生了所謂的「三浦之亂」，大大破壞了兩者的關係。當時獲朝鮮王朝批准居住在薺浦（今．韓國鎮海市）、富山浦（釜山市）和鹽浦（蔚山市）的日本人（主要是對馬島民）發生騷亂，襲擊當地的水師以及官府，以武力強迫朝鮮王朝改善三地的生活環境，但朝鮮王朝視之為侵略，將三浦的日本人打敗，朝鮮王朝更因此一度禁止日本人滯留朝鮮半島。

後來經過對馬島主．宗家的極力斡旋下，朝鮮王朝於永正九年（一五一二）決定改變原有的體制，只允許日本人在薺浦一地停留，但不可長住；另外也嚴格檢查所有日本到來的商船。「三浦之亂」後，朝鮮與日本的國際交易雖然繼續，但已經沒有室町時代那樣蓬勃了。

2、戰國日本與琉球王國的貿易

當日本處於戰國時代時，琉球王國的第二尚氏政權才剛剛成立，銳意發展國際貿易。在戰國日本以前，所有船隻都可以自由航行到琉球，但是到了戰國時代，薩摩島津家為了發展領國，於是利用地理關係，左右了日本通過琉球群島的海運航線。

島津家為了獨占對琉球的交易權，向尚氏政權謊稱日本國內有人打算入侵琉球，被島津家成功阻止。作為報酬，島津家要求琉球方面讓其代理日本到琉球的海運監察權。不明就裡的琉球王國最終批准了島津家的要求，使島津家可以向日本國內所有的船隻收取航海費用，以及確立了島津家審批前往琉球的許可制度。

另一方面，島津家與琉球的關係也因此一直被日本國內的諸侯誤解。到了豐臣時代，豐臣秀吉甚至誤以為琉球王國早已成為島津家的附庸，要求琉球國為「宗主國」島津家的主君——豐臣政權效忠，協助侵略朝鮮半島，雖然沒有成真，但這個誤解卻成為了日本當權者日後承認島津家侵略琉球的基本原因。

3、戰國日本與明帝國的貿易

日本與明帝國的貿易關係建基於室町時代的勘合貿易外交，到了室町後期，對明貿易的主要旗手是管領細川家與堺港商人，以及防長大內家與九州博多商人兩大集團。勘合貿易利潤豐厚，據研究顯示，每艘派到明帝國的勘合貿易船便能帶來巨額收入，可比一個律令國全年的收成。

因為這原因，細川家與大內家到戰國時代初期一直都想排除對方，尤其是大內家在一五五〇年代為止一直掌握九州北部，在爭奪貿易權上明顯佔有優勢。為了龐大利益，最終在大永三年（一五二三），兩家在寧波為了爭奪率先入關交易而爆發了著名的「寧波之亂」。事件導致明政府決定加強對日本勘合商船的管制，以及強化海禁政策。不久後，隨著大內家及細川家在日本國內先後沒落，勘合貿易也逐漸式微，取而代之的便是從一五三〇年代開始大活躍的走私貿易，即所謂的「後期倭寇」。

隨著明帝國對海禁越來越嚴格，這種走私貿易卻越來越蓬勃，當中也不乏中國、朝鮮商人積極參與其中，最典型的代表便是明帝國安徽出身的王直。王直以寧波東部的雙嶼島為據點，與日本海上商人一起進行走私貿易。後來王直為了逃避明帝國的海禁取締，來到日本的五島列島，獲得九州平戶（今・長崎縣平戶市）領主松浦鎮信的厚遇，更與大內、大友等西國諸侯有不少交流。

直至王直在弘治三年（一五五七）中了浙江巡撫胡宗憲的誘捕之計被捕，繼而在兩年後的永祿二年（一五五九）被處死為止約二十多年間，後期倭寇一直活躍在日本與中國、朝鮮半島之間。王直被捕處死後，明帝國針對日本的海禁以及貿易禁運進一步加強，後期倭寇到了十六世紀後期已經日漸沒落。

4、天主教東來與戰國日本

自從天文十二年（一五四三），一百多名葡萄牙人首次來到日本後，耶穌會傳教士便開始大量來到日本。其中一個較早，而又有名的就是耶穌會創辦人之一的沙勿略（FRANCISCO XAVIER）。天文十八年（一五四九）夏來到薩摩國的鹿兒島後，沙勿略拜會了那裡的領主島津貴久，獲准在鹿兒島傳教，很快便集合了約一百個信徒。但不久後便因為當地的神道、佛教勢力反對，沙勿略被迫在一年後的天文十九年（一五五〇）離開鹿兒島，先後轉到平戶及山口拜訪了那裡的領主松浦鎮信和大內義隆。到了天文二十年（一五五一）再到京都，原本想拜會天皇或將軍，但沒有成功。結果沙勿略回到山口，在大寧寺之變後又回到九州豐後，獲得大友義鎮（宗麟）許可在豐後府內（今．大分縣大分市）傳教，從那年開始，大量的耶穌會傳教士蜂擁而至，同時帶來了商品及奴隸。

傳教士熱心傳教，以傳揚天主教為目的，而大部分戰國大名感興趣的只是西方的商品及貿易帶來的利潤，對於接受新宗教進入領國內，一般甚為忌憚。因為領內的傳統宗教勢力勢必激烈反對，如果刺激到篤信佛教的家臣的話，將進一步動搖統治。

按照當時留在九州的傳教士們的記錄，當時比較熱心改信天主教的，絕大部分都是貧苦大眾，有地位有身份的人物較少改信天主教。後來在天正十年（一五八二）成行的天正遣歐使節團也是傳教士為了加強日本人對天主教的信心與認識而促成的。

不過也有例外，例如肥前國西彼杵半島（今．長崎縣）的領主大村純忠，以及同國島原半島的領主有馬晴信，還有剛才提及的豐後大友宗麟。他們一開始跟其他大名一樣，因為火繩槍等軍備需要，認識到與葡萄牙人進行貿易的必要性，希望大量獲得日本不足的資源如硝石以及硫黃。到了後來，他們也真的關心、對天主教的教義感好奇，甚至想從教義中得到救贖，或者獲得更多的知識。

因此，雖然像大村純忠那樣主動破壞寺廟、神社，甚至捐出土地讓傳教士全力傳教的戰國領主少之又少，但這反映了在戰國日本的邊陲地方，對於外國文化及新事物仍然保持好奇心，這個特質造就了後來長崎成為對外專用港口。

後記

本作是筆者的第二個作品，出版距離前作《明智光秀與本能寺之變》出版剛好一年，自前作出版後，筆者在臉書為主的社交媒體上以文會友，跟廣大的戰國史愛好者，以及支持前作的讀者進行有意義又富啟發性的交流，獲益良多。

在交流的過程中，從各方先學賢士裡得到了不少寶貴的意見和鼓勵，促使筆者繼續執筆，朝著更大的寫作題材邁進，最終用了不到一年的時間，有驚無險地完成了本書，為《武士的歷史》系列打響了第一炮。

這次的題材及難度與前作相比，有過之而無不及，所需的努力及時間也更多。加上執筆期間，還要兼顧學會發表，以及按期完成博士論文，每天都在跟時間競賽。回想起來也是十分驚險。

執筆書寫本書時，正好是筆者赴日留學，攻讀日本史學博士學位的第五個年頭，從一個業餘愛好日本戰國織豐時代史的人，變成躋身到日本史學界，與日本的研究者論史說史的博士生，整個過程和歲月是筆者成長的重要階段，對日本戰國織豐時代，以及其他相關的時代也越來越多的了解和看法，執筆前需要整理大量資料，這作業也是一種訓練。在今後的寫作裡，筆者將努力善用、活用這些經驗，為讀者帶來更多的好作品。

回首從初步接觸，到進入研究日本戰國織豐時代的學術世界，已有十五年歲月，在完成學業，進入人生下一個階段的同時，執筆寫文，將所學所習以這種方式回饋社會，也是一種福氣吧！

最後，借機會各方好友致謝，執筆期間各位朋友的助言跟建議是本書完成的重要關鍵。另外，筆者在最後非常緊迫的時間才完成文稿，承蒙出版社遠足文化的各位大力幫助，以及同道好友鄭祖威先生、唐志偉先生和陳家倫先生協助校訂，才能趕及完成。在此，筆者既汗顏又感到很過意不去，只想借此機會感謝各位的幫忙。

文末之間，當然也想在這裡感謝妻子、父母、岳父岳母不離不棄的支持和鼓勵。謝恩

二〇一八年五月晦日

於東京多摩湖畔

戰國織豐時代大事年表

西曆	和曆	大事
1493年	明應2	伊勢宗瑞（早雲）平定伊豆。
1516年	永正13	伊勢宗瑞（早雲）平定相模。
1527年	大永7	齋藤道三放逐美濃國守護土岐賴藝，掌握美濃的支配權。
1531年	享祿4	大物崩變，細川高國被三好元長脅迫，自殺而死。
1541年	天文10	安藝郡山城之戰 毛利元就打敗尼子晴久。
		武田信玄與今川義元聯手放逐父親武田信虎，統治甲斐。
1542年	天文11	出雲遠征，第一次月山富田城之戰，大內義隆戰敗逃走。
		葡萄牙商人坐上明帝國走私商人王直的船隻，來到種子島，帶來火繩槍。
1545年	天文14	河越之戰，北條氏康大敗反北條聯軍（上杉憲政、上杉朝定、足利晴氏）
1548年	天文17	上杉謙信（長尾景虎）繼任長尾家當家，兼越後國守護代。

西元	年號	事件
1549年	天文18	三好長慶迫走足利義輝，義輝逃到近江。三好長慶開始統治京畿地區。 德川家康被接到駿河今川館生活。
1550年	天文19	耶穌會傳教士沙勿略到達日本傳教。
1551年	天文20	織田彈正忠家當家．織田信秀病逝，由長子織田信長繼位。
1552年	天文21	將軍足利義輝與三好長慶和解，足利義輝回京。
1553年	天文22	第一次川中島之戰。
1554年	天文23	北條氏康、今川義元與武田信玄達成三國同盟。
1555年	弘治1	嚴島之戰，毛利元就打敗陶晴賢。
1556年	弘治2	長良川之戰　美濃國主齋藤道三敗於其子義龍手下，戰死。
1557年	弘治3	毛利元就打敗大內義長，兼併周防和長門兩國。
1558年	永祿1	木下秀吉（後來的豐臣秀吉）以織田信長家臣身份出現。
1559年	永祿2	織田信長、上杉謙信分別上京覲見將軍足利義輝。
1560年	永祿3	桶狹間之戰，織田信長打敗今川義元，義元戰死。德川家康脫離今川家獨立。

1561年	永祿4	上杉謙信於鎌倉從上杉憲政手上接過關東管領之職。第四次川中島之戰
1562年	永祿5	織德同盟（清洲之盟），織田信長與德川家康聯手。第二次月山富田城之戰，毛利元就攻打尼子義久。
1563年	永祿6	三河一揆爆發。
1564年	永祿7	三好軍入京圍攻將軍足利義輝，義輝兵敗被殺。
1566年	永祿9	毛利元就接受尼子義久投降，出雲尼子家滅亡。
1567年	永祿10	稻葉山城之戰，美濃國主齋藤義棟逃亡，織田信長奪取美濃國，三好家內戰，奈良東大寺大佛殿被戰火焚燬。
1568年	永祿11	織田信長入侵伊勢北部，擁戴足利義昭（義輝弟）入京，足利義昭就職將軍。織田信長廢設部分京畿地區的關所。
1570年	元龜1	龍鼻之戰（姊川之戰），織田信長・德川家康聯軍對戰淺井長政・朝倉義景聯軍，勝負未分下各自撤退。
		織田信長與本願寺顯如不和，引發本願寺動員各地門徒起兵反抗織田家。
		今山之戰，大友宗麟與龍造寺隆信對戰於肥前佐嘉，龍造寺軍勝利，與大友宗麟和解。
1571年	元龜2	織田軍敗給伊勢長島一揆。織田信長攻擊比叡山，同年，毛利元就、北條氏康逝世

1572年	元龜3	三方原之戰　德川家康大敗給武田信玄。
1573年	天正1	足利義昭密謀與本願寺、淺井長政、朝倉義景和武田信玄（同年病死）聯手打倒織田信長。同年，淺井、朝倉被信長消滅，兩家滅亡。足利義昭兵敗，被放逐出京。
1574年	天正2	織田信長鎮壓伊勢長島一揆。
1575年	天正3	長宗我部元親統一土佐國。同年長篠之戰，織田・德川聯軍大破武田勝賴，信長平定越前一揆
1576年	天正4	織田信長平定紀伊國根來寺及雜賀五鄉。
1577年	天正5	織田信長任命羽柴秀吉經略山陰山陽兩道。
1578年	天正6	三木城之戰，羽柴秀吉消滅別所長治。高城——耳川之戰，島津義久率兵大敗大友宗麟。上杉謙信逝世
1579年	天正7	備前領主宇喜多直家接受羽柴秀吉引誘，從毛利陣營倒戈到織田陣營。
1580年	天正8	本願寺顯如向織田信長投降，離開大坂教坊。
1581年	天正9	鳥取城之戰，羽柴秀吉圍攻鳥取城，吉川經家以自殺換取城兵活命。

1582年	天正10	甲斐武田家滅亡。 本能寺之變，織田信長、織田信忠身亡 備中高松城之戰，羽柴秀吉迫使毛利家割地請和 山崎之戰，戰敗的明智光秀戰後於山科被土民殺死
1583年	天正11	清洲會議　羽柴秀吉、柴田勝家等決定由信長嫡孫秀信繼位。 德川家康征服甲斐。 賤岳之戰，柴田勝家戰敗滅亡，羽柴秀吉奪取織田家。
1584年	天正12	小牧長久手之戰，羽柴秀吉對德川家康——織田信雄。年底和解 沖田畷之戰，龍造寺隆信戰死。 長宗我部元親入侵阿波、讚岐、伊予。
1585年	天正13	四國征服，秀吉派弟弟秀長打敗長宗我部元親。 秀吉就任關白。 人取橋之戰，伊達政宗擊退反伊達聯軍。

1587年	天正15	九州征服，秀吉打敗島津義久。 豐臣秀吉禁止天主教傳教。
1589年	天正17	摺上原之戰　伊達政宗消滅會津蘆名家，創立伊達家最大版圖。
1590年	天正18	小田原之戰，北條家滅亡。 伊達政宗為首的奧羽領主先後向秀吉投降。豐臣政權統一日本 大崎・葛西一揆。
1592年	文祿1	文祿（壬辰）之戰，日本侵略朝鮮。
1593年	文祿2	明帝國出兵救援朝鮮，戰況膠著 豐臣秀賴（秀吉之子）出生。
1595年	慶長1	豐臣秀次被指謀反，被秀吉放逐至高野山，不久自殺。
1597年	慶長2	慶長（丁酉）之戰　不服明帝國要求的豐臣秀吉再侵朝鮮。
1598年	慶長3	豐臣秀吉逝世。侵略朝鮮的日本軍陸續撤退回國
1599年	慶長4	前田利家病死，石田三成等奉行眾被福島、加藤等武將狙擊
1600年	慶長5	關原之戰，德川家康掌握豐臣政權

1603年	慶長8	德川家康成為征夷大將軍，開設江戶幕府。
1614年	慶長19	大坂冬之陣　德川家康攻打大坂城，豐臣家要求停戰。
1615年	元和1	大坂夏之陣　人坂城陷落，豐臣家滅亡。

参考書目

No	書名（地方史）
1	新北海道史
2	青森県史
3	岩手県史
4	宮城県史
5	秋田県史
6	山形県史
7	福島県史
8	茨城県史
9	栃木県史
10	群馬県史
11	新編埼玉県史
12	千葉県の歴史
13	東京市史稿
14	神奈川県史

No	書名（地方史）
15	新潟県史
16	富山県史
17	石川県史
18	福井県史
19	山梨県史
20	長野県史
21	岐阜県史
22	静岡県史
23	愛知県史
24	三重県史
25	滋賀県史
26	京都の歴史
27	大阪府史
28	兵庫県史

No	書名（地方史）
29	奈良県史
30	和歌山県史
31	鳥取県史
	新鳥取県史
32	島根県史
33	岡山県史
34	広島県史
35	山口県史
36	徳島県史
37	香川県史
38	愛媛県史
39	高知県史

No	書名（地方史）
40	福岡県史
41	佐賀県史
42	長崎県史
43	熊本県史
44	大分県史
45	宮崎県史
46	鹿児島県史
47	沖縄県史
48	東京大学史料編纂所編 大日本史料　第8～12編
49	戰国史料叢書　15冊

國家圖書館出版品預行編目 (CIP) 資料

日本戰國織豐時代史 / 胡煒權著 . -- 初版 . -- 新北市
: 遠足文化 , 2018.07

ISBN 978-957-8630-46-8(上冊 : 平裝)
ISBN 978-957-8630-47-5(中冊 : 平裝)
ISBN 978-957-8630-48-2(下冊 : 平裝)
ISBN 978-957-8630-49-9(全套 : 平裝)

1. 戰國時代 2. 日本史

731.255 107007984

大河 28

日本戰國・織豐時代史 ⓫下

作者——胡煒權
執行長——陳蕙慧
總編輯——李進文
行銷總監——陳雅雯
資深通路行銷—張元慧
編輯——陳柔君、徐昉驊、林蔚儒
校對——唐志偉、陳家倫、鄭祖威
封面設計——倪旻鋒
排版——簡單瑛設

社長——郭重興
發行人兼
出版總監——曾大福
出版者——遠足文化事業股份有限公司
地址——231 新北市新店區民權路 108-2 號 9 樓
電話——(02)2218-1417
傳真——(02)2218-8057
電郵——service@bookrep.com.tw
郵撥帳號——19504465
客服專線——0800-221-029
部落格——http://777walkers.blogspot.com/
網址——http://www.bookrep.com.tw
法律顧問——華洋法律事務所 蘇文生律師
印製——呈靖彩藝有限公司

初版一刷 西元 2018 年 07 月
初版八刷 西元 2022 年 04 月
Printed in Taiwan